ADVENT-VERLAG LÜNEBURG

Jon Paulien

Die Offenbarung verstehen

Leitlinien für die Auslegung

Lamm Nikolaiten 666
Posaunen Euphrat
Tier Babylon Siegel

ADVENT-VERLAG

Originaltitel: *The Deep Things of God*

Projektleitung und Lektorat: Werner E. Lange
Übersetzung: Wilfried Müller
Korrektorat: Erika Schultz
Einbandgestaltung: Sislak Design, Bad Soden-Salmünster
Titelbild: © iStockphoto – thinkstockphotos.de
Satz: rimi-grafik, Celle
Gesamtherstellung: Thiele & Schwarz GmbH, Kassel

Die Bibelzitate sind – falls nichts anderes vermerkt ist – der *Bibel nach der Übersetzung Martin Luthers* (revidierter Text 1984), durchgesehene Ausgabe in neuer Rechtschreibung, © 1999 Deutsche Bibelgesellschaft, Stuttgart, entnommen.
Ansonsten bedeuten:

EB	=	*Revidierte Elberfelder Bibel*, © 1985, 1991, 2006 SMC R. Brockhaus im SCM-Verlag GmbH & Co. KG, Witten (vorige Ausgabe);
GNB	=	*Gute Nachricht Bibel*, revidierte Fassung, durchgesehene Ausgabe in neuer Rechtschreibung, © 2000 Deutsche Bibelgesellschaft, Stuttgart,
Hfa	=	*Hoffnung für alle – Die Bibel* (revidierte Fassung), © 1983, 1996, 2002 International Bible Society, Brunnen-Verlag, Basel und Gießen;
NLB	=	*Neues Leben. Die Bibel*, © 2002, 2005 SCM Hänssler im SCM-Verlag GmbH & Co. KG, Holzgerlingen; Originaltitel: *Holy Bible, New Living Translation*, © 1996, 2004, 2007 Tyndale House Publishers Inc., Wheaton, Illinois, USA.

Pulverweg 6, 21337 Lüneburg

Internet: www.advent-verlag.de, E-Mail: info@advent-verlag.de

ISBN: 978-3-8150-1924-5

Inhalt

Einführung

Gefahren und Chancen des Offenbarungsstudiums

Stell dir vor, du würdest deine Ferien auf einer Insel im Ägäischen Meer verbringen. Eines Tages wanderst du am Rand eines Abhangs entlang und schaust hinunter auf die Wellen, die sich an den Felsen brechen. Plötzlich siehst du einen alten Mann auf einem Stein sitzen, vom dem aus er eine großartige Aussicht auf das Meer hat. Aber sein Blick ist starr; er scheint dich nicht wahrzunehmen.

„Mein Herr, wonach halten Sie Ausschau?“, fragst du. „Warten Sie auf die Ankunft eines Schiffes?“

Er antwortet nicht.

Du gehst dicht an ihn heran, aber anscheinend bemerkt er dich immer noch nicht. Seine Augen sind zwar geöffnet, aber er scheint in einer anderen Welt zu sein. Es sieht so aus, als ob sein Blick auf etwas gerichtet ist, das du nicht sehen kannst.

„Was sehen Sie, mein Herr?“, fragst du ihn.

Wieder gibt er keine Antwort.

Nun stehst du direkt vor ihm und bewegst deine Hand vor seinen Augen hin und her. Immer noch keine Reaktion.

Du fragst dich, ob du den Mann wachrütteln, einen Krankenwagen rufen oder dich einfach neben ihn setzen und abwarten sollst, was geschieht.

Wenige Minuten später macht der Mann einen tiefen Atemzug. Jetzt nimmt er seine Umgebung wieder wahr, schaut sich um und sieht dich. Instinktiv weichst du ein Stück zurück, damit er sich nicht erschreckt oder bedroht fühlt, aber er lächelt freundlich und sagt: „Sie fragen sich wahrscheinlich, was mit mir los ist.“

Zögernd nickst du.

Der Mann lächelt erneut und erklärt: „Sie werden es kaum glauben, aber ich bin eben Jesus Christus begegnet! Er hat mir gezeigt, was in Zukunft geschehen und wie das Ende der Welt sein wird. Nun möchte ich diese Botschaft am liebsten sofort jemandem mitteilen. Möchten Sie sie gerne hören?"

Würdest *du* sie gerne hören wollen? Oder würdest du den Mann für einen Spinner halten?

Woran denkst du, wenn von der Offenbarung in der Bibel die Rede ist? An die vier apokalyptischen Reiter? An den Kampf von Harmagedon? An die Zahl 666? Oder an das neue Jerusalem?

Das Buch der Offenbarung fasziniert Menschen seit über 1900 Jahren. Es ist ein geheimnisvolles und auch seltsames Buch, das uns herausfordert. Wenn du dich jemals ernsthaft mit der Offenbarung beschäftigt hast, ist dir bestimmt nicht entgangen, dass viele Leute sich ziemlich sicher sind, wie sie zu verstehen ist – aber die zahlreichen Ansichten stimmen nicht miteinander überein! Jemand hat einmal gesagt: „Wenn du drei Christen fragst, bekommst du mindestens vier verschiedene Meinungen darüber zu hören."

Aber weil das Buch der Offenbarung selbst den Anspruch erhebt, die Zukunft vorauszusagen, weckt es auch heute noch das Interesse vieler Christen – und sei es auch noch so schwer zu verstehen. Wissen zu wollen, was in der Zukunft geschieht, scheint zum Wesen des Menschen zu gehören. Wir möchten wissen, was uns und der Welt bevorsteht. Die Neugier ist so groß, dass manche in der Offenbarung das finden, was sie finden wollen, und nicht das, was das Buch wirklich mitteilen will. Die Neugier und Vor-Urteile über die Auslegung trüben den unvoreingenommenen Blick.

Nicht erst in unseren Tagen wird die Offenbarung falsch verstanden. Aber wir wissen aus der Geschichte, dass das nicht ungefährlich ist. 1534 zum Beispiel kamen einige Christen beim Studium der Offenbarung zu dem Ergebnis, dass die Stadt Münster in Westfalen das neue Jerusalem sei. In den folgenden Kämpfen um die Macht in der Stadt kamen zahlreiche Menschen ums Leben. Andere verhungerten während der langen Belagerung. Ein falsches Verständnis der Offenbarung kann also sogar tödlich sein – und das war nicht nur in ferner Vergangenheit so.

1993 zogen die Ereignisse in Waco (Texas) die Vereinigten Staaten wochenlang in ihren Bann. Dort lebten auf einem abgelegenen Gelände – „Mount Carmel" genannt – die Mitglieder einer adventistischen Sekte, die sich „Branch Davidians" (Zweig-Davidianer) nannte. Ende der 1980er-Jahre übernahm Vernon J. Howell, ein ehemaliger Adventist, die Leitung der Gruppe, die aus etwa 100 Personen bestand. Er behauptete bald, selbst der Christus und damit auch das „Lamm" aus Offenbarung 5 zu sein, das die Vollmacht habe, die „sieben Siegel" der Offenbarung zu öffnen und dadurch die Katastrophen auszulösen, die das Ende der Welt herbeiführen. Sich selbst nannte er David Koresh, um auszudrücken, dass er als Messias Erbe des Königs David war.

1992 begann er, große Mengen Lebensmittel zu horten und Waffen zu beschaffen, um sich gegen mögliche Angriffe der „Babylonier" zur Wehr setzen zu können. Ein Fahrer des Paketservices UPS alarmierte die Behörden, als aus einem beschädigten Paket, das er dort abliefern sollte, Handgranaten fielen. Als bewaffnete Bundesbeamte am 28. Februar 1993 in das Gelände eindrangen, kam es zu einem erbitterten Schusswechsel, in dessen Verlauf 20 Beamte verwundet wurden (vier davon starben). Auch fünf Sektenmitglieder fanden den Tod, andere wurden verwundet, unter ihnen Vernon Howell. Er interpretierte das als eine Erfüllung der Offenbarung: Er wäre nun das Lamm, das tödlich verwundet war (siehe Offb 5,6), aber er überlebte zunächst.

Es begann eine mehrwöchige Belagerung des Geländes. Beamte des FBI verhandelten mit Howell und versuchten, ihn zur Aufgabe zu bewegen; der ließ jedoch nur einige Frauen und Kinder gehen. Am 19. April entschied das FBI, Howell und seine Anhänger durch den Einsatz von Tränengas, das sie mithilfe von Panzern in die Holzhäuser schossen, zum Aufgeben zu zwingen. Unerklärlicherweise brach dabei an mehreren Stellen Feuer aus und griff auf alle Gebäude über. Nur wenigen Menschen gelang es, den Flammen zu entkommen, weil aufgrund der erneuten Schießerei die Feuerwehr nicht eingreifen konnte. Am Schluss fand man 80 Leichen, darunter von 23 Kindern unter 17 Jahren. Vernon Howell wurde tot mit einer Kopfschusswunde aufgefunden.

Dies ist natürlich ein Extrembeispiel dafür, wohin eine falsche Interpretation der Offenbarung führen kann. Tatsache ist jedoch: Die meisten Anhänger von Vernon Howell hatten einen adventistischen Hintergrund oder waren noch Gemeindeglieder.[1]

Sollten wir uns also besser nicht mit diesem Buch befassen? Ich glaube, dass das Problem damit nicht gelöst wäre, denn die Offenbarung spielt in der heutigen Welt eine große Rolle – man kann sie nicht einfach ignorieren. Apokalyptische Begriffe wie zum Beispiel „Harmagedon" oder die „Zahl des Tieres" 666 sind weithin bekannt. Die Themen, mit denen sich die Offenbarung beschäftigt, wurden in so einflussreichen und populären Filmen wie *Der Terminator, Der König der Löwen, Matrix* und *Independence Day* behandelt. Ob es uns gefällt oder nicht: Die Offenbarung richtig zu verstehen ist in unserer heutigen Welt wichtig. Anscheinend ist es also für Christen das Beste zu lernen, wie man sie interpretieren sollte, ohne der Gefahr der Verdrehung oder gar des Fanatismus zu erliegen. Dazu möchte das vorliegende Buch anleiten.

Ellen White ermutigte zum Studium der Offenbarung

Ellen White, die ich als Autorin schätzen gelernt habe, hat keinen Kommentar zur Offenbarung geschrieben, aber die Beschäftigung mit ihr sehr empfohlen. Es waren einige ihrer Aussagen, die mich zu dem Studium veranlasst haben. Sie schrieb zum Beispiel:

> Wir verstehen das Wort Gottes nicht so wie wir es verstehen sollten. Die Offenbarung beginnt mit der Aufforderung an uns, ihre Lehren zu verstehen [Offb 1,3 zitiert]. Wenn wir als Volk [Gottes] begreifen, was dieses Buch für uns bedeutet, werden wir eine große Erweckung in unseren Reihen erleben. Aber trotz dieser Aufforderung, in ihr zu forschen und sie zu studieren, verstehen wir ihre Lehren nicht richtig.[2]

---

[1] Näheres dazu siehe Jon Paulien, *Das Ende der Welt – was die Bibel tatsächlich darüber sagt,* Advent-Verlag, Lüneburg 2006, S. 7–9.

[2] Brief 157, 1902; auszugsweise zitiert in *Testimonies to Ministers and Gospel Workers,* S. 113.

Obwohl sich Christen seit Jahrhunderten mit der Offenbarung befasst haben, müssen wir also noch viel über dieses Buch lernen; es verlangt bis heute unsere sorgfältige Aufmerksamkeit. Und es hat laut Ellen White das Potenzial, eine große geistliche Erweckung zu bewirken. Sie schrieb in einem Brief:

> Wenn [die Bücher] Daniel und Offenbarung besser verstanden werden, werden die Gläubigen eine völlig neue religiöse Erfahrung machen.

Was damit gemeint ist, erklärte sie anschließend:

> Sie werden beim Anblick der offenen Tore des Himmels so beeindruckt sein, dass sie mit Herz und Sinn spüren, welchen Charakter alle entwickeln müssen, die die Glückseligkeit erleben wollen, mit der alle, die reines Herzens sind, belohnt werden sollen.[3]

Der eigentliche Grund, die Offenbarung zu studieren, besteht darin, dass sie uns – wie kein anderes Buch – einen Blick in die himmlische Welt werfen lässt. Sie gibt Aussagen Gottes über die letzte Realität wieder. Das Buch gewährt uns Einblicke in Dinge, die wir mit unseren Sinnesorganen nicht wahrnehmen können. Und wenn wir die Welt mit den Augen Gottes sehen, wird uns viel klarer, wie wir in unserer sichtbaren Welt sinnvoll leben können.

Ich möchte noch auf eine weitere Aussage von Ellen White aufmerksam machen: „Der Herr wird alle segnen, die demütig und lernwillig zu verstehen suchen, was die Offenbarung enthüllt."[4] Es kommt also auf die innere Einstellung an. Wenn ich dieses Buch nur studiere, um zu demonstrieren, wie brillant ich bin, oder um meine liebgewordenen Vorstellungen über die Weltgeschichte besser verteidigen zu können, gehe ich des Segens verlustig, der mir zuteil wird, wenn ich es mit einem geistlichen Hunger lese.

---

3 Brief 16, 1900; auszugsweise ebenda zitiert, S. 114.
4 Ebenda.

Je gebildeter du bist, umso leichter fällt es dir, Probleme und Rätsel zu lösen. Aber wahrhaft gebildete Menschen erkennen auch, wie wenig sie wirklich wissen. Der Prozess des Lernens öffnet ihnen die Augen für die unbegrenzte Vielfalt der Möglichkeiten. In den letzten 40 Jahren habe ich fast jeden Tag mehrere Stunden mit dem Studium der Offenbarung zugebracht. Dabei ist mir vor allem klargeworden, dass es für mich noch viel mehr in diesem Buch zu entdecken gibt. Wer die Offenbarung studieren will, muss demütig und lernwillig sein – das ist der einzig vernünftige Ansatz.

Grundlegende Fragen zur Offenbarung

Wenn Journalisten über einen neuen Bestseller schreiben wollen, gehen sie zuerst der Frage nach, was für ein Mensch der Autor ist, wann und wo das Buch geschrieben wurde und welche Quellen der Autor benutzt hat. Oft ermöglichen erst die Antworten auf diese Fragen, das Anliegen und die Botschaft des Buches zu verstehen.

Wer ist der Autor der Offenbarung?

Das Buch selbst teilt uns mit, dass ein Mann namens Johannes der Autor war (Offb 1,9). Er schrieb an die christlichen Gemeinden im Westen der heutigen Türkei (V. 11); sie gehörten vor 1900 Jahren zu der römischen Provinz Asia. Johannes ist anscheinend für diese Gemeinden eine Autorität gewesen.

Einige interessante Besonderheiten der Offenbarung sagen uns etwas darüber, was für ein Mensch Johannes war. Das in griechischer Sprache geschriebene Buch enthält zahlreiche grammatikalische Fehler. Das Griechisch der Offenbarung erinnert die Forscher jedoch an die Schriftsprache von Schulkindern im ersten nachchristlichen Jahrhundert. (Beispiele von auf Papyrus geschriebenen Schulaufgaben sind in Ägypten ausgegraben worden.) Griechisch war also wahrscheinlich weder die Muttersprache von Johannes noch hat er es später richtig gelernt. Andere Hinweise lassen vermuten, dass er wahrscheinlich in einem jüdischen Umfeld in Palästina aufgewachsen ist. Wenn er überwiegend dort gelebt hat und erst später in die griechisch sprechende Provinz Asia gezogen ist, würde das erklären, warum er Schwierigkeiten mit der griechischen Sprache hatte.

Zwar berichtet nicht die Offenbarung selbst ausführlich über die Person des Johannes, wohl aber einige andere Dokumente aus jener Zeit. Die meisten von ihnen teilen uns mit, dass er viele Jahre, bevor er die Offenbarung schrieb, einer der zwölf Jünger war, die Jesus nachfolgten. Diesen Quellen zufolge lebte Johannes 30 Jahre lang in Jerusalem, hielt sich auch eine Zeitlang in Pella (auf der anderen Seite des Jordan) auf und ließ sich dann etwa 50 Jahre nach der Kreuzigung von Jesus in Kleinasien nieder. Erst in den letzten Jahren seines Lebens – so die Tradition – hat er die Offenbarung und das Johannesevangelium geschrieben.

Viele Wissenschaftler bezweifeln jedoch, dass der Autor der Offenbarung und der Jünger von Jesus ein und dieselbe Person waren. Das Johannesevangelium und die Offenbarung weisen nämlich viele Unterschiede auf. Die Grammatik des Evangeliums ist einfach, aber korrekt, und die Darstellung des Lebens Jesu überraschend meisterlich. Im Gegensatz dazu verwendet die Offenbarung eine ungeschliffene Sprache und erzählt eine apokalyptische Geschichte mit seltsamen Tieren und verwirrenden Symbolen. Angesichts solcher Unterschiede fragen sich viele Theologen, wie ein und dieselbe Person beide Bücher geschrieben haben kann.

Andere jedoch erkennen in den beiden Büchern viele Gemeinsamkeiten. Zum Beispiel kommt in beiden oft die Zahl sieben vor – wortwörtlich oder indirekt: Im Johannesevangelium werden genau sieben Wunder von Jesus berichtet; im Verlauf seines Dienstes und an vielen Stellen des Evangeliums spielen Zeitabschnitte von sieben Tagen eine Rolle. Eine noch größere Bedeutung hat die Zahl sieben in der Offenbarung. In beiden Büchern wird häufig der Begriff „Zeugnis" oder „Zeuge" gebraucht, wenn es um die Treue zum Evangelium geht, und in beiden stehen „Licht" und „Finsternis" für Wahrheit und Irrtum. Nur das Johannesevangelium und die Offenbarung nennen Jesus Christus „das Wort" Gottes (griechisch *logos*; Joh 1,1.14; Offb 19,13b).

Warum sind die beiden Bücher trotz der Ähnlichkeiten so verschieden? Eine mögliche Erklärung wäre der Hinweis, dass Johannes als ein in Kleinasien lebender Jude zwar griechisch schrieb, aber hebräisch dachte. Stephen Thompson konnte nachweisen, dass das Griechisch in der Offenbarung stark geprägt ist von hebräischem bzw. semitischem Gedankengut.[5] Die hebräische Herkunft von Johannes könnte also die schlechte griechische Grammatik in der Offenbarung ganz oder teilweise erklären. Aber warum ist dann das Griechisch des Johannesevangeliums so gut?

Wie bereits erwähnt schrieb Johannes die Offenbarung nicht in Ephesus, Smyrna oder einer anderen Stadt der Provinz Asia, in der es eine christliche Gemeinde gab, sondern auf der Insel Patmos, rund 65 Kilometer vom Festland entfernt. Wir wissen nicht genau, warum sich Johannes auf Patmos befand (Offb 1,9), aber man nimmt an, dass er als Gefangener dort weilte. Vielleicht war Patmos eine Art Gefängnisinsel. In dem Fall war er wahrscheinlich auf sich selbst gestellt, als er die Offenbarung verfasste; er schrieb seine Visionen mit eigenen Worten nieder – grammatikalische Fehler und andere Unzulänglichkeiten inbegriffen. In Ephesus hätte er redaktionelle Hilfe gehabt.

Es gibt genügend Hinweise dafür, dass dem Apostel Paulus reichlich Hilfe von Schreibern zur Verfügung stand – Leute, die seine Aussagen in gutem Griechisch zu Papier brachten (siehe Röm 16,22 und die Hinweise am Schluss vieler seiner Briefe, dass er den Gruß eigenhändig hinzugefügt habe). Die Unterschiede zum Johannesevangelium könnten also daher rühren, dass der Autor bei der Abfassung der Offenbarung keine redaktionelle Hilfe hatte.

Es wäre schön, mehr über die Person zu wissen, die Johannes geholfen hat, sein Evangelium zu einem so großartigen Stück Literatur zu machen – das ist es zweifellos –, aber leider gibt es darüber bis heute keine Informationen. Auf der Grundlage dessen, was wir wissen, gehe ich jedoch davon aus, dass der menschliche Autor der Offenbarung der Jünger Johannes ist, von dem wir in den vier Evangelien viel erfahren. Der göttliche Autor des Buches ist natürlich Jesus Christus (siehe Offb 1,1).

---

[5] Siehe Steven Thompson, *The Apocalypse and Semitic Syntax*, Society for New Testament Studies Monograph Series, Cambridge University Press, Cambridge 1985.

Wann wurde die Offenbarung geschrieben?

Hat Johannes die Offenbarung zu einem frühen oder späten Zeitpunkt seines Lebens verfasst? Gelehrte vertreten im Allgemeinen zwei verschiedene Ansichten dazu. Eine Minderheit ist der Meinung, das Buch spiegele die Zeit von Kaiser Nero um das Jahr 65 wider; die Mehrheit vertritt dagegen die Ansicht – gestützt auf außerbiblische Traditionen –, Johannes habe die Offenbarung geschrieben, als Domitian regierte (81–96). Meistens wird das Jahr 95 angegeben, weil es Hinweise dafür gibt, dass Johannes bald nach Fertigstellung der Offenbarung Patmos wieder verlassen durfte.

Gelehrte halten beide Daten deshalb für möglich, weil beide Kaiser zu gewisser Zeit Christen verfolgt haben. Damit stimmt auch überein, dass in der Offenbarung an mehreren Stellen von Märtyrern die Rede ist (z. B. in Kap. 6,9–11). Die erste geplante römische Christenverfolgung fand in der Zeit Neros statt (die zweite umfangreiche und systematische erst unter Kaiser Decius 249–51) kurz nach dem großen Brand von Rom. Manche meinen, Nero selbst habe das Feuer gelegt und dann den Christen die Schuld daran gegeben, als diese Gerüchte aufkamen. Andererseits nannte Irenäus, ein christlicher Autor, der um 175 bis 200 viele theologische Schriften verfasste, Domitian als den Kaiser zur Zeit der Abfassung der Offenbarung. Was ist wahrscheinlicher?

Ich bevorzuge das spätere Datum, also die Zeit um 95, denn außer unter Nero in Rom gingen römische Behörden keinesfalls systematisch gegen Christen vor. Im Gegenteil: In der Apostelgeschichte lesen wir, dass sie wiederholt Paulus vor dessen Feinden in Schutz genommen haben (siehe Apg 18,12–17; 20,23–38; 21,27–22,29; 23,1–10; 23,12–35). Sie sahen also weder Paulus noch die Juden oder die Christen allgemein als Feinde an – jedenfalls nicht in der Zeit, über die die Apostelgeschichte berichtet. Neros Vorgehen war zwar drastisch, aber nicht systematisch; es handelte sich eher um den spontanen Einfall eines geistesgestörten Herrschers.

Roms Feindseligkeit gegenüber Christen im zweiten Jahrhundert ergab sich aus der Praxis der Kaiseranbetung. In Teilen des Imperiums errichtete man Tempel zu Ehren der Kaiser, vor allem in den östlichen Regionen. Anfangs schienen die Kaiser keinen besonderen Wert darauf zu legen, als Götter verehrt zu werden (sie wussten, dass sie keine waren); es gibt nur wenige Hinweise auf ihre Anbetung im ersten Jahrhundert. Dieser Kult kam erst später auf, und zwar wahrscheinlich in Kleinasien – möglicherweise zur Zeit Domitians (erwiesen ist das allerdings nicht). Erst später ließen sich die römischen Kaiser als Götter verehren, um sich der Loyalität ihrer Untertanen zu versichern. Wenn Johannes die Offenbarung zur Zeit Domitians geschrieben hat, spiegelt die Erwähnung von Märtyrern eine Übergangsphase wider: Verfolgungen einzelner Christen nahmen zu, weil aufgrund der Anordnung von Kaiser Nero, die Christen in Rom zu töten (sie wurde wahrscheinlich in die Erlasssammlung für die Statthalter aufgenommen), eine Anzeige genügte, dass jemand ein Christ sei, um ihn vor Gericht zu stellen. Wenn derjenige dann nicht bereit war, seine Loyalität gegenüber dem Kaiser durch ein Räucheropfer zu bezeugen, konnte er ohne weitere Anklagepunkte hingerichtet werden, weil er ein Anhänger eines angeblich politisch gefährlichen Mannes war.[6] Diese Praxis ließ für die Zukunft Schlimmeres befürchten.

Wie solide sind die außerbiblischen Hinweise, die die Abfassung der Offenbarung in die Zeit Kaiser Domitians legen? Irenäus wirkte um 180; er war ein Freund Polykarps, der 156 als Märtyrer starb und damals so alt war, dass er in den 90er-Jahren ein junger Mann gewesen sein konnte. Irenäus begründete sein Zeugnis über den Verfasser und die Entstehungszeit der Offenbarung mit seinem direkten Kontakt zu Polykarp, der behauptete, Johannes persönlich gekannt zu haben.[7] Das ist zwar noch kein Beweis, aber ein starkes Argument für die Annahme, dass die Offenbarung erst gegen Ende des ersten Jahrhunderts geschrieben wurde.

Ich glaube allerdings, dass ein spätes Datum für die Entstehung der Offenbarung auch von der Bibel maßgeblich unterstützt wird. Das wird deutlich, wenn wir bestimmte Texte der Offenbarung mit der Endzeitrede von Jesus auf dem Ölberg vergleichen. Er sagte:

---

6 Siehe Joachim Molthagen, *Der römische Staat und die Christen im zweiten und dritten Jahrhundert,* Vandenhoeck & Ruprecht, Göttingen, 2. Aufl. 1975, S. 21–33.

7 Irenäus, *Contra Haereses* III,3.4 (www.unifr.ch/bkv/kapitel651-3.htm).

> Von dem Feigenbaum aber lernt das Gleichnis: Wenn sein Zweig schon weich geworden ist und die Blätter hervortreibt, erkennt ihr, dass der Sommer nahe ist. So sollt auch ihr, wenn ihr dies geschehen seht, erkennen, dass *es nahe* vor der Tür *ist*.
> (Mk 13,28–29 EB; ähnlich Mt 24,32–33)

Jesus beschrieb seinen Jüngern die Zukunft und erklärte, was vor seinem glorreichen zweiten Kommen geschehen würde. Sie hatten ihn nach dem Zeitpunkt der Zerstörung des Tempels und seiner Wiederkunft gefragt (Mk 13,3–4; Mt 24,3) und hofften, dass Jesus sein Kommen nicht lange verzögern, sondern bald wiederkommen würde. Er kannte ihre Erwartungen und machte sie darauf aufmerksam, dass zuvor eine Reihe von Ereignissen geschehen würde: Kriege, Hungersnöte, Erdbeben, Zeichen am Himmel, falsche Propheten und die Verkündigung des Evangeliums in der ganzen Welt (Mk 13,5–26; Mt 24,6–30). Erst *nach* all diesen Ereignissen würde sein Kommen „nahe vor der Tür" sein.

Was wollte Jesus hier seinen Jüngern klarmachen? Dass seine Wiederkunft – damals, als er zu ihnen sprach – *noch nicht nahe* war; vorher musste noch viel geschehen. Und erst wenn sich *alles* das, was er aufgezählt hatte, erfüllt habe – und erst dann – könne man mit Recht sagen, dass „es *nahe* vor der Tür" ist.

Und gemäß dem Bericht von Markus fügte Jesus hinzu: „Seht euch vor, wachet! Denn ihr wisst nicht, wann *die Zeit da ist*" (Mk 13,33) – nämlich die für seine Wiederkunft. Wir können *nicht* wissen, wann er wiederkommt, wie Jesus betonte (V. 32), aber wir können wissen, wann dieser Zeitpunkt nahe ist. Man beachte den Unterschied zwischen dem, was Jesus in Markus 13,29.33 sagte, und dem, was er laut Offenbarung 22,10 mitteilte: Der Engel sagte zu ihm: „Versiegle nicht die Worte der Weissagung in diesem Buch; denn *die Zeit ist nahe*!" Als Übersicht dargestellt, ergibt sich:

Mk 13,29:		„erkennen, dass es nahe … ist"
Mk 13,33:	„wann die Zeit da ist	wisst ihr nicht"
Offb 22,10b:	„die Zeit …	*ist* nahe!"

Wie auch deutsche wörtliche Bibelübersetzungen zeigen, enthält Offenbarung 22,10 die gleichen griechischen Worte wie Markus 13. Aber laut Markus sagte Jesus, dass „die Zeit" erst dann „nahe vor der Tür ist", wenn bestimmte Ereignisse stattgefunden haben. Mit anderen Worten: Im Jahr 31, als Jesus zu seinen Jüngern sprach, war die Zeit *noch nicht* nahe, aber als Johannes die Offenbarung schrieb, lagen die Dinge anscheinend anders. Jetzt war die Zeit nahe. Wo lag der Unterschied? In den Worten „dies alles" (Mk 13,29 GNB, so wörtlich im Grundtext von Mt 24,33). Die Ereignisse, die in der Zeit zwischen der Endzeitrede von Jesus auf dem Ölberg und der Zeit, in der sein Kommen „nahe" sein würde, geschehen sollten, waren inzwischen eingetreten.

Für uns heute macht die Erörterung dieser Details nicht viel Sinn, denn es sind seit der Endzeitrede von Jesus fast 2000 Jahre vergangen, ohne dass er wiedergekommen ist. Viele von uns halten heute noch Ausschau nach den „Zeichen … für das Ende der Welt" (Mt 24,3c). Wie aber konnten Johannes und andere Christen überzeugt sein, dass sich „dies alles", von dem Jesus gesprochen hatte, schon im ersten Jahrhundert erfüllt hatte?

Der Schlüssel zum Verständnis liegt in der Tatsache, dass Jesus in seiner Endzeitrede zwei Ereignisse zu einem zusammengefasst hat, nämlich einerseits die Zerstörung des Tempels und der Stadt Jerusalem, die im Jahr 70 erfolgte, und das Ende der Welt andererseits. Manches von dem, was Jesus auf dem Ölberg sagte, bezieht sich in der Tat auf die letzte Generation der Weltgeschichte; aber auch zur Zeit der Zerstörung des Tempels hatten die Christen schon viele Beweise dafür, dass die „Zeichen", von denen Jesus gesprochen hatte, sich erfüllt hatten. Wir brauchen nur einen kurzen Blick in die Geschichte des ersten Jahrhunderts zu werfen.

Schon damals waren viele „falsche Christusse" aufgetreten (Mt 24,24; Mk 13,22). Bereits der Zauberer Simon wollte gern ein Christus sein, der Wunder tun konnte (siehe Apg 8,13.18–19). Der jüdische Geschichtsschreiber Josephus berichtete um das Jahr 100 ebenfalls von Leuten, die den Anspruch erhoben, der Messias zu sein; das geschah besonders oft in der Zeit unmittelbar vor der Zerstörung Jerusalems im Jahr 70.

Es gab auch im ersten Jahrhundert „Kriege und Kriegsgerüchte" (Mt 24,6 EB; Mk 13,7 EB) – sogar oft. Zu der Zeit, als Jesus lebte, herrschte im Römischen Reich zwar die *pax romana* (der römische Friede), aber als die Juden sich gegen Rom erhoben (66–70), war es mit diesem Frieden vorbei, vor allem natürlich in Palästina. In dem „jüdischen Krieg" (wie Josephus ihn nannte) erfüllte sich vieles von dem, was Jesus vorhergesagt hatte.

Und was ist mit den Hungersnöten, von denen Jesus gesprochen hatte (Mt 24,7; Mk 13,8; Lk 21,11)? Aus der Geschichte wissen wir von einer schrecklichen Hungersnot in Palästina um das Jahr 46 (wahrscheinlich dieselbe Hungersnot, die in Apg 11,28 erwähnt ist). Jesus kündigte auch das Auftreten von „Seuchen" an (Lk 21,11). Geschichtsschreiber der damaligen Zeit berichten, dass zur Zeit Kaiser Neros (54–68) allein in Rom in einem einzigen Herbst 30 000 Menschen an der Pest starben.

Jesus hatte auch Erdbeben vorausgesagt (Mt 24,8; Mk 13,8; Lk 21,11). Im Jahr 60 machte ein Erdbeben Laodizea dem Erdboden gleich, ein anderes zerstörte 63 Pompeji, und sogar Rom wurde 68 von einem erschüttert. Mitte des ersten Jahrhunderts hat es im Mittelmeerraum offenbar häufiger Erdbeben gegeben.

Und wer den Bericht von Josephus gelesen hat, weiß: Als die römischen Armeen Jerusalem belagerten, sahen die Menschen gewaltige Erscheinungen am Himmel und beobachteten auch andere ungewöhnliche Ereignisse, die sie als „Zeichen" deuteten.[8] Viele waren der Meinung, dass diese Zeichen darauf hinwiesen, dass die Sache der Juden verloren und Jerusalem dem Untergang geweiht war. Wenn du keinen Zugang zu dem Werk von Josephus *Vom jüdischen Krieg* hast, kannst du einige seiner Berichte in dem Buch *Der große Kampf* von Ellen White finden.[9]

Jesus hatte außerdem prophezeit, dass auch seine eigenen Jünger verfolgt werden würden (Mt 10,17–23; Mk 13,9–13; Lk 21,12–19). Hat sich auch diese Vorhersage schon im ersten Jahrhundert erfüllt? Wie bereits erwähnt, verhielten sich die römischen Behörden im

[8] Flavius Josephus, *De bello Judaico,* VI,5.3.
[9] *Der große Kampf zwischen Licht und Finsternis,* S. 28f.

ersten Jahrhundert den Christen gegenüber im Allgemeinen ziemlich neutral. Die Berichte der Apostelgeschichte lassen allerdings erkennen, dass die Christen durch den Hohen Rat in Jerusalem und die leitenden Juden in den römischen Provinzen Verfolgungen litten (siehe Apg 4,1–22; 5,17–42; 6,8–15; 7,54–60; 8,1–3; 9,1–2; 12,1–7; 13,45–50; 14,5.19; 17,5–7.13; 18,12–16; 21,27–36;22,22–30; 23,12–22; 24,5–8) Die Verfolgung war zu jener Zeit zwar sporadisch, spielte aber für die Apostel im ersten Jahrhundert eine große Rolle.

Auch „falsche Propheten" (Mt 24,24; Mk 13,22) traten auf. Die neutestamentlichen Briefe (vor allem 2 Kor, Gal, Kol, 1 und 2 Joh) liefern zahlreiche Beweise dafür, dass viele Leute innerhalb der ersten Gemeinden Ideen vertraten, die im Widerspruch zu der Lehre Christi und der Apostel standen.

Das wichtigste der von Jesus genannten „Zeichen des Endes" aber war seine Aussage, dass vor seiner Wiederkunft das Evangelium „in der ganzen Welt" verkündet werden würde (Mt 24,14; Mk 13,10). Viele haben diese Vorhersage Jesu nur auf das Ende der Welt bezogen. Das Neue Testament bezeugt jedoch, dass die Apostel der Meinung waren, diese Prophezeiung habe sich schon in ihrer Zeit erfüllt. Im Brief an die Kolosser schrieb Paulus zum Beispiel, „die Botschaft von Jesus Christus … ist in der ganzen Welt verbreitet worden" (Kol 1,23 NLB). Paulus war offenbar der Ansicht, dass das Evangelium schon überall verkündigt worden war. Im Römerbrief schrieb er, es werde „allen Menschen auf der ganzen Welt verkündet, damit sie zum Glauben an Christus kommen" (Röm 16,26 NLB).

Und was ist mit der „großen Bedrängnis", von der Jesus gesprochen hatte (Mt 24,21; Mk 13,19)? Hat sich auch diese Vorhersage im ersten Jahrhundert erfüllt? Josephus beschreibt die schrecklichen Erfahrungen, die die Juden in Jerusalem 40 Jahre nach der Endzeitrede von Jesus machen mussten.[10] Das Leid der Juden um das Jahr 70 war so entsetzlich und tragisch, wie das Leid vieler Christen in der Zeit unmittelbar vor der Wiederkunft sein wird.

---

[10] Josephus, *De bello Judaico*, V,6; vgl. Ellen G. White, *Der große Kampf zwischen Licht und Finsternis*, S. 30–35.

All das erklärt, warum die Christen am Ende des ersten Jahrhunderts glaubten, dass sich die Zeichen des Endes schon in ihrer Generation erfüllt hätten. Und weil Johannes ohne Zweifel mit den Lehren von Jesus vertraut war, fühlte er sich offenbar dazu berechtigt, die Wiederkunft Jesu als unmittelbar bevorstehend zu beschreiben. Wenn Jesu Kommen aber tatsächlich nahe war, dann musste sich auch das Gleichnis vom Feigenbaum bereits erfüllt haben, an dem die Gläubigen nach Jesu Worten erkennen sollten, dass sein Kommen „*nahe* ist“ (Mt 24,32–33; Mk 13,28–29).

Was ich sagen will, ist Folgendes: Wenn der Autor der Offenbarung zu Recht schreiben konnte: „Die Zeit ist nahe“ (Offb 22,10b), dann spricht das sehr dafür, dass er die Offenbarung nicht zur Zeit Neros geschrieben hat. Die von Jesus angekündigten Geschehnisse fingen erst in den 50er- und frühen 60er-Jahren des ersten Jahrhunderts an, sich zu erfüllen. Aber nach den Ereignissen, die mit der Zerstörung Jerusalems im Jahr 70 zusammenhingen, konnten die Christen zu dem Schluss kommen, dass sich alle „Zeichen“ für die Nähe der Wiederkunft erfüllt hatten. Daher denke ich, dass die Offenbarung sehr wahrscheinlich erst um das Jahr 95 geschrieben wurde und nicht schon in den 60er-Jahren. So haben es auch christliche Autoren aus dem zweiten Jahrhundert gesehen.

Aber wie konnte Johannes schon vor mehr als 1900 Jahren sagen, die Zeit der Wiederkunft Christi sei „nahe“ (Offb 22,10b; 1,3)? Im chronologischen Sinne war sein zweites Kommen sicher nicht „nahe“, sondern nur in dem Sinne, dass Christus sich danach sehnte zu kommen und sich wünschte, dass sein Volk bereit war, ihn zu empfangen.

Ob Jesus nun in unserer Lebenszeit wiederkommt oder nicht: Die gesündeste Einstellung ist, dass seine Wiederkunft für uns persönlich nahe ist. Aber nicht nur das: Ein sorgfältiges Studium der Offenbarung zeigt, dass der Begriff „nahe“ besonders gut in unsere Zeit passt. Das Studium dieses herrlichen und zugleich verwirrenden Buches wird uns dahin führen, dass wir der Aufforderung von Jesus an seine Nachfolger in Lukas 21,28 Folge leisten werden: „Wenn aber diese Dinge anfangen zu geschehen, so blickt auf und hebt eure Häupter empor, weil eure Erlösung naht.“ (EB)

Kapitel 1

Die Situation der damaligen Gemeinden

Ich bin in Manhattans Osten zur Welt gekommen – damals, als es noch relativ arm war (heute findet man dort die teuersten Immobilien der USA). Nicht lange danach fanden meine Eltern auf der anderen Seite des Hudson Rivers in New Jersey eine schöne Wohnung, die sie sich leisten konnten. Wir lebten nun in einem anderen Bundesstaat, betrachteten uns aber nach wie vor als New Yorker. Wir gingen auch in Manhattan zu einer Adventgemeinde; und wenn wir es uns leisten konnten, besuchten mein Bruder und ich dort auch adventistische Schulen.

Als Adventist in New York aufzuwachsen war schwer – nicht nur, weil die Leute säkular waren, sondern auch, weil wir nicht einmal mit den Christen aus anderen Glaubensgemeinschaften warm wurden. Wir Adventisten bildeten unsere eigene Gruppe – umgeben von einer Welt von Wolkenkratzern und verbotenen Vergnügungen. Wie die meisten New Yorker hasteten wir von einer Stelle zur anderen durch ein Gewühl von Fremden mit unbekannten Gesichtern. Täglich fuhren wir mit der Untergrundbahn und mit Bussen, überfüllt mit Leuten, die sich große Mühe gaben, jeden Blickkontakt zu vermeiden und durch nichts zu erkennen zu geben, dass sie andere Leute überhaupt wahrnahmen. In New York als Adventist aufzuwachsen bedeutete, Fremder in einem fremden Land zu sein.

Zwar hat mich niemand wirklich wegen meines Glaubens verfolgt, aber mir war bewusst, dass ich anders bin – fremd. Ich wollte dazugehören, aber für die Kinder in der Nachbarschaft war es klar, dass ich keiner von ihnen war. Ich ging nicht mit ihnen ins Kino und nahm nie freitagabends an den Tanzabenden der Schule teil (fünf Jahre lang besuchte ich eine staatliche Schule). Wenn meine Freunde mich fragten, ob sie am Samstagabend zu uns nach Hause kommen könnten, erfand ich irgendeine Ausrede. Wenn mir ein Bier oder eine Zigarette angeboten wurde, lehnte ich ab – so höflich ich konnte (aber im Süßwarenladen um die Ecke hatte ich immer mit einem schlechten Gewissen zu kämpfen). Wenn es bei meinem Freund Schweinekoteletts gab, behauptete ich stets, ich hätte keinen Hunger (obwohl ich schon fünf Stunden bei ihm war). Verfolgt? Nein. Verachtet und zurückgewiesen? Nicht wirklich, denn meine nichtadventistischen Freunde und Nachbarn waren wirklich nette Leute. Wie ein Fisch auf dem Trockenen? Ja. Ein Fremder in einem fremden Land? Ganz bestimmt.

Ich fühlte mich mehr in der Offenbarung zu Hause als in meiner Nachbarschaft. Johannes schien meinen Kampf mit der Welt zu verstehen. Er kannte die Verlockungen verbotener Vergnügungen; er wusste, wie man sich fühlt, wenn man fremd und anders ist. Als ich mich mit den Botschaften an die sieben Gemeinden beschäftigte, kam es mir so vor, als wäre von mir die Rede. Und je mehr ich später als Gelehrter über die Welt von Johannes erfuhr, umso mehr erinnerte es mich an die Welt, in der ich selbst aufgewachsen war. Denn die Christen in Kleinasien wurden zwar nicht verfolgt, mussten sich aber immer wieder mit der Frage auseinandersetzen, wie sie in einer heidnischen Welt leben sollten.

Für die Lösung von Problemen waren in der römischen Gesellschaft jener Zeit entweder die Familie oder der Staat zuständig. Es gab jedoch noch eine dritte Instanz, die wir heute als Vereine oder Klubs bezeichnen würden. Sie waren so etwas wie die erweiterte Familie und halfen in Situationen, mit denen sich weder die Familie noch der Staat befassten. Zu dieser nicht eindeutig definierten dritten Kategorie der Gesellschaft gehörten auch die christlichen Gemeinden. Die Gesellschaft betrachtete sie als eine Art sonderbaren Klub. Die waren im Allgemeinen harmlos, aber manchmal fühlte sich der Staat von ihnen auch bedroht. In der Zeit, in der Johannes die Offenbarung schrieb, scheinen der Theologieprofessorin Adela Yarbro Collins zufolge fünf wichtige Ereignisse die Situation der Gemeinde zunehmend problematisch gestaltet zu haben.

Die unsichere Situation der Gemeinden[1]

Konflikte mit den Juden

Die Christengemeinden hatten vor allem unter den Auseinandersetzungen mit Juden zu leiden. Die Römer betrachteten das Judentum als eine *religio licita* – eine legale Religion. Die Juden genossen Privilegien, die anderen Religionen nicht gewährt wurden, zum Beispiel das Recht, den Sabbat zu halten, und die Befreiung von der Pflicht, den Kaiser anzubeten. Die Römer hatten aus Erfahrung gelernt, dass ihnen viele Probleme erspart blieben, wenn sie den Juden einige Zugeständnisse machten. Und solange die Christen von der Bevölkerung als Juden betrachtet wurden – und viele der ersten Christen waren ja von ihrer Abstammung her Juden – standen auch sie unter dem Schutz der römischen Gesetze.

Gegen Ende des ersten Jahrhunderts aber führten Unstimmigkeiten zwischen Juden und Christen dazu, dass das Judentum und die Christenheit von der Öffentlichkeit als zwei verschiedene Religionen wahrgenommen wurden. Das Judentum war staatlich anerkannt, die Christengemeinden jedoch nicht mehr. (Von den römischen Behörden waren sie ursprünglich als Teil des Judentums angesehen worden.)

Durch die zunehmende Differenzierung in Juden und Christen wurde das Leben in der römischen Gesellschaft für die Christen immer schwieriger. Die jüdischen Versuche, sie zu diskriminieren, hatten nun anscheinend ernsthafte Konsequenzen, wie folgende Texte aus der Offenbarung zeigen:

> Ich weiß, dass ihr unterdrückt werdet und dass ihr arm seid. Aber in Wirklichkeit seid ihr reich! Ich kenne auch die üblen Nachreden, die von Leuten über euch verbreitet werden, die sich als Angehörige des Gottesvolkes ausgeben. Aber das sind sie nicht, sondern sie gehören zur Synagoge des Satans. Habt keine Angst wegen der Dinge, die ihr noch erleiden müsst.

---

[1] Ausführlicher dazu: Adela Yarbro Collins, *Crisis and Catharsis: The Power of the Apocalypse*, Westminster Press, Philadelphia 1984, S. 84–104.

> Der Teufel wird einige von euch ins Gefängnis werfen, um euch auf die Probe zu stellen. Zehn Tage lang werden sie euch verfolgen. Haltet in Treue durch, auch wenn es euch das Leben kostet. Dann werde ich euch als Siegespreis ewiges Leben schenken. (Offb 2,9–10 GNB)

> Schreibe diesen Brief dem Engel der Gemeinde in Philadelphia … Ich weiß alles, was du tust, und ich habe eine Tür für dich geöffnet, die niemand schließen kann; denn du bist nicht stark, aber hast an meinem Wort festgehalten und meinen Namen nicht verleugnet. Ich werde einige von denen, die zu Satan gehören – sie lügen, denn sie geben sich als Juden aus, sind es aber nicht –, dazu bringen, zu kommen und sich vor deinen Füßen niederzuwerfen. Sie werden erkennen, dass ich dich geliebt habe. (Offb 3,7–9 NLB)

Einige Juden erinnerten sich daran, dass die Christen als einzige jüdische „Sekte" (Apg 24,5.14; 28,22) im Unabhängigkeitskampf gegen Rom ab 66 nicht in Jerusalem geblieben waren und nicht zu den Waffen gegriffen hatten. Sie betrachteten die Christenheit nun in zunehmendem Maße als ein fremdes Element, auch wenn Judenchristen noch Synagogen besuchten.

Manche Gelehrte glauben, dass jüdische Leiter um 80 bis 90 dem Gottesdienst in den Synagogen ein zusätzliches Segensgebet hinzugefügt haben. Dieser sogenannte „achtzehnte Segen" war im Grunde genommen ein Fluch über Christus und alle, die an ihn glaubten. Christen, die an den jüdischen Gottesdiensten teilnahmen, waren nun leicht als solche zu erkennen, weil sie schwiegen, wenn dieser achtzehnte Segen gesprochen wurde. Die Leiter konnten sie also auf diese Weise als Christen entlarven und aus der Synagoge ausschließen.

Zu der Zeit, als Johannes die Offenbarung schrieb, war der legale Status der Christen in Gefahr. Natürlich bereitete ihnen diese Entwicklung Sorgen, und sie fragten sich, wie sich ihr Leben in der Gesellschaft des römischen Staates in Zukunft gestalten würde.

Von Nichtchristen angezeigt oder verklagt

Das zweite Problem, mit dem sich die Christen in dieser Zeit konfrontiert sahen, waren Anklagen, die ihre heidnischen Nachbarn gegen sie erhoben. Denn als die Nichtjuden anfingen, zwischen dem christlichen Glauben und dem Judentum zu unterscheiden, begegneten sie den Christen oft mit Feindseligkeit und Verachtung. Es liegen viele Beweise dafür vor, dass Nichtjuden vom zweiten Jahrhundert an Christen bei den Behörden anzeigten oder verklagten. Wahrscheinlich fing das schon gegen Ende des ersten Jahrhunderts an, obwohl das nicht schriftlich dokumentiert ist.

Was aber wurde den Christen vorgeworfen – nur kurze Zeit nachdem Johannes die Offenbarung geschrieben hatte? Ein Vorwurf lautete, Christen seien Menschenhasser. Die Öffentlichkeit betrachtete sie als Leute, die sich von den anderen abgrenzten. Sie nahmen nicht am gesellschaftlichen Leben teil, jedenfalls nicht so, wie die meisten es taten. Die öffentlichen Veranstaltungen und Feste in Kleinasien waren von heidnischen Ritualen und Redeweisen beherrscht; Christen hielten sich von ihnen fern, weil sie ihrem Glauben treu bleiben wollten. Für die allgemeine Öffentlichkeit war Religion ein „Markt der Möglichkeiten“: Die Menschen meinten, dass sie sich aus den vielen Angeboten das Beste heraussuchen könnten. Sie mochten (genau wie heutzutage) keine Leute, die dachten, dass nur sie die Wahrheit besäßen und alle anderen sich irren würden. Und sie warfen den Christen vor, die Gesellschaft zu verachten.

Da im antiken Rom Religion so eng mit dem bürgerlichen Leben verbunden war, mussten sich Christen auch den Vorwurf gefallen lassen, Atheisten zu sein, denn sie beteten ja nur ihren eigenen Gott an. Die zum Römischen Reich gehörenden Völker hatten alle ihre eigene Religion, beteten aber als Zeichen ihrer Staatstreue außerdem die römischen Gottheiten an. Weil Christen das aber nicht taten, wurden sie beschuldigt, Atheisten zu sein.

Seltsamerweise wurde ihnen auch Kannibalismus vorgeworfen. Das hatte mit der heidnischen Vorstellung vom Abendmahl zu tun, denn die Christen sprachen dabei vom „Essen des Körpers Christi und vom Trinken seines Blutes“ (vgl. Joh 6,53–54). Christen verstanden das zwar geistlich, aber ihre heidnischen Nachbarn offensichtlich nicht. So entstanden Gerüchte, Christen würden Kinder und auch Erwachsene opfern, um sie am „Tisch ihres Herrn" zu verzehren. All diese Vorwürfe machten das Leben der Christen in der Gesellschaft des Römischen Reiches gefährlich.

Angst erregende Nachrichten

Mehrere beunruhigende Ereignisse ließen erkennen, dass der Status der Christen in der Gesellschaft immer unsicherer wurde. Eines davon war die Zerstörung Jerusalems, die zwar keine unmittelbare Auswirkung auf die Christen hatte, aber eine schwerwiegende Frage aufwarf: Wenn die Römer schon die Anhänger einer *legalen* Religion so grausam behandelten, was würde wohl geschehen, wenn die Behörden die Christen ins Visier nähmen?

Noch mehr Angst flößten die Berichte über Neros Verfolgung der Christen in Rom ein. Diese Aktion dauerte zwar nicht lange, war aber sehr grausam. Obwohl sie wahrscheinlich das Werk eines Geisteskranken war, machte die Schutzlosigkeit der Christen deutlich, wie unsicher ihre Beziehung zum römischen Staat war. Diese Gesellschaft bot Minderheiten nur wenig Schutz. In unserer heutigen westlichen Welt gelten im Allgemeinen Gesetze, die die Mehrheit daran hindert, mit Minoritäten zu machen, was sie will; aber in neutestamentlicher Zeit war das anders: Der römische Kaiser konnte eine Minderheit ungestraft verfolgen oder ausrotten lassen.

Eine dritte Quelle der Beunruhigung für die Christen am Ende des ersten Jahrhunderts war das Entstehen eines neuen Kultes – der Kaiseranbetung. Sie war sowohl ein religiöser als auch ein politischer Akt; sie zu verweigern war nicht nur unpatriotisch, sondern auch Verrat. Man konnte nun also nicht mehr ein guter Staatsbürger und zugleich ein guter Christ sein. Der Ritus der Kaiseranbetung stellte die Christen ins Abseits, weil jede Loyalitätsbekundung gegenüber dem Kaiser ihre Beziehung zu Jesus infrage stellte. Von einem Christen zu verlangen, den Kaiser anzubeten, war dasselbe, wie im 20. Jahrhundert einen Juden zu drängen, ein Nazi zu werden, oder auf Afroamerikaner Druck auszuüben, sich zu den Lehren des Ku-Klux-Klan zu bekennen.

Der Tod von Antipas

Die Offenbarung berichtet auch über die Hinrichtung eines Christen namens Antipas. Sie teilt darüber zwar keine Einzelheiten mit, aber es ist offensichtlich, dass Antipas um seines Glaubens willen als Märtyrer starb. Jesus ließ der Gemeinde in Pergamon durch Johannes ausrichten:

> Ich weiß, wo ihr wohnt: dort, wo der Thron des Satans steht. Und doch haltet ihr am Bekenntnis zu meinem Namen fest und habt euren Glauben an mich nicht widerrufen, nicht einmal, als mein treuer Zeuge Antipas bei euch getötet wurde, dort, wo der Satan wohnt. (Offb 2,13 GNB)

Pergamon gehörte zu den Städten, in denen der römische Statthalter der Provinz Asia Gericht hielt. Möglicherweise sahen die Christen in dem „scharfen, zweischneidigen Schwert" von Christus (V. 12; vgl. V. 16b) einen Gegensatz zu der Schwertgewalt des Statthalters, also für dessen Vollmacht, ein Todesurteil zu fällen.[2] Wenn das zutrifft, hatte der römische Statthalter Antipas wahrscheinlich hinrichten lassen, weil er Christ war.

Der Statthalter könnte dabei so vorgegangen sein, wie Plinius der Jüngere, Statthalter in Bithynien, der 15 Jahre später in einem Brief an Kaiser Trajan schrieb:

> Einstweilen bin ich mit denen, die bei mir als Christen angezeigt wurden, folgendermaßen verfahren: ich habe sie gefragt, ob sie Christen seien. Die Geständigen habe ich unter Androhung der Todesstrafe ein zweites und drittes Mal gefragt. Die dabei blieben, ließ ich abführen. Denn ich war der Überzeugung, was auch immer es sei, was sie damit eingestanden, dass auf alle Fälle ihr Eigensinn und ihre unbeugsame Halsstarrigkeit bestraft werden müsse … Diejenigen, die bestritten, Christen zu sein oder gewesen zu sein, glaubte ich freilassen zu müssen, da sie mit einer von mir vorgesprochenen Formel die Götter anriefen und

[2] Adela Yarbro Collins, *Crisis and Catharsis*, S. 101.

> vor Deinem Bild, das ich zu diesem Zwecke zusammen mit den Bildern der Götter herbeibringen ließ, mit Weihrauch und Wein opferten und außerdem Christus schmähten, Dinge, zu denen wirkliche Christen, wie man sagt, nicht gezwungen werden können.[3]

Trajan antwortete, die lokalen Behörden sollten nicht jeder anonymen Anzeige nachgehen und Christen vor Gericht stellen; aber wenn der Statthalter in aller Öffentlichkeit auf Christen aufmerksam gemacht werde, dann solle so vorgegangen werden, wie Plinius es beschrieben habe. Wahrscheinlich war der Statthalter in Pergamon nicht von sich aus dem Fall „Antipas" nachgegangen, sondern ein feindlich gesinnter Nachbar – eventuell ein Jude – hatte ihn angezeigt. Stellen wir uns vor, wir würden irgendwo leben, wo wir nie wissen, welcher Nachbar plötzlich auf die Idee kommt, die Behörden über unseren Glauben zu informieren! Was mit Antipas geschehen war, konnte damals auch jeden anderen Christen treffen.

Die Verbannung von Johannes

Natürlich wussten die Christen auch, dass Johannes im Exil lebte. Zwar haben neuere Forschungen einige Fragen zu seiner Verbannung aufgeworfen, aber die frühe Kirchentradition vertrat die Meinung, dass die Behörden den geliebten Patriarchen der Gemeinden in Kleinasien auf die Insel Patmos verbannt hatten, damit er nicht länger seinen Glauben verbreiten konnte.[4] Dass der Apostel nun im Exil lebte, verstärkte die Unsicherheit der Gemeindeglieder.

---

[3] Plinius Secundus, *Epistulae* X, 96; zitiert nach www.fb1.uni-siegen.de/antiketexte/ausser/8.html; dort findet sich auch die Antwort von Kaiser Trajan.

[4] Leonard L. Thompson, *The Book of Revelation: Apoclypse and Empire,* Oxford University Press, New York 1990, S. 95–115; G. K. Beale, *The Book of Revelation,* New International Greek Testament Commentary, bearbeitet von I. Howard Marshall und Donal A. Hagner, Erdmans, Grand Rapids 1999, S. 5–16; und Kenneth A. Strand, Besprechung von Leonard L. Thompsons Buch *The Book of Revelation: Apocalypse and Empire* in *Andrews University Seminary Studies,* Nr. 29, 1991, S. 188–190, unterstützen diese traditionelle Position.

Die ersten Leser der Offenbarung scheinen also Christen gewesen zu sein, die um ihres Glaubens willen einen immer schwereren Stand in der Gesellschaft in der Provinz Asia hatten. Sie machten sich Sorgen, wie die Dinge sich entwickeln würden, und erhofften sich von Johannes Wegweisung und Trost.

Spaltungen in den Gemeinden Kleinasiens

Die Situation in den Gemeinden

Die Lage, in der sich die Gemeinden in Kleinasien befanden, war noch aus einem anderen Grunde sehr bedenklich. Die Christenheit war nicht nur von außen bedroht; Spaltungen in den Gemeinden gefährdeten sie auch von innen. Die kleinasiatischen Gemeinden waren sich uneins über die Frage, wie sie mit ihrem Randdasein in der Gesellschaft umgehen sollten. Das wird deutlich, wenn wir uns durch die sieben Briefe in Offenbarung 2 und 3 hindurcharbeiten.

Ebenfalls im Brief an die Gemeinde in Pergamon lesen wir:

> Trotzdem habe ich einiges an euch auszusetzen: Bei euch gibt es Anhänger der Lehre Bileams. Der stiftete Balak an, die Israeliten zur Sünde zu verführen. Da aßen sie Fleisch vom Götzenopfer und trieben Unzucht. (Offb 2,14 GNB)

Mit prophetischen Fluchworten vermochte Bileam dem Volk Israel keinen Schaden zuzufügen; deshalb empfahl er den Moabitern, die Israeliten durch sexuelle Verlockungen und götzendienerische Feste von Gott zu trennen (siehe 4 Mo 25,1–3; 31,16). Der Brief an die Gemeinde Pergamon verglich die Versuchungen, denen einst das Volk Israel ausgesetzt war, mit der Situation, in der sich die Gemeinden in Kleinasien befanden.

Die meisten Christen in Ephesus, Smyrna und Pergamon waren Christus und der Lehre des Johannes treu; aber eine Minderheit in Pergamon erlag der Versuchung, sich dem Zeitgeist anzupassen, und Johannes fürchtete, dass sie dabei die Verbindung zu Jesus verlieren könnten. Diese drei Gemeinden waren zwar zerstritten, jedoch mehrheitlich Christus treu geblieben.

In der Gemeinde von Thyatira sah es dagegen schlimmer aus. In ihr war bereits die Hälfte der Gemeindeglieder von Gott und der Lehre der Apostel abgefallen; sogar einige Leiter hatten die Fronten gewechselt:

> Aber ich habe eines gegen dich einzuwenden: Du lässt zu, dass diese Frau – Isebel, die sich eine Prophetin nennt – meine Diener vom richtigen Weg abbringt. Sie verführt sie dazu, Götzen anzubeten, von dem Fleisch der Götzenopfer zu essen und Unzucht zu treiben. (Offb 2,20 NLB)

In der Gemeinde in Philadelphia gab es zwar kaum Probleme mit Ketzerei, aber sie besaß nur wenig Kraft (Offb 3,8). In den anderen beiden Gemeinden scheint der Verfall noch weiter fortgeschritten gewesen zu sein, denn in Sardes und Laodizea war sogar eine Mehrheit nicht mehr auf der Seite des Johannes.

> Aber du hast *einige* in Sardes, die ihre Kleider nicht besudelt haben; die werden mit mir einhergehen in weißen Kleidern, denn sie sind's wert. (Offb 3,4)

Um Laodizea stand es sehr schlecht. Die an sie gerichtete Botschaft vermittelt den Eindruck, dass die Gemeinde Jesus praktisch draußen vor der Tür stehen gelassen hatte (V. 20). Nicht einmal eine Minderheit war treu geblieben. Jesus, „der treue und wahrhaftige Zeuge" (V. 14), konnte nichts Gutes an Laodizea finden.

Nur vier der sieben Gemeinden in Kleinasien scheinen mehrheitlich auf der Seite von Johannes gestanden zu haben; eine nur noch zur Hälfte und in den anderen beiden gibt es nur wenige, die treu geblieben waren. Die sieben kleinasiatischen Gemeinden vertraten völlig unterschiedliche Ansichten darüber, wie sie sich gegenüber der Gesellschaft verhalten und mit ihren Problemen umgehen sollten. Es war eine Zeit äußerer und innerer Spannungen.

Johannes hat die Offenbarung also nicht nur geschrieben, um die Treuen in einer Zeit der Verfolgung zu ermutigen, sondern auch, um einigen Gemeinden ihre Untreue vor Augen zu halten.

Die unterschiedlichen Ansichten

Die sieben Briefe in Offenbarung 2 und 3 enthalten zum Teil scharfen Tadel an viele Gemeindenglieder. Wenn wir diese Botschaften mit anderen neutestamentlichen Briefen vergleichen, wird deutlich, warum die Christen in Kleinasien gespalten waren, wer die Gegner von Johannes waren und welche Ansichten sie vertraten.

In Offenbarung 2 werden die Widersacher des Apostels mit drei verschiedenen Namen benannt: Nikolaïten, Bileam und Isebel.

> Du duldest Menschen in deiner Mitte, die wie Bileam sind, der Balak zeigte, wie er dem Volk Israel eine Falle stellen konnte. Er verführte die Israeliten dazu, Fleisch zu essen, das Götzen geopfert worden war, und Unzucht zu treiben. Außerdem duldest du in deiner Mitte solche, die den Lehren der Nikolaïten folgen. (Offb 2,14–15 NLB)

> Aber eins habe ich an euch auszusetzen: Ihr duldet diese Isebel, die sich als Prophetin ausgibt. Mit ihrer Lehre verführt sie meine Diener und Dienerinnen, Unzucht zu treiben und Fleisch von Tieren zu essen, die als Götzenopfer geschlachtet worden sind. (V. 20 GNB)

Die drei Namen Bileam, Isebel und Nikolaïten stehen offenbar für dieselben Probleme, nämlich für das Essen von Götzenopferfleisch und für sexuelle Unmoral. Und auch die Bedeutung von zwei der drei Namen spricht dafür, dass sie für ein und dasselbe Problem stehen: *Nikolaos* ist griechisch und heißt übersetzt: „Besieger des Volkes"; *Bileam* ist hebräisch und bedeutet: „einer, der das Volk verschlingt". Beide Namen bedeuten also dasselbe.

Alle drei – Bileam, Isebel und die Nikolaïten – lehrten auch dasselbe; es hatte zu tun mit Speisen, die den Göttern geopfert waren, und mit sexueller Unmoral. Auch in christlichen Schriften des zweiten Jahrhunderts standen diese beiden Probleme im Vordergrund. Doch warum spalteten sie die Gemeinden? Weil an ihnen das Verhältnis der Christen zum Staat und zur Gesellschaft, in der sie lebten, besonders deutlich wurde.

Das römische Imperium verlangte von allen Nichtjuden, sich auch zum Staatskult zu bekennen. Die Römer duldeten viele religiöse Kulte; aber zu welcher Religion auch immer man sich bekannte und woher auch immer man kam: Die Regierung erwartete von allen, dass sie auch an den öffentlichen Zeremonien und anderen Veranstaltungen der Gesellschaft im Römischen Reich teilnahmen. Es spielte keine Rolle, welcher Religion man angehörte – Teilnahme an solchen öffentlichen Ereignissen war Pflicht.

Wer sich weigerte, musste – mit Ausnahme der Juden – mit ernsten Konsequenzen rechnen, wenn auch nicht mit der Todesstrafe. Er sah sich mit ernsthaften wirtschaftlichen Nachteilen konfrontiert; zum Beispiel hatte er keinen Zugang mehr zu den Gilden, in denen die Händler zum gegenseitigen Vorteil zusammenarbeiteten. Wenn irgendwo neue Arbeitsplätze entstanden, wurden sie für die dort wohnenden loyalen Bürger und Sklaven reserviert.

Nicht mitzumachen hatte auch politische Konsequenzen; denn in der bürgerlichen Verwaltung konnte nur tätig werden, wer für den Staatskult eintrat und die Bevölkerung entsprechend anleitete. Ohne ein politisches Amt hatten die Christen kaum eine Möglichkeit, Entwicklungen in der Gesellschaft zu beeinflussen oder die eigene Stellung in der Gesellschaft zu verbessern.

Wer sich nicht für den Staatskult einsetzte, büßte auch soziale Möglichkeiten ein. Es war genau wie heute: Wer nicht mitmachte, gehörte nicht dazu. Christen hatten es also schwer, sich zu integrieren. Die Folge war, dass sie arm und machtlos waren und zu Ausgestoßenen wurden. Wer sich gegen Ende des ersten Jahrhunderts in Kleinasien mit dem Gedanken trug, Christ zu werden, musste gut überlegen, worauf er sich einließ.

Warum hatten die Christen solche Probleme mit der römischen Religion? Weil in ihr zwei Dinge eine wichtige Rolle spielten, die mit dem christlichen Glauben nicht vereinbar waren: der öffentliche Genuss von Götzenopferfleisch und die Unzucht, die mit den Tempelkulten verbunden war. Aber warum war es für die Gemeinden zur Zeit des Johannes ein so großes Problem, Götzenopferfleisch zu essen? Hatte Paulus nicht in seinem ersten Brief an die Korinther geschrieben, dass ein Götze nichts sei, es keinen Gott gäbe außer dem einen und es keine Rolle spiele, ob Fleisch zuerst den Götzen geopfert worden sei oder nicht (siehe 1 Kor 8,4.7–9)?

Aber Paulus hatte diese Instruktionen auf den privaten Verzehr von Götzenopferfleisch bezogen, keineswegs auf die Teilnahme an den Festen an heidnischen Tempeln, bei denen es bei gemeinsamen Mahlzeiten gegessen und Unzucht getrieben wurde. Paulus hielt das nicht nur mit dem Bekenntnis zu Christus unvereinbar, sondern sogar für gefährlich:

> Was die Götzenverehrer opfern, das opfern sie nicht Gott, sondern den Dämonen. Ich möchte aber nicht, dass ihr euch mit Dämonen verbindet. Ihr könnt nicht aus dem Becher des Herrn trinken und zugleich aus dem Becher der Dämonen. Ihr könnt nicht am Tisch des Herrn essen und am Tisch der Dämonen. (1 Kor 10,20–21 GNB)

Doch als die Offenbarung geschrieben wurde, haben das manche Christen offenbar nicht mehr so ernst genommen; andere wollten Christus treu bezeugen und das stürzte sie in viele Konflikte.

Die kultische Prostitution an den Tempeln war ebenfalls ein Problem, denn in der Antike gehörte sie zur akzeptierten Religionsausübung. Sie schien auf der heidnischen Vorstellung zu beruhen: Wenn im Tempel Geschlechtsverkehr stattfindet, gibt es reichlich Regen und eine gute Ernte, und den Menschen geht es gut. Für einen guten Bürger war es daher selbstverständlich, von Zeit zu Zeit eine Tempelprostituierte aufzusuchen, damit es zur rechten Zeit regnete. So seltsam das in unseren Ohren auch klingen mag – für die Menschen der Antike machte das Sinn. Und wer sich von dieser Tradition fernhielt, musste damit rechnen, von manchen Mitmenschen als Feind der Kommune angesehen zu werden.

In der heutigen westlichen Welt scheinen Reichtum und Sicherheit oberstes Ziel der Gesellschaft zu sein; aber für Griechen und Römer war etwas anderes noch erstrebenswerter: Status. Es war eine Welt, die nichts höher schätzte als Ehre und Wertschätzung, und in der auf alle herabgesehen wurde, die nicht konform gingen. Die Einschränkungen durch den christlichen Lebensstil hatten also unweigerlich zur Folge, dass die Gläubigen von Ehre und Status in ihrer Umwelt ausgeschlossen waren.

Viele Christen gaben jedoch in jener Zeit anscheinend nur unwillig das Streben nach Wertschätzung auf. Sie wollten eine Funktion in der Gesellschaft haben und soziale, geschäftliche und politische Vorteile genießen und strebten nach einem gewissen Maß an Reichtum und Einfluss. Das aber konnte nur gelingen, wenn sie an den kultischen Festen und der Tempelprostitution teilnahmen.

Die Botschaften an die sieben Gemeinden in der Offenbarung machen deutlich, dass manche Christen das Für und Wider abwogen und sich fragten, ob Johannes in diesem Punkt nicht zu streng war. Sie mögen argumentiert haben: Gott will doch, dass wir die Welt evangelisieren; aber wie können wir die Oberschicht für Christus gewinnen, wenn wir nicht an ihrem Leben teilnehmen?

Die damaligen Christen befanden sich also in einem Zwiespalt: Evangelisation und Engagement in der Gesellschaft einerseits – Treue gegenüber Christus in allen Dingen andererseits.

Sicher haben manche auf das siebte Gebot und die Warnungen von Paulus vor Unzucht hingewiesen (siehe 1 Kor 6,13–20); wie konnte also ein Christ überhaupt daran denken, an kultischer Prostitution teilzunehmen? Ich vermute, dass einige sogar in den Briefen von Paulus eine theologische Rechtfertigung dafür gefunden haben, denn er hatte gelehrt, dass der Staat kraft seiner Autorität gewisse Dinge von seinen Bürgern verlangen darf:

> Alle ohne Ausnahme müssen sich den Trägern der Staatsgewalt unterordnen. Denn es gibt keine staatliche Macht, die nicht von Gott kommt. Die jeweiligen Amtsträger sind von ihm eingesetzt. Wer sich also gegen die staatliche Ordnung auflehnt, widersetzt sich der Anordnung Gottes, und wer das tut, zieht sich damit die Verurteilung im Gericht Gottes zu … Wem Respekt zusteht, dem erweist Respekt, und wem Ehre zusteht, dem erweist Ehre. (Röm 13,1–2.7b GNB)

Meinten die Nikolaïten vielleicht, sie würden diesen Anweisungen folgen, wenn sie den Forderungen der Staatsreligion nachkamen?

Vermutlich fanden sie auch in der Argumentation von Paulus, dass jeder selbst abwägen und entscheiden müsse, ob er Götzenopferfleisch isst (siehe 1 Kor 8,4–12), eine Rechtfertigung für ihre Beteiligung an öffentlichen Festmahlen an den Tempeln – ob sie den Apostel nun richtig verstanden hatten oder nicht.

Die Stellung der Offenbarung zu Kompromissen

In der Offenbarung wird eine eindeutige Position zu diesen Punkten bezogen: Keine Kompromisse! Die Götzen mögen zwar menschliche Erfindungen sein, aber hinter jedem Götzen stehen Satan und seine Dämonen. Wer die Götzen ehrt, lädt Satan in sein Leben ein und verliert seinen Platz im Himmel. Wer an öffentlichen Festen zu Ehren der Götter teilnimmt, sitzt am Tisch von Dämonen. Christen hatten nur die Wahl, Christus zu ehren und jetzt ihren Platz in der Gesellschaft zu verlieren, oder Satan zu ehren und später ihren Platz im Himmel zu verlieren.

In der Offenbarung empfiehlt Christus in seinen Botschaften an die Gemeinden, sich nötigenfalls von sozialen, geschäftlichen und politischen Aktivitäten der Gesellschaft fernzuhalten, um ihm treu bleiben zu können.

Aber wie überzeugt man Christen davon, dass ein derart radikaler Lebenswandel richtig ist? Das Buch der Offenbarung kreiert dazu ein „symbolisches Universum", wie Theologen es nennen. Es beschreibt ein Reich, das viel größer ist als das Imperium, das den Alltag beherrschte. Die Wirklichkeit umfasst mehr als die Welt, die wir sehen. Das Leben ist mehr als Geld, Macht und gesellschaftlicher Status. Die Offenbarung öffnete den Christen in Kleinasien eine ganz andere Perspektive: Jesus hat sie in seinem Reich „zu Königen und Priestern gemacht … vor Gott" (Offb 1,5) und ihnen wahre Würde gegeben. Indem sie auf ihren Status in dieser Welt verzichteten, gewannen sie einen gesellschaftlichen und religiösen Status, den ihnen das Römische Reich nie bieten konnte.

Aber es ging nicht nur darum, in der Gegenwart auf der richtigen Seite zu stehen. Die Wiederkunft von Jesus stand bevor, und die Christen mussten bei seiner Ankunft auf der richtigen Seite stehen. Die Offenbarung zeigte ihnen, dass die gegenwärtigen Schwierigkeiten Teil des göttlichen Plans waren und sie nicht immer machtlos und arm sein würden. Nicht für immer müssten sie auf Gold verzichten, denn eines Tages würden sie sogar auf goldenen Straßen gehen. Sie brauchten jetzt keine Kompromisse einzugehen, denn das Volk Gottes würde auf der Seite der Gewinner stehen. Das Römische Reich konnte zwar ihr Leben bedrohen und ihnen ihren Status und irdischen Besitz nehmen, aber Gott war mächtiger als die römischen Kaiser. Und was wäre ihnen letzten Endes wohl lieber: Der Zorn Roms oder der Zorn Gottes?

Die Botschaft der Offenbarung an die Gemeinden lautete also: Keine Kompromisse – unter keinen Umständen!

Ein ausgewogenes christliches Leben ist gefragt

Können wir heute Lebenden aus den 2000 Jahre alten Konflikten zwischen Johannes und den falschen Lehrern in den Gemeinden von damals irgendetwas lernen? Sicherlich, denn in mancher Hinsicht gleicht unsere Gesellschaft der, in der Johannes lebte.

Die Menschen mögen keinen Exklusivismus (die Anschauung, dass der eigene Glaube der einzig wahre ist) und empfinden Aussagen wie „Wir haben die Wahrheit" oder „Ich gehöre zu der wahren Gemeinde Gottes" als abwegig und arrogant. Heute ist es selbstverständlich, auch andere Ansichten gelten zu lassen. Gleichzeitig gehen allerdings Bewertungsmaßstäbe und Gewissheiten verloren. Im zeitgenössischen Denken besitzt jeder Mensch nur einen Teil der Wahrheit und niemand verfügt über die ganze Wahrheit.

Obwohl die meisten Kirchen solches Denken als eine Bedrohung ihrer Maßstäbe, Lehren und Gewissheiten empfinden, ist diese Philosophie nicht durch und durch falsch. Denn es ist doch wirklich so, dass wir alle noch viel zu lernen haben und nur einige Aspekte der ganzen Wahrheit kennen. Ich bin überzeugt, dass Gott das sogenannte postmoderne Denken unserer Zeit dazu benutzt, um uns zu einem ausgewogeneren Verständnis der Bibel zu führen, als das in früheren Generationen vielleicht möglich war.

Die postmoderne Sicht der Dinge hilft uns zu begreifen, dass Jesus und Paulus niemanden ausgeschlossen haben. Sie gesellten sich auch zu jenen Menschen in der damaligen Gesellschaft, denen kein „anständiger" Gläubiger auch nur nahe gekommen wäre, und pflegten Gemeinschaft mit Zöllnern, Prostituierten und anderen, die von ihrer Gesellschaft als Ausgestoßene betrachtet wurden. In einem hatten die Nikolaïten in Kleinasien also Recht: Wer die römische Gesellschaft mit dem Evangelium erreichen wollte, tat gut daran, zumindest an einigen Aspekten ihrer Kultur aktiv teilzunehmen.

Die Offenbarung weist uns allerdings auch darauf hin, dass Anpassung ihre Grenzen haben muss. Obwohl wir dazu aufgerufen sind, „allen alles" zu sein, wenn wir Menschen mit dem Evangelium bekanntmachen wollen (1 Kor 9,22), dürfen wir nichts sagen oder tun, was unsere Treue zu Gott infrage stellt. Auch wenn wir andere Menschen mit der Botschaft von Christus erreichen wollen und wir aufgeschlossen sein möchten für die Wahrheit, wo immer sie uns begegnet, so kommt doch jeder Christ an einen Punkt, an dem er aus Treue zu Jesus sagen muss: „Nein, unter keinen Umständen." Johannes besteht darauf, in solchen Situationen keine Kompromisse zu schließen, selbst dann nicht, wenn unser Leben bedroht sein mag. In Anlehnung an den Prediger Salomo kann man sagen: „Allen alles zu sein, hat seine Zeit, und Nein zu sagen hat seine Zeit." (Vgl. Pred 3,1–8) Johannes schrieb die Offenbarung in einer Zeit, in der die Gemeindeglieder zu vielem Nein sagen mussten.

Die Offenbarung enthält sowohl Botschaften von Christus für die damalige Zeit als auch solche, die für unsere Zeit und die Zukunft bestimmt sind. Die Botschaft des Neuen Testamentes – einschließlich der Offenbarung – ist ausgewogen. Auf der einen Seite müssen Christen allen Menschen gegenüber aufgeschlossen sein; auf der anderen Seite müssen sie klare Grenzen ziehen, wenn diese Aufgeschlossenheit zu Konflikten mit Gottes Geboten führt.

Solch eine Ausgewogenheit erreichen wir am besten durch eine Herangehensweise auf einer breiten Basis. Im nächsten Kapitel werden wir uns deshalb einen Überblick über die Merkmale und Eigenheiten biblischer Prophetie verschaffen. Dabei werden wir Prinzipien kennenlernen, die uns zu einem ausgewogenen Verständnis der Offenbarung in ihrer ganzen Vielfalt führen werden.

Kapitel 2

Merkmale biblischer Prophezeiungen

Propheten erleben in der heutigen Welt ein Comeback. Sicher hast du schon einmal etwas von Nostradamus (1503–66) gehört, dem französischen Arzt und Astrologen. Sein Vater war Jude und einige Jahre vor seiner Geburt gezwungen worden, zum Katholizismus überzutreten. Nostradamus ist durch seine Prophezeiungen bekanntgeworden, die er ab 1550 in jährlichen Almanachen veröffentlichte. Sie sind sehr metaphorisch verfasst, ohne konkrete Namen und Zeitangaben. Teilweise sind es Paraphrasen historischer Texte. Er kündigte wichtige Ereignisse in den nächsten 2242 Jahren an, und zwar in Form von etwa 1000 vierzeiligen Versen (Quatrains), unterteilt in sogenannte „Centurien" zu je hundert Strophen. Die berühmteste seiner Vorhersagen betraf das Jahr 1999:

> Jahr 1999, siebenter Monat
> Vom Himmel kommt ein großer Schreckenskönig,
> Wiedererweckt der große König von Angoulmois (?)
> Vor, nach Mars, regieren zu guter Zeit.[1]

Die Formulierung ist mehrdeutig, weshalb es auch verschiedene Übersetzungen gibt. Viele Menschen erwarteten einen Meteoritenschauer oder irgendein anderes kosmisches Ereignis. Die meisten von ihnen rechneten auch damit, dass 1999 – vielleicht sogar in dem angegebenen Monat Juli – irgendein großer Konflikt ausbrechen würde. Aber das Jahr verging, ohne dass irgendetwas beobachtet wurde, was zu dieser Vorhersage gepasst hätte.

---

[1] Zitiert nach www.alien.de/Nostradamus.

Mitte der 1960er-Jahre hörte ich von einer anderen angeblichen Prophetin mit Namen Jeane Dixon. Sie behauptete, in die Zukunft sehen zu können. Zwei ihrer Vorhersagen schienen mir nachprüfbar zu sein; ich machte mir Notizen und achtete darauf, ob sie sich erfüllen würden. Die eine besagte, dass die unpopulären Ansichten von Barry Goldwater (der republikanische Präsidentschaftskandidat, der 1964 die Wahl gegen Lyndon B. Johnson verlor) innerhalb der nächsten zehn Jahre eine Bestätigung finden würden. Das ist aber nie geschehen. Eine andere ihrer Prophezeiungen lautete: Der Verzicht auf die Miniaturversion einer Rakete für militärische Zwecke werde sich bis Ende der 1970er-Jahre als gewaltiger Irrtum erweisen. Soweit ich weiß, hat niemand diese Waffe je vermisst.

Mit dem Auftreten von Propheten sind wir vertraut, aber ob sich ihre Vorhersagen auch erfüllen, steht auf einem anderen Blatt.

Was uns beim Lesen der Offenbarung zuerst auffällt, ist ihr Anspruch, eine schriftlich festgehaltene Weissagung zu sein (Offb 1,3). Das Alte Testament enthält viele prophetische Schriften. Biblische Prophetie tritt in unterschiedlichen Formen auf. Wir müssen uns gründlich mit ihr beschäftigen, wenn wir wissen wollen, wie wir die Prophezeiungen der Offenbarung verstehen sollen.

Was dieses Buch so spannend macht, sind ihre Vorhersagen, von denen sich viele noch nicht erfüllt haben. Das wirft die Frage auf, wie wir unerfüllte Prophezeiungen richtig interpretieren können. Wie können wir aus der Offenbarung etwas über die Zukunft der Welt lernen? Und wie können wir Fehler vermeiden, die in der Vergangenheit bei ihrer Auslegung gemacht wurden?

Es gibt nur eine sichere Methode, prophetische Aussagen, die sich noch nicht erfüllt haben, richtig zu interpretieren: *Man muss verstehen, wie sich Prophezeiungen in der Vergangenheit erfüllt haben.* Die Bibel enthält viele Vorhersagen, die sich schon in biblischer Zeit erfüllt haben. Ihr Studium kann uns lehren, wie wir mit den noch nicht erfüllten Prophezeiungen der Offenbarung verantwortungsvoll umgehen können. In diesem Kapitel wollen wir die Merkmale biblischer Prophezeiungen kennenlernen. Wir werden vergleichen, wie die Worte, die benutzt wurden, um die Zukunft zu beschreiben, mit den tatsächlichen Ereignissen übereinstimmen, wie die Bibel sie beschreibt. Wir werden in diesem Kapitel nicht die Vorhersagen der Offenbarung interpretieren, sondern die biblische Grundlage kennenlernen, die uns zeigt, wie wir sie verstehen sollten. Ein Überblick über das Gesamtzeugnis der Bibel lässt uns die Merkmale biblischer Prophezeiungen erkennen, die auch in der Offenbarung zu finden sind.

Die vier großen Taten Gottes in alter Zeit

Wenn wir das Gesamtbild des Alten Testamentes ansehen, entdecken wir, dass vier große Taten Gottes in ihrem Mittelpunkt stehen: die Schöpfung, die Sintflut, der Auszug des Volkes Israel aus Ägypten und die Rückkehr aus dem babylonischen Exil. Auf den ersten Blick scheinen sie nicht viel mit der Offenbarung zu tun zu haben; dennoch bilden sie die Grundlage für eine vernünftige Interpretation ihrer Vorhersagen.

Die Schöpfung und die Sintflut

Der hebräische Text des ersten Buches Mose beschreibt die Sintflut (1 Mo 6–9) als ein Ereignis, das die Schöpfung (1 Mo 1–2) quasi ungeschehen machte. Vergleicht man beide Berichte miteinander, wird deutlich, wie die Flut die Schöpfung Stück für Stück rückgängig gemacht hat. Nach der Flut fand dann eine Art Neuschöpfung statt, die die zerstörte Welt wieder in Ordnung brachte. Für den Leser des hebräischen Textes ist diese Aufeinanderfolge von Ereignissen ganz offensichtlich, aber selbst in deutschen Bibelübersetzungen ist noch manches davon erkennbar.

Bei der Schöpfung ging Gott so vor, dass er zuerst die Elemente voneinander trennte und abgrenzte. „Gott sah, dass das Licht gut war. Da schied Gott das Licht von der Finsternis." (V. 4) Durch die Atmosphäre schied er die Wasser darüber von denen darunter (siehe 1 Mo 1,7); dann trennte er die Wasser unter der Atmosphäre vom trockenen Land (V. 9). Und „Am Himmel sollen Lichter entstehen, um den Tag von der Nacht zu unterscheiden." (V. 14 NLB) Der Schöpfungsvorgang war also ein Prozess der Erschaffung von etwas Neuem mit dann folgender Trennung und Unterscheidung.

Nun vergleichen wir diese Bibeltexte mit der Beschreibung der Sintflut im ersten Buch Mose.

> In dem sechshundertsten Lebensjahr Noahs am siebzehnten Tag des zweiten Monats, an diesem Tag brachen alle Brunnen der großen Tiefe auf und taten sich die Fenster des Himmels auf, und ein Regen kam auf Erden vierzig Tage und vierzig Nächte. (1 Mo 7,11–12)

Die Wassermassen unter der Erde stiegen also nach oben, und die Wassermassen über der Erde in der Atmosphäre ergossen sich auf die Erde. Was Gott bei der Schöpfung voneinander getrennt hatte, kam jetzt wieder zusammen; was gegeneinander abgegrenzt worden war, wurde wieder vereint. Diesen Teil der Schöpfung machte die Sintflut wieder rückgängig.

„Fünfzehn Ellen hoch gingen die Wasser über die Berge, sodass sie ganz bedeckt wurden." (V. 20)

Bei der Schöpfung hatte Gott das Wasser vom trockenen Land getrennt, während der Flut bedeckten die Wassermassen es wieder. Mit anderen Worten: Die Sintflut versetzte die Erde wieder in den Zustand, in dem sie sich vor der Schöpfung befunden hatte: „Die Erde war noch leer und öde, Dunkel bedeckte sie und wogendes Wasser, und über den Fluten schwebte Gottes Geist." (1 Mo 1,2 GNB; vgl. Kap. 7,24) Im ersten Buch Mose wird die Flut also als ein Ereignis dargestellt, das die Schöpfung wieder Stück für Stück rückgängig machte.

In der Schöpfung wurden aber nicht nur Dinge getrennt, sondern auch verbunden. Gott stellte zum Beispiel Beziehungen her – zwischen sich und dem Menschen, zwischen Adam und Eva und zwischen dem Menschenpaar und seinem Umfeld. Auch diese Beziehungen wurden in der Sintflut wieder aufgelöst. Sie geschah nur deshalb, weil die Beziehung zwischen Gott und den Menschen zerbrochen war (siehe 1 Mo 6,5–7.12–13). Die Menschen hatten angefangen, einander zu hassen und zu töten (1 Mo 4,8.23–24; 6,13b). Die Umwelt geriet in Unordnung, und der Mensch verlor die Kontrolle über sie (1 Mo 7,10–12.23).

Laut der Sintflutgeschichte kam das, was die Schöpfung voneinander getrennt hatte, wieder zusammen, und das, was sie zusammengeführt hatte, wurde wieder getrennt. Der entscheidende Punkt dabei ist: Die Sprache der Sintflutgeschichte ist die Sprache der Schöpfungsgeschichte; beide benutzen dieselben Begriffe.

Nach der Zerstörung durch die Flut, als sich die Wasser wieder zurückgezogen hatten, begann die Neuschöpfung der Erde:

> Da gedachte Gott an Noah und an alles wilde Getier und an alles Vieh, das mit ihm in der Arche war, und ließ *Wind* auf Erden kommen und die Wasser fielen. (1 Mo 8,1)

Mit dem *Wind* begann die Neuschöpfung. Sie wird mit den gleichen Begriffen beschrieben wie die ursprüngliche Schöpfung (im Hebräischen ist es dasselbe Wort wie *Geist* in 1 Mo 1,2). Wieder erschien das trockene Land (1 Mo 8,13), Gott erneuerte die Jahreszeiten (V. 22), und der Bericht spricht auch wieder von Menschen, die „nach dem Bilde Gottes" gemacht sind (1 Mo 9,6 EB; vgl. 1 Mo 1,27 EB). Und dieses Mal versprach Gott, dass das, was er geschaffen hatte, nicht wieder zerstört werden sollte:

> Ich richte meinen Bund mit euch auf, dass nie mehr alles Fleisch ausgerottet werden soll durch die Wasser der Flut,
> und nie mehr soll es eine Flut geben, die Erde zu vernichten.
> (1 Mo 9,11 EB)

Es dürfte nun klargeworden sein, dass die Sprache, mit der Gottes zweites großes Werk – die Sintflut – beschrieben wird, dieselbe ist, die wir im Schöpfungsbericht finden. Der biblische Bericht beschreibt Noah, die Hauptfigur der Flutgeschichte, als einen zweiten Adam: In der Schöpfungsgeschichte brachte Gott die Tiere zu Adam (1 Mo 2,19), in der Flutgeschichte führte er sie zu Noah.

> Von allen Tierarten, allem, was auf der Erde lebt, gingen je zwei zu Noah in die Arche, immer ein Männchen und ein Weibchen, so wie Gott es befohlen hatte. (1 Mo 7,15 GNB)

Und Gott sagte Noah auch, was ihm als Nahrung dienen sollte, so wie er es bei der ursprünglichen Schöpfung Adam erklärt hatte. Achte auch auf die Ähnlichkeiten in der Sprache der Anweisungen, die Gott Adam und Noah gab (kursiv hervorgehoben):

1. Mose 1,26–30 (EB):	**1. Mose 9,1–3** (EB):
Und Gott sprach: „Lasst uns Menschen machen in unserm Bild, uns ähnlich! Sie sollen herrschen über die Fische des Meeres und über die Vögel des Himmels und über das Vieh und über die ganze Erde und über alle kriechenden Tiere, die auf der Erde kriechen!"	
Und Gott segnete sie, und Gott sprach zu ihnen: *„Seid fruchtbar und vermehrt euch, und füllt die Erde,* und macht sie euch untertan; und herrscht über *die Fische des Meeres und* über *die Vögel des Himmels* und über *alle Tiere,* die sich *auf der Erde regen*. Und Gott sprach: „Siehe, ich habe euch alles Samen tragende Kraut gegeben, das auf der Fläche der ganzen Erde ist, und jeden Baum, an dem Samen tragende Baumfrucht ist: *es soll euch zur Nahrung dienen;* aber allen Tieren der Erde und allen Vögeln des Himmels und allem, was sich auf der Erde regt, in dem eine lebende Seele ist, habe *ich alles grüne Kraut zur Speise gegeben.*" Und es geschah so.	Und Gott segnete Noah und seine Söhne und sprach zu ihnen: *„Seid fruchtbar, und vermehrt euch, und füllt die Erde!* Und Furcht und Schrecken vor euch sei auf allen *Tieren der Erde* und auf *allen Vögeln des Himmels*! Mit allem, *was sich auf dem Erdboden regt,* mit allen *Fischen des Meeres* sind sie in eure Hände gegeben. Alles, was sich regt, was da lebt, *soll euch zur Speise sein*; wie *das grüne Kraut gebe* ich es euch alles."

Die Bibel porträtiert Noah also als einen neuen Adam. Es werden dieselben hebräischen Worte für sie benutzt. *Adam* ist abgeleitet vom Wort für Erdboden (*adamah*): „Da bildete Gott, der HERR, den Menschen [*Adam*] aus Staub vom Erdboden." (1 Mo 2,7) In 1. Mose 9,20 wird derselbe Begriff verwandt: „Noah, ein Landmann [wörtl. *ein Mann des Erdbodens*] begann auch, Weinberge zu pflanzen." (EB) Und so, wie Adam in Sünde und Schande fiel (siehe 1 Mo 3,6–11), ging es auch Noah, als er Wein trank (1 Mo 9,20–23). Von Adam heißt es, dass seine „Augen aufgetan" wurden, als er von der Frucht aß (1 Mo 3,7); Noah erkannte, was mit ihm geschehen war, als er aus seinem Rausch erwachte (1 Mo 9,24).

Wir finden also erstaunliche und beabsichtigte Parallelen zwischen der Schöpfungs- und der Sintflutgeschichte. Der Autor des ersten Buches Mose beschrieb die Flut mit denselben Begriffen wie die Schöpfung; und auch bei der Schilderung der neuen Schöpfung nach der Flut verwandte er das Vokabular der Schöpfung. Mit anderen Worten: *Gott benutzte die Begriffe der heiligen Schriften der Vergangenheit, um sein Wirken in der Gegenwart zu beschreiben.*

Die Schöpfung	**Die Sintflut**
Wasser bedeckt die Erde	Wasser bedeckt die Erde
der Geist schwebt über den Wassern	der Wind weht über dem Wasser
die Wasser werden geteilt	die Arche fährt durchs Wasser
trockenes Land wird sichtbar	trockenes Land wird sichtbar
zum „Bild Gottes" geschaffen	zum „Bild Gottes" geschaffen
Herrschaft über die Tiere	die Tiere fürchten sich vor Noah
„Seid fruchtbar und mehret euch!"	„Seid fruchtbar und mehret euch!"
Adam, aus Erdboden gemacht	ein neuer Adam, ein Mann des Erdbodens
eine Frau wird geformt	eine neue Erde wird geformt
Schande durch die Frucht des Baumes der Erkenntnis	Schande durch die Frucht des Weinstocks
Paradies, Baum des Lebens	
Schlange und Verführung	
ein Bund ist impliziert	ein Bund wird geschlossen
Tieropfer (durch Gott)	Tieropfer (durch Noah)

Ein Vergleich der beiden Geschichten zeigt, dass Gott bei diesen beiden mächtigen Werken nach demselben Muster vorgegangen ist. Man könnte sogar sagen: Schon bei der Schöpfung deutete Gott an, wie er bei der Sintflut vorgehen wird. Da Gott konsistent handelt, kann man an dem, wie er in der Vergangenheit gehandelt hat, erkennen, auf welche Art und Weise er in Zukunft handeln wird.

Die beiden Erzählungen lassen aber nicht nur Übereinstimmungen erkennen, sondern auch Unterschiede. In der Noahgeschichte gibt es keine Schlange, keinen „Baum der Erkenntnis des Guten und Bösen", keinen „Baum des Lebens" (1 Mo 2,9.16–17) und auch keine Frau, die eine wichtige Rolle spielte. Der Bericht über die Sintflut nimmt also nicht alle Einzelheiten auf, die die Schöpfungsgeschichte erzählt. Gott handelt zwar konsistent, aber nicht gleichförmig. Er benutzt die Begriffe der früheren Berichte, um sein späteres Handeln zu beschreiben, aber die Übereinstimmung zwischen den verschiedenen Ereignissen ist nicht Punkt für Punkt gegeben. Gott ist konsistent, aber *sein Handeln ist nicht vorhersehbar*. Das werden wir auch bei Gottes drittem großen Werk in alttestamentlicher Zeit feststellen – der Befreiung seines Volkes Israel.

Der Auszug aus Ägypten

Der Schöpfungsbericht beginnt mit der Schilderung des formlosen Planeten Erde, der mit Wasser bedeckt ist (1 Mo 1,2). Die Sintflutgeschichte fängt mit dem Chaos an, das die Sünde angerichtet hat (1 Mo 6,5–7), und beschreibt dann, wie die Erde durch die Wasser der Flut in den Zustand zurückversetzt wurde, in dem sie sich vor der Schöpfung befand (1 Mo 7,18–24). Aber in der Geschichte über den Auszug des Volkes Israel aus Ägypten begegnet uns ein wichtiger Unterschied: Das Wasser bedeckt nicht die ganze Erde, sondern ist auf das Rote Meer beschränkt.

Auf den ersten Blick scheint die Geschichte vom Exodus also eine ganz andere zu sein als die von der Schöpfung und der Sintflut. Aber der hebräische Bericht über den Durchzug durch das Rote Meer spiegelt dennoch das Vokabular der Schöpfungs- und Sintflutgeschichte wider – und zwar so deutlich, dass wir es sogar noch in deutschen Übersetzungen erkennen können:

> Als nun Mose seine Hand über das Meer reckte, ließ es der HERR zurückweichen durch einen starken *Ostwind* die ganze Nacht und machte das Meer *trocken* und *die Wasser teilten sich*. Und die Israeliten gingen hinein mitten ins Meer *auf dem Trockenen*, und das Wasser war ihnen eine Mauer zur Rechten und zur Linken. (2 Mo 14,21–22)

Der biblische Verfasser verwendete die hier kursiv gedruckten Worte, um den Leser an den Bericht über die Schöpfung zu erinnern. Er hätte auch andere Begriffe wählen können, um das historische Ereignis des Durchzugs wahrheitsgetreu zu schildern, aber er benutzte absichtlich das Vokabular, das an den Schöpfungsbericht erinnerte:

> Die Erde war wüst und leer, und Finsternis war über der Tiefe; und der *Geist* Gottes schwebte über dem Wasser. (1 Mo 1,2 EB)

Das hebräische Wort für *Geist* bedeutet – wie bereits erwähnt – auch *Wind*. Quasi ein „Wind" von Gott wehte über dem Wasser, bevor die Schöpfung begann; und ein „Starker Ostwind" vom HERRN wehte auch über das Rote Meer. Das Ergebnis war in beiden Fällen das gleiche: „Die Wasser teilten sich". Im Hebräischen werden an dieser Stelle dieselben Wörter gebraucht wie im Schöpfungsbericht (vgl. 1 Mo 1,6–7).

In 2. Mose 14 heißt es, dass die Israeliten „auf dem Trockenen" durch das Rote Meer gingen. Der Autor hätte das auch anders beschreiben können, aber er benutzte dasselbe Wort, das im Schöpfungsbericht für das trockene Land gebraucht wird (1 Mo 1,9–10). Der Verfasser stellte den Auszug also eindeutig als eine mächtige Tat Gottes nach dem Muster der Schöpfung (und auch der Flut) dar. Mit anderen Worten: Gott inspirierte Mose, die Sprache des Schöpfungs- und Sintflutberichtes zu gebrauchen, um den Auszug des Volkes Israel aus Ägypten zu beschreiben.

Wenn uns dieses Muster erst einmal klargeworden ist, erkennen wir zahlreiche weitere Parallelen zwischen diesem Auszug und den früheren Taten Gottes.

> Du sollst zu ihm [Pharao] sagen: „So spricht der Herr: Israel ist mein erstgeborener Sohn." (2 Mo 4,22 EB)

Wer war Gottes erstgeborener Sohn, wenn man die Menschheit als Ganzes betrachtet? Das war Adam. Aber in 2. Mose 4 nannte Gott das ganze Volk Israel seinen „erstgeborenen Sohn".

So wie Adam über die ganze Erde herrschen sollte (siehe 1 Mo 1,26.28b), so wurde dem Volk Israel die Herrschaft über das Land Kanaan anvertraut (siehe 2 Mo 6,4; 3 Mo 25,38).

Und so wie Gott bei der ursprünglichen Schöpfung Adam und Eva erschuf, so schuf er sich jetzt ein ganzes Volk – Israel.

Im Garten Eden gab Gott Adam und Eva den „Baum des Lebens", um ihr Leben und ihre Gesundheit zu erhalten (1 Mo 2,9; 3,22); im Verlauf des Auszugs schenkt Gott den Israeliten etwas Vergleichbares, nämlich das „Brot vom Himmel", das Manna (siehe 2 Mo 16,4–8), um sie in der Wüste am Leben zu erhalten.

Und es gibt noch weitere Parallelen: So wie der „Baum der Erkenntnis des Guten und Bösen" Adam und Eva auf die Probe stellte (1 Mo 2,15–17; 3,3.11–13), so prüfte Gott sein Volk immer wieder, um zu sehen, ob es ihm treu war (siehe z. B. 2 Mo 16,4; 20,20; 5 Mo 8,2.16). Mose forderte das Volk Israel in seiner letzten großen Rede auf:

> Erinnert euch an den ganzen Weg, den der Herr, euer Gott, euch während dieser 40 Jahre durch die Wüste führte. Dadurch wollte er euch demütigen und *auf die Probe stellen,* um euren wahren Charakter ans Licht zu bringen und um zu sehen, ob ihr seine Gebote befolgen würdet oder nicht. Ja, er ließ euch eure Abhängigkeit spüren, indem er euch hungern ließ. Dann gab er euch Manna zu essen, das ihr und eure Vorfahren bis dahin nicht kanntet. Dadurch wollte er euch zeigen, dass der Mensch mehr als nur Brot zum Leben braucht. Er lebt auch von jedem Wort, das aus dem Mund des Herrn kommt. (5 Mo 8,2–3 NLB)

Sowohl im Garten Eden als auch in der Wüste spielte eine Prüfung eine Rolle; in beiden Fällen traten Schlangen in Erscheinung

(1 Mo 3,1–6; 4 Mo 21,5–9). Und Gott schloss nicht nur mit Adam und mit Noah einen Bund (in 1 Mo 3,15.21 impliziert; 9,1–3), sondern auch mit dem Volk Israel (2 Mo 19,3–8; 24,1–8).

Es gibt also zahlreiche Parallelen zwischen dem Wirken Gottes beim Auszug aus Ägypten und bei der Schöpfung bzw. bei der Sintflut, wie diese Übersicht noch einmal zeigt:

Schöpfung	**Sintflut**	**Auszug**
Chaos	Chaos	geistliches Chaos
Wasser bedeckt die Erde	Wasser bedeckt die Erde	Rotes Meer
Geist über den Wassern	Wind über den Wassern	Wind über den Wassern
Wasser werden geteilt	Arche gleitet durchs Wasser	Wasser werden geteilt
trockenes Land erscheint	trockenes Land erscheint	trockenes Land erscheint
Gottes Bild		Israel als Erstgeborener
Herrschaft über die Tiere	die Tiere fürchten Noah	Herrschaft über Kanaan
Seid fruchtbar, mehrt euch!	Seid fruchtbar, mehrt euch!	wie der Sand des Meeres
Adam	neuer Adam (Noah)	Erschaffung eines Volkes
aus Erdboden gemacht	ein Mann des Erdbodens	Land Kanaan
Adam in Schlaf versetzt		
eine Frau geformt	eine neue Erde geformt	
Schande durch die Frucht vom Baum der Erkenntnis	Beschämt durch die Frucht des Weinstocks	
Paradies		Kanaan
Baum des Lebens		Manna
auf die Probe gestellt (am Baum der Erkenntnis)		auf die Probe gestellt (in der Wüste)
eine Schlange verführt		Schlangen beißen
ein Bund ist impliziert	ein Bund wird geschlossen	Bund wird geschlossen

Aber wir finden in diesen Berichten auch Unterschiede. Die Geschichte vom Auszug stellt in mancher Hinsicht eine Vergeistigung einiger Aspekte der Schöpfungs- und Sintflutgeschichte dar. So ist zum Beispiel das Wasserchaos, das vor der Schöpfung auf der Erde herrschte, nicht nur ein Bild für das Rote Meer, sondern auch für die Knechtschaft der Israeliten in Ägypten, denn im Volk Israel herrschte eine geistliche Unordnung (siehe 2 Mo 6,6–9). Es bedurfte der Schöpfermacht Gottes, um das Volk aus Ägypten zu befreien (2 Mo 3,7–10).

Der Bericht über den Auszug *vergeistigt Begriffe aus der Schöpfungsgeschichte,* um zu zeigen, dass Gottes Handeln in beiden Fällen konsistent ist. Das Volk Israel ist das Gegenstück zu Adam und Eva. Aus dem Garten Eden wird Kanaan bzw. Palästina. Gott führte sein Volk Israel aus Ägypten in ein Land, „das von Milch und Honig überfließt" (2 Mo 3,8.17 EB; 4 Mo 13,27 EB) und in dem es – wie im Garten Eden – genügend Wasser gibt (1 Mo 2,10–14; Jos 3,15; 15,7).

Wie in der Sintflutgeschichte werden auch in dem Bericht über den Exodus längst nicht alle Einzelheiten des Schöpfungsberichtes aufgenommen. Die Erschaffung Evas, als Adam in einen tiefen Schlaf versetzt wurde (siehe 1 Mo 2,21–22), die Hochzeit von Adam und Eva (V. 23–25), der „Baum der Erkenntnis des Guten und Bösen" und der „Baum des Lebens" (V. 9.16–17), – alle diese Ereignisse und Dinge kommen zwar in der Schöpfungsgeschichte vor, scheinen aber in dem Bericht über den Auszug keine Parallelen zu haben.

Andererseits enthält die Schilderung vom Auszug neue Elemente, die auf spätere Taten Gottes hinweisen: Mose entging dem Mordanschlag Pharaos (siehe 2 Mo 2,1–10; vgl. Mt 2,13–18), das Blut des Passahlammes rettet ihn und das Volk Israel (2 Mo 12,1–30; vgl. 1 Kor 5,7), Gott stellte die Israeliten 40 Jahre lang in der Wüste auf die Probe (4 Mo 14,33–34; vgl. Mt 4,1–10). Adam und Eva gingen nicht durch die geteilten Wasser, wohl aber die Israeliten (2 Mo 14,15–22). Der Bericht über den Auszug erwähnt sogar zweimal eine Teilung der Wasser – das erste Mal beim Durchzug durch das Rote Meer, das zweite Mal bei der Überquerung des Jordan (Jos 3,13–17). Wir finden also in der Geschichte vom Auszug einerseits faszinierende Ähnlichkeiten mit den Berichten über die Schöpfung bzw. die Flut, andererseits aber auch deutliche Unterschiede. Gottes mächtige Taten folgen zwar einem erkennbaren Muster, sind aber nicht daran gebunden. Sein Handeln ist nicht vorhersehbar.

Einige Lektionen aus dem Vergleich

Ich lade dich ein, die beschriebenen Beobachtungen selbst zu überprüfen. Schlage die angegebenen Texte auf, lies die Berichte im ersten und zweiten Buch Mose im Zusammenhang und vergleiche die Berichte über die drei mächtigen Taten Gottes miteinander. Du wirst erkennen, wie der Verfasser die Begriffe der einen Geschichte auch in der nächsten verwendet hat.

Was können wir daraus lernen? Was hat das Ganze mit Prophezeiungen zu tun? Und vor allem: Welche Relevanz hat es für die Auslegung der Vorhersagen in der Offenbarung? Ich denke, dass diese kurze Betrachtung der Berichte über die Schöpfung, die Sintflut und den Auszug aus Ägypten uns fünf wichtige Eigenschaften Gottes vor Augen geführt hat. Sie bilden auch einen wichtigen Schlüssel zum Verständnis der Offenbarung.

1. Gottes Handeln ist konsistent. Sein Wirken in der Vergangenheit zeigt, wie er im Prinzip auch später handeln wird. Was Gott während der Schöpfung getan hat, diente als Muster für sein Vorgehen am Roten Meer. Zwar geht es um zwei völlig verschiedene Ereignisse, aber in beiden war derselbe Gott am Wirken. Was er in der Gegenwart tut, erinnert uns an das, was er in der Vergangenheit getan hat, und weist zugleich auf das hin, was er in Zukunft tun wird. Gott erfüllt seine Vorhersagen; wir können uns auf ihn verlassen, weil er konsistent handelt. Diese Erkenntnis müssen wir allerdings durch eine zweite ergänzen.

2. Gottes Handeln ist nicht vorhersehbar. Er handelt zwar konsistent, aber er überrascht uns manchmal. Wir müssen Gott immer Gott sein lassen. Sein Umgang mit Menschen, Ereignissen und Umständen folgt zwar einem bestimmten Muster, aber sein späteres Handeln ist keine genaue Wiederholung des Vorangegangenen. Gottes Beständigkeit bedeutet keine gedankenlose Punkt-für-Punkt-Kopie des Vorangegangenen. Manche Leute meinen, dass sich unerfüllte Prophezeiungen in jeder Einzelheit und buchstäblich erfüllen werden. Aber wir dürfen Gott nicht in eine Schablone pressen, sondern müssen ihm seine kreative Freiheit lassen. Sein späteres, vom damaligen Standpunkt noch zukünftigem Handeln folgt zwar einem bestimmten Muster, aber nicht in allen Einzelheiten.

3. Gott handelt kreativ. Sein Handeln folgt zwar dem Muster früherer Taten, aber oft fügt er etwas hinzu und entwickelt es weiter. Gottes Selbstoffenbarung wird mit der Aufnahmefähigkeit seines Volkes umfassender. Gottes späteres Handeln (im sogenannten Antitypus) ist keine Kopie dessen, was er in der Vergangenheit getan hat (dem Vorbild, Typus genannt; ausführlich erläutere ich das in Kapitel 8); Gott kann darüber hinausgehen und ist nicht an Details seines früheren Wirkens gebunden.

Wer biblische Prophezeiungen mit ihrer Erfüllung in der Bibel vergleicht, entdeckt einen kreativen Gott, der in den Grenzen seines unwandelbaren Charakters nach freiem Ermessen wirkt. Er ist weder an die Details der Vergangenheit gebunden, noch kann ihn irgendetwas daran hindern, Neues einzuführen. Manchmal erfüllen sich Vorhersagen, die zu einer bestimmten Zeit auf eine bestimmte Weise hätten eintreffen können, zu einer anderen Zeit auf andere Weise. Andere Umstände verlangen ein anderes Vorgehen. Mit der Zeit werden wir feststellen, dass Gott seine Zusagen in schöpferischer Art und Weise einhält.

4. Gott begegnet den Menschen dort, wo sie sind. Wenn Gott sich offenbart, passt er sich stets der Zeit, dem Ort und den Umständen an, in denen der Empfänger der Offenbarung lebt. Wenn er sich Propheten mitteilt, benutzt er das Vokabular, das sie kennen, die Sprache, mit der sie aufgewachsen sind. Wie könnten sie seine Botschaften sonst verstehen?

Unsere Sprache beruht auf der Summe der Erfahrungen, die wir in der Vergangenheit gemacht haben. Die einzige Sprache, die wir wirklich beherrschen, ist die, die wir in der Kindheit gelernt haben. Ein zweijähriges Kind hört irgendwann ein ihm unbekanntes Wort und speichert es in seinem Gehirn. Nach ein paar Wochen hört es das Wort erneut und nach dem dritten oder vierten Mal fängt es an zu ahnen, was das Wort bedeutet; der Zusammenhang und die Art, wie die Erwachsenen es gebrauchen, zeigen es ihm. Die Sprache, die jeder von uns spricht, besteht aus dem Vokabular unserer eigenen Vergangenheit. Deshalb griff Gott in seinen Botschaften an die Verfasser der Bibel auf die Begriffe und Erfahrungen zurück, mit denen sie aus ihrer Vergangenheit vertraut waren. Gottes

Offenbarungen sind stets der Zeit, dem Ort und den Umständen der Empfänger der Botschaften angepasst.

Worauf ich hinauswill, ist, dass *Sprache* mehr ist als Englisch, Deutsch oder Suaheli. Selbst für Leute, die alle Deutsch sprechen, können dieselben Worte unterschiedliche Bedeutung haben, je nachdem, wann und wo sie aufgewachsen sind. Das Deutsch heutiger Schüler zum Beispiel unterscheidet sich deutlich von dem Deutsch der Rentnergeneration. Obwohl beide Gruppen dieselbe Sprache sprechen, beeinflusst ihre individuelle Lebensgeschichte das, was und wie sie es verstehen.

Die sicherste Methode, unerfüllte Prophezeiungen richtig zu deuten, besteht darin, sie bezogen auf die Sprache und Umstände der Zeit zu interpretieren, in denen sie gegeben wurden. Wer die Offenbarung recht verstehen will, müsste sie eigentlich in der Sprache lesen, in der Johannes sie geschrieben hat, als sich Christus ihm um das Jahr 95 offenbarte. Und derjenige müsste mit ihrem damaligen Gebrauch gut vertraut sein; das sind jedoch nur wenige Gelehrte.

Die Hinweise aus der Bibel machen uns bewusst: Die Offenbarung so zu lesen, als wäre sie in *unserer* Zeit und unter unseren Umständen geschrieben worden, ist der falsche Ansatz, denn es handelt sich um ein Buch aus der Antike, in dem Christus dem Verfasser dort begegnete, wo er war. Wir sollten nicht an die Offenbarung herangehen, als sei Johannes mit den prophetischen Aussagen Ellen Whites vertraut gewesen oder als habe er den adventistischen Bibelkommentar gekannt. Die Botschaft, die Christus für uns heutige Christen in die Offenbarung hineingelegt hat, erschließt sich uns erst, wenn wir sie mit dem Sprachverständnis und aus der Perspektive jener Zeit lesen, in der er zu Johannes sprach.

5. Der biblische Typus wird vergeistigt. Schon im Bericht über den Auszug aus Ägypten beobachten wir eine Vergeistigung von Vorgängen, die sich in der Vergangenheit abgespielt haben. In der Sprache, in der spätere Taten Gottes geschildert werden, beobachten wir gewisse Veränderungen von der wörtlichen zu einer geistlichen oder symbolischen Bedeutung (zum Beispiel von der Sintflut zur Knechtschaft) oder vom Regionalen zum Globalen oder umgekehrt (von der weltweiten Flut zum Wasser des Roten Meeres). Oft verwandte Gott in der Inspiration der biblischen Verfasser das Vokabular der heiligen Schriften der Vergangenheit, aber er benutzte dieselben Begriffe, um Vorgänge zu beschreiben, die mehr geistlicher Art sind oder eine umfassendere geographische Bedeutung haben (Beispiele dafür in Kapitel 8). Die Szenerie und Sprache sind dieselbe, bekommen aber eine bildliche oder geistliche Bedeutung: aus Adam wurde das Volk Israel und aus dem Garten Eden Palästina. Die Bibel benutzt zwar dieselben Worte, aber die Bedeutung der Begriffe erfährt eine Erweiterung ins Geistliche.

Das Muster in Gottes Handeln zu erkennen ist für das Studium der Offenbarung entscheidend wichtig. Wenn wir sehen, wie Gott seine Verheißungen und Vorhersagen in der Vergangenheit erfüllt hat, können wir sein Wirken in der Gegenwart und Zukunft besser verstehen.

Um die Offenbarung verstehen zu können, werden wir uns als Nächstes mit einigen prophetischen Büchern des Alten Testamentes beschäftigen. Wir werden dabei die obigen fünf Prinzipien für biblische Prophezeiungen im Umgang Gottes mit seinem Volk Israel bestätigt finden, indem wir die Vorhersagen über das Exil in Babylon und die Rückkehr nach Kanaan untersuchen.

Der neue Auszug aus Babylon

Wenn man die prophetischen Bücher durchliest, stellt man fest, dass es in ihnen ein Hauptthema gibt: Die Verbannung der Juden nach Babylon und ihre Rückkehr in die Heimat. Wenn die Propheten genauso vorgegangen sind wie der Verfasser des ersten Buches Mose, dann haben sie das Exil mit den Begriffen des Auszugs aus Ägypten, der größten Befreiungstat Gottes aus Unterdrückung, beschrieben, denn Gott würde ja in der Zeit der babylonischen Gefangenschaft genauso wirken wie bei der Knechtschaft in Ägypten.

Als die Propheten über das Exil in Babylon schrieben, taten sie das im Rückblick auf den Auszug aus Ägypten. Sie kündigten die Rückkehr aus Babylon als einen neuen Auszug an. Gott plante, den ersten Auszug zu wiederholen; oder anders ausgedrückt: Gott handelt konsistent.

Hosea. Beginnen wir mit dem frühesten der Schriftpropheten. Hosea wirkte um 750 vor Chr.; zur selben Zeit wirkte auch Amos. Das Reich Israel hatte sich nach Salomos Tod in zwei Nationen gespalten: Israel im Norden und Juda im Süden. Die beiden Königreiche erreichten zwar nie wieder die Herrlichkeit des Reiches von Salomo, aber zur Zeit von Hosea erlebten beide eine Blütezeit. In Israel herrschte Jerobeam II.; wahrscheinlich war er der mächtigste und erfolgreichste König des Nordreichs (siehe 2 Kön 14,23–29). Aber als Gottes Volk zu Wohlstand kam, vergaß es schnell, wem sie ihren Reichtum verdankten.

> Sie hat nicht begriffen, dass ich es war, der ihr alles gegeben hat, was sie besitzt – das Korn, den Wein und das Olivenöl. Ich habe ihr auch Gold und Silber im Überfluss geschenkt. Sie aber hat es für den Baalskult verschwendet. (Hos 2,10 NLB)

Der Wohlstand ließ das Volk vergessen, wer es reich gemacht hatte. Die Israeliten dachten nicht mehr daran, wer dem Regen geboten hatte, die Erde zu bewässern, damit das Getreide, die Weintrauben und die Oliven wachsen konnten. Statt Gott mit dem Überfluss, den er ihnen gegeben hatte, zu dienen, wandten sie sich von ihm ab. Da beschloss der HERR, ihnen den Reichtum wegzunehmen, weil er zu einem Hindernis für ihre Beziehung zu ihm geworden war.

> Darum nehme ich mein Korn und meinen Wein wieder an mich, gerade dann, wenn sie die Ernte einbringen will. Ich nehme ihr meine Wolle und meinen Flachs, sodass sie nichts mehr anzuziehen hat. Ich stelle sie nackt vor ihren Liebhabern an den Pranger und keiner von ihnen kann sie aus meiner Hand befreien. Ich mache all ihren Freudenfesten ein Ende, den Feiern am Neumond und am Sabbat und den großen Festen im Jahreslauf. Ich vernichte ihre Weinstöcke und Feigenbäume, von denen sie sagte: „Das ist der Lohn, den mir meine Liebhaber gegeben haben!" Die Pflanzungen lasse ich verwildern; was noch wächst, wird vom Wild abgefressen. So bestrafe ich sie dafür, dass sie ihren Liebhabern, den Baalen, nachgelaufen ist, dass sie ihnen Opfer

> dargebracht und sich für sie mit Ohrringen und Halsketten geschmückt hat – und mich hat sie vergessen!
> (Hos 2,11–15 GNB)

Gott beschrieb in diesen Versen die bevorstehende Verbannung Judas. Er würde ihnen das Korn, den Wein, das Öl und alle Geräte, die sie zu ihrer Verarbeitung brauchen, wegnehmen – und auch ihre Feste, den Tempel und die Gottesdienste. All das gäbe es nicht mehr, wenn sie ins Exil gingen. Weil sie Gott vergessen hatten, griff er nicht ein, um den Verfall und Niedergang der Nation aufzuhalten. Aber die Gerichtsbotschaft enthielt auch eine gute Nachricht: Gott schickte sein Volk nicht ins Exil, weil er es endgültig verworfen hatte, sondern um die Israeliten zurückzugewinnen:

> Darum siehe, ich will sie *locken* und will sie *in die Wüste führen* und freundlich mit ihr reden. Dann will ich ihr von dorther ihre Weinberge geben und das Tal Achor zum Tor der Hoffnung machen. Und dorthin wird sie willig folgen *wie zur Zeit ihrer Jugend, als sie aus Ägyptenland zog*. (Hos 2,16–17)

Achte auf das Wort *locken*: Gott sehnte sich nach einer Beziehung mit den Israeliten und zwar mit derselben Intensität, mit der sich ein junger Mann um eine junge Frau bemüht. Und von welcher *Wüste* ist in dem Text die Rede? Von der Wüste Sinai. Gott erinnerte an den Auszug aus Ägypten, an seine Beziehung mit dem Volk Israel in früheren Zeiten. Eheberater sagen: Das Beste, was ein Mann und eine Frau tun können, wenn ihre Ehe in eine Krise gerät, ist, dass sie sich an die vielen Aufmerksamkeiten erinnern, die sie sich früher gegenseitig geschenkt haben – an die gemeinsamen Unternehmungen, die Gespräche, das Miteinander – an die Zeit der ersten Liebe. Wenn sie all das, was damals selbstverständlich gewesen ist, wieder aufleben lassen, blüht oft auch die Liebe wieder auf. Gott verglich seine Beziehung zu Israel mit der Beziehung zwischen Mann und Frau. Der Auszug aus Ägypten glich einer Brautwerbung – einer Zeit, in der Gott sein Volk aus Liebe befreite (5 Mo 7,7–8) und Israel Gott lieb gewann. Als nun die Beziehung in eine

Krise geraten war – so Hosea –, dachte Gott an den Auszug aus Ägypten – die Zeit der Brautwerbung und der ersten Liebe.

Wenn Israel sich aber dennoch von ihm abwenden wollte, würde Gott das Volk seinen eigenen Weg gehen lassen; er würde der Scheidung zustimmen. Aber damit wäre für ihn nicht alles zu Ende; er würde noch einmal ganz von vorn anfangen und das Volk umwerben, als ob sie sich zum ersten Mal begegnen würden! Er wollte sie dorthin zurückführen, wo sie sich seinerzeit lieb gewonnen hatten – in die Wüste Sinai. Und er würde alles in seiner Macht Stehende tun, um die Beziehung, die zwischen ihnen bestanden hatte, wiederherzustellen; und er würde sogar versuchen, sie noch intensiver zu gestalten.

Wichtig ist für uns Folgendes: Hosea prophezeite die Verbannung und die Rückkehr aus dem Exil mit den Begriffen des Auszugs aus Ägypten und der Wüstenwanderung. Babylon oder der Euphrat wurden überhaupt nicht erwähnt. Mit anderen Worten: *Gott beschrieb die Zukunft in der Sprache der Vergangenheit.*

Wir können also den fünf Prinzipien, die für die Interpretation prophetischer Texte gelten, ein sechstes hinzufügen. Wenn die Propheten des Alten Testamentes vom babylonischen Exil und der Rückkehr aus Babylon redeten, tendierten sie dazu, die Sprache des Auszugs zu verwenden. Aber in diesem Fall benutzten sie die Sprache der Vergangenheit nicht, um die Gegenwart zu beschreiben, sondern die Zukunft. Gott prophezeite das Exil in der Sprache des Auszugs. Oder allgemein gesagt: *Propheten benutzen die Begriffe der Vergangenheit, um die Zukunft zu beschreiben.*

Micha. Micha war ein Zeitgenosse von Hosea. Er wirkte als Prophet im Königreich Juda, dem südlichen Nachbarn des Reiches Israel, nicht lange, nachdem Hosea seine obigen Vorhersagen gemacht hatte. Micha folgte demselben Muster, das wir bei Hosea festgestellt haben: Er redete über das Exil in der Sprache des Auszugs aus Ägypten.

> *Wie in den Tagen, als du aus dem Land Ägypten zogst,* werde ich es Wunder sehen lassen. Die Nationen sollen es sehen und beschämt werden trotz all ihrer Macht. Sie werden die Hand

> auf den Mund legen, ihre Ohren werden taub sein; sie werden Staub lecken wie die Schlange, wie die kriechenden Tiere der Erde; zitternd werden sie hervorkommen aus ihren Burgen; zum HERRN, unserem Gott, werden sie sich bebend wenden und vor dir sich fürchten. Wer ist ein Gott wie du, *der Schuld vergibt und Vergehen verzeiht* dem Überrest seines Erbteils! Nicht für immer behält er seinen Zorn, denn er hat Gefallen an Gnade. Er wird sich *wieder* über uns erbarmen, *wird unsere Schuld niedertreten. Und du wirst alle ihre Sünden in die Tiefen des Meeres werfen.* Du wirst an Jakob Treue erweisen, an Abraham Gnade, *die du unseren Vätern geschworen hast* von den Tagen der Vorzeit her. (Micha 7,15–20 EB)

Ist dir das Wort *wieder* aufgefallen? „Er wird sich wieder über uns erbarmen". „Wieder" in Verbindung mit „wie in den Tagen, als du aus dem Land Ägypten zogst" macht deutlich, dass der Prophet an einen neuen Auszug dachte ähnlich dem Auszug aus Ägypten.

In Micha 7 wird die *Vergeistigung des Typus* sehr deutlich. Der neue Auszug wird nicht nur im buchstäblichen Sinne stattfinden, sondern auch eine geistliche Dimension haben; er soll ein Zeichen dafür sein, dass Gott seinem Volk vergibt und erneut ihre Herzen gewinnen will. Es lag ihm nicht so sehr an einer starken Nation im politischen Sinne als vielmehr an einer geistlichen Beziehung zu seinem Volk. Gott gab sich aber nicht damit zufrieden, dass diese Beziehung nur ein Wort war, sie sollte vielmehr eine Herzensangelegenheit und ein Ausdruck inniger Vertrautheit sein. In dieser Hinsicht würde der neue Auszug den vorangegangenen übertreffen.

Micha stellte also das Exil und die Rückkehr daraus als einen zweiten Auszug dar. Er sprach aber nicht vom Roten Meer, sondern von den „Tiefen des Meeres". Für ihn war das Meer kein physisches Hindernis, das sich Israel in den Weg stellt und das Gott überwindet, indem er die Wasser zerteilt; vielmehr war es der Ort, in den Gott die Sünden seines Volkes versenken wollte. Micha prophezeite, dass die Israeliten ihre Sünden und Übertretungen in Babylon zurücklassen und Gott treu sein würden, wenn sie wieder zu Hause waren. Seine Prophezeiung über das Exil und die Rückkehr daraus verwendete also die Sprache des Auszugs aus Ägypten im übertragenen, geistlichen Sinne.

Jesaja. Jesaja wirkte wenige Jahre nach Hosea und Micha. Auch er redete über das Exil in der Sprache des Auszugs aus Ägypten:

> Der HERR wird austrocknen die Zunge des Meeres von Ägypten und wird seine Hand gehen lassen über den Euphrat mit seinem starken Wind und ihn in sieben Bäche zerschlagen, sodass man mit Schuhen hindurchgehen kann. Und es wird eine Straße da sein für den Rest seines Volks, das übrig geblieben ist in Assur, *wie sie für Israel da war zur Zeit, als sie aus Ägyptenland zogen.* (Jes 11,15–16)

Der Euphrat ist hier eine Parallele zum Roten Meer, das beim Auszug aus Ägypten eine wichtige Rolle spielte. Die Straße, auf der die übrig gebliebenen Israeliten aus der Gefangenschaft in Assyrien (siehe 2 Kön 17,4–6.22–23) zurückkehren würden – so Jesaja – sollte den Euphrat kreuzen. So wie Israel beim Auszug aus Ägypten durch das Rote Meer gezogen war, so sollte sein Weg bei der Rückkehr aus der Gefangenschaft in Assyrien durch den Euphrat führen.

Erinnerst du dich an das Prinzip: *Gott handelt konsistent?* Was er in Ägypten für sein Volk getan hatte, wollte er noch einmal tun, wenn Israel aus dem Exil in Assyrien zurückkehren würde. Jesaja benutzte die Begriffe der Vergangenheit, um die Zukunft zu beschreiben. Aber das ist nicht alles. Jesaja mochte zwar das assyrische Exil in der Sprache des Auszugs aus Ägypten beschreiben, aber *Gott ist nicht daran gebunden, dass alles so abläuft, wie Jesaja es vorhergesagt hat.* Die übrigen Israeliten sind ja gar nicht aus Assyrien zurückgekehrt. Und zur Zeit der babylonischen Gefangenschaft existierte die Nation Israel gar nicht mehr; es gab nur noch das Reich Juda. Auch Assyrien war schon längst zerstört und Babylon zur neuen Supermacht aufgestiegen. Und „der Rest seines Volkes" ging auch nicht „mit Schuhen" durch den Euphrat, denn in der Stadt Babylon führten viele Brücken über den Euphrat.

Wie aber lassen sich diese Unstimmigkeiten in Jesajas Prophezeiung erklären? *Gott begegnet den Menschen da, wo sie sind.* Als das Buch des Propheten Jesaja niedergeschrieben wurde, gab es Israel noch, und Assyrien herrschte noch über Babylon. Gott gab diese Prophezeiung also in einer Sprache, die den zeitlichen und politischen Gegebenheiten zur Zeit Jesajas entsprachen. Als sich die Weissagung dann an den Juden in Babylon erfüllte, hatten sich die Umstände geändert.

Der Euphrat ist allerdings tatsächlich ausgetrocknet; aber das geschah erst, als der persische König Kyrus Babylon belagerte. Da die dreifache Stadtmauer unüberwindbar war, suchte Kyrus nach einer anderen Möglichkeit, die Stadt zu erobern. Er ließ den Euphrat weit oberhalb der Stadt in ein Becken ableiten, sodass seine Soldaten in dem nun fast trockenen ursprünglichen Flussbett unter der Stadtmauer hindurch in Babylon eindringen konnten.

Im Prinzip war die Rückkehr Israels aus dem babylonischen Exil zwar ein erneuter Auszug, aber viele Einzelheiten waren anders als beim Auszug aus Ägypten. *Gottes Handeln ist konsistent, aber es ist nicht vorhersehbar. Er begegnet den Menschen da, wo sie sind* – und das in jeder Phase des historischen Dramas.

Eine andere Stelle im Buch des Propheten Jesaja weicht von dem Muster in Kapitel 11 etwas ab. Sie beginnt zwar erneut mit einem Bezug auf den Auszug aus Ägypten, wendet sich dann aber etwas Neuem zu:

> Einst habe ich für mein Volk *einen Weg durchs Meer gebahnt, mitten durch gewaltige Wassermassen*. Das mächtige Heer der Verfolger mit seinen Pferden und Streitwagen habe ich in den Untergang geführt. Sie sanken zu Boden und standen nicht mehr auf; wie ein Docht verglimmt, so wurden sie ausgelöscht. Daran denkt ihr, daran klammert ihr euch. *Aber blickt doch nicht immer zurück! Ich schaffe jetzt etwas Neues!* Es kündigt sich schon an, merkt ihr das nicht? Ich werde eine Straße durch die Wüste legen und lasse dort Ströme fließen, damit mein erwähltes Volk unterwegs zu trinken hat. (Jes 43,16–20 GNB)

In diesem Abschnitt dient nach wie vor der Auszug aus Ägypten als Muster für die Rückkehr aus dem babylonischen Exil. Es ist davon die Rede, dass Gott „einen Weg durchs Meer gebahnt" hatte und das „Heer der Verfolger" mit ihren Streitwagen und Pferden vernichtete. Aber was danach kommen soll, wird den Auszug aus Ägypten übertreffen. Die Zukunft wird in den Begriffen der Vergangenheit geschildert, aber *Gott handelt auch kreativ;* die Prophezeiung muss sich nicht in den Einzelheiten an das Muster halten.

Ich betone diese Prinzipien immer wieder, weil sie die Grundlage für eine vernünftige Interpretation unerfüllter Vorhersagen bilden. Viele Bibelleser verstehen prophetische Aussagen so, als wären sie direkt für sie aufgeschrieben worden, für *ihre* Zeit und die Umstände, unter denen sie leben. Dabei vergessen sie, dass Gott die Prophezeiungen nicht in ihrer Sprache gegeben hat, sondern in Begriffen, die selbst für die Propheten aus der Vergangenheit stammten. Wer ein prophetisches Buch wie die Offenbarung studiert, muss sich darüber im Klaren sein, dass sich sein Inhalt zwar auf die Zukunft bezieht (vom Standort des Propheten aus gesehen), *das Vokabular aber aus heiligen Schriften der Vergangenheit stammt. Wir dürfen daher nicht erwarten, dass die Erfüllung der Weissagungen in allen Einzelheiten dem Wortlaut der Prophezeiung entspricht.*

Eine andere Stelle aus dem Buch des Propheten Jesaja, die oft im Zusammenhang mit Offenbarung 21 angeführt wird, illustriert das Gesagte. Gott kündigte an:

> *Ich will einen neuen Himmel und eine neue Erde schaffen.* An den alten Himmel und die alte Erde wird niemand mehr denken, sie werden vergessen sein. *Freut euch und jubelt über das, was ich tue*: Jerusalem wird von fröhlichem Gesang erfüllt sein, und die Menschen sind voller Freude. Auch ich werde jubeln über Jerusalem und über mein Volk glücklich sein. *Weinen und Klagen werden verstummen.* (Jes 65,17–19 Hfa)

Die meisten Bibelleser glauben, dass diese Verse unsere Zukunft beschreiben. Und tatsächlich spielt die Offenbarung auf diesen Text aus Jesaja im Zusammenhang mit dem neuen Jerusalem an, das Gott für sein Volk vorbereitet hat. Aber hier im Buch des Propheten Jesaja spricht Gott über die Verbannung Israels und seine Rückkehr aus der Gefangenschaft. Einige Wörter und Formulierungen aus Jesaja 65 haben im Laufe der Zeit eine erweiterte – durch Inspiration bestätigte – Bedeutung bekommen; aber als er sie niederschrieb, hatte er die Rückkehr aus dem Exil vor Augen. Wenn du das ganze Kapitel im Zusammenhang liest, wird dir deutlich, dass Jesaja nicht über das ewige Leben im Himmel sprach, sondern von Menschen, die auf dieser Erde länger leben:

> Es wird keine Kinder mehr geben, die nur wenige Tage alt werden und keine Alten, die nicht ein erfülltes Leben gelebt haben. Die jüngsten werden mit 100 sterben! Und wer die 100 nicht erreicht, wird als verflucht gelten … Sie werden nicht mehr bauen und ein anderer wohnt darin … Denn mein Volk wird so lange leben wie die Bäume, und meine Erwählten werden das genießen, was sie erarbeitet haben. (V. 20.22 NLB)

Dies ist keine Beschreibung des Himmels, wie Johannes ihn gezeigt bekommen hat! In unserer Vorstellung vom Himmel ist kein Platz für den Tod (vgl. Offb 21,4). Aber wenn wir den Jesajatext als eine Beschreibung der gewaltigen Taten verstehen, die Gott tun wollte, wenn Israel aus dem babylonischen Exil zurückkehrt, dann ergibt er einen Sinn. An anderer Stelle hat Jesaja das Exil mit dem Vokabular des Auszugs aus Ägypten beschrieben; aber einige Aspekte der zukünftigen Taten Gottes sind so großartig, dass er sie nur mit dem Vokabular des Schöpfungsberichtes schildern konnte. Hier kommt das Prinzip der *Vergeistigung des Typus* zur Anwendung. Die Verwendung der Sprache der Schöpfung bedeutet jedoch nicht, dass Jesaja vom Ende der Welt sprach; auch die Schilderung des Auszugs aus Ägypten verwandte das Vokabular der Schöpfungsgeschichte, ohne sich dabei auf das Ende der Welt zu beziehen (2 Mo 14,21–22). In Jesaja 65 jedenfalls sprach Gott von dem, was nach dem babylonischen Exil geschehen sollte.

Daniel. Vielleicht denkst du: *Das mag bei Jesaja so sein, aber ist die Offenbarung nicht ein apokalyptisches Buch wie Daniel? In ihnen spricht der Prophet doch bestimmt direkt über die Zukunft. Er wendet sich nicht an seine Zeitgenossen, sondern an uns. Sollten wir diese beiden Bücher der Bibel nicht anders lesen als die übrigen Propheten?*

Die Frage ist berechtigt. Aber bei genauem Hinsehen erkennen wir, dass selbst die apokalyptischen Texte der Bibel *die Begriffe der Vergangenheit verwenden, um die Zukunft zu beschreiben.*

In Daniels Vision in Kapitel 7 zum Beispiel werden die zukünftigen Königreiche mit dem Vokabular der Schöpfungsgeschichte geschildert: „Ich, Daniel, sah ein Gesicht in der Nacht, und siehe, die vier Winde unter dem Himmel wühlten das große Meer auf." (Dan 7,2) Das Bild vom Wind, der über das Meer bläst, ist uns vertraut; wir sind ihm schon in 1. Mose 1,2 begegnet. Daniels Vision begann mit der Erinnerung an die chaotischen Wasser, die vor der Schöpfung die Erde bedeckten. Und nach der Beschreibung der vier Tiere stoßen wir in Daniel 7,13–14 auf eine faszinierende Aussage:

> Ich sah in diesem Gesicht in der Nacht, und siehe, es kam einer mit den Wolken des Himmels *wie eines Menschen Sohn* und ge-langte zu dem, der uralt war, und wurde vor ihn gebracht. Der gab ihm Macht, Ehre und Reich, dass ihm *alle Völker und Leute* aus so vielen verschiedenen Sprachen dienen sollten. *Seine Macht ist ewig* und vergeht nicht, und sein Reich hat kein Ende.

Die kursiv wiedergegebenen Stellen erinnern uns an Adams Herrschaft über die Geschöpfe der Erde (siehe 1 Mo 1,26-28), die er ausübte, als er den Tieren Namen gab (1 Mo 2,19–20).

Wie andere Propheten des Alten Testamentes benutzte auch Daniel die Begriffe des Schöpfungsberichtes, um die Zukunft zu beschreiben: Winde wühlen das Meer auf, Tiere treten in Erscheinung und ein Menschensohn (ein zweiter Adam) bekommt Macht über sie. Daniel 7 beschreibt also die zukünftige Weltgeschichte als eine neue Schöpfung Gottes. Wieder *benutzte der Prophet die Begriffe aus den Berichten in den heiligen Schriften der Vergangenheit, um die Zukunft zu beschreiben.*

An Daniel 7 fasziniert mich besonders, dass diese Prophezeiung zur Zeit Daniels sehr gut verstanden wurde. Gottes Volk befand sich im Exil in Babylon. Wie würde der Prophet Daniel die Tiere in seiner Vision also deuten? Als die Mächte, die Gottes Volk unterdrückten. In seiner Vision werden diese Mächte als wilde, gefräßige Tiere dargestellt.

Welche Botschaft vermittelten diese Bilder also Daniel und seinem Volk? Wahrscheinlich folgende: „So wie Adam nach der Schöpfung über die Tiere herrschte, so wird der Menschensohn über Mächte herrschen, die dich und dein Volk unterdrücken." Mit anderen Worten: Daniel 7 enthält die Zusicherung Gottes, dass er die Kontrolle ausübte. In der Welt schien das Chaos zu herrschen, weil gottlose Nationen das Volk Gottes unterdrückten; aber sein Volk sollte nicht den Mut verlieren. Entgegen allem Anschein war Gott immer noch Herr der Lage.

Wir haben das Prinzip herausgefunden: *Gott begegnet den Menschen da, wo sie sind.* In Daniel 7 kommt das deutlich zum Ausdruck. Gott gab Daniel eine Botschaft über die Zukunft der Welt, aber gleichzeitig wollte er dem Propheten die Gewissheit schenken, dass er auch die gegenwärtigen Umstände unter seiner Kontrolle hat.

Laut Daniel 2 hatte Nebukadnezar, der König von Babylon, eine ähnliche Vision wie Daniel rund 50 Jahre früher, und auch ihre Deutung ist mit der in Kapitel 7 vergleichbar. Aber es gab einen wichtigen Unterschied: Nebukadnezars Traum stellte die Weltreiche als ein Götzenbild dar. Das machte Sinn, denn Nebukadnezar war ein heidnischer König; für ihn repräsentierten die Weltreiche die Götter, die sie anbeteten. Weltreiche waren etwas, für das die Herrscher sich begeisterten; aber für Daniel waren dieselben Reiche wilde, gefräßige Tiere, unter denen sein Volk litt.

Gott sprach zu beiden – zu Nebukadnezar und Daniel – unterschiedlich, aber so, dass sie seine Botschaft gut verstehen konnten. *Wenn Gott Zukünftiges offenbart, benutzt er Bilder und Begriffe, mit denen der Prophet vertraut ist; er begegnet den Menschen dort, wo sie sind.*

Wir sollten deshalb nicht erwarten, dass sich Prophezeiungen in allen Einzelheiten buchstäblich erfüllen – nicht einmal dann, wenn es um sogenannte apokalyptische Weissagungen geht.

Weitere Beispiele der Erfüllung von Prophezeiungen

Nach der Rückkehr aus dem babylonischen Exil

Was geschah nun aber tatsächlich, als Israel aus Babylon zurückgekehrt war? Im Vergleich mit den Vorhersagen, die wir gelesen haben, war ihre Erfüllung eine Enttäuschung. Aber erinnern wir uns an den zweiten Grundsatz biblischer Prophezeiungen: *Gottes Handeln ist nicht vorhersehbar*.

Viele Leute in Israel und Juda müssen die Prophezeiungen von Hosea, Micha, Jesaja und den anderen Propheten gelesen haben. Und ich kann mir vorstellen, dass sie sogar Schaubilder aufgestellt haben über das, was Gott tun würde. Aber was er dann wirklich tat, entsprach nicht ihren Erwartungen, wie Haggai berichtete:

> Im zweiten Regierungsjahr des Königs Darius, am 21. Tag des 7. Monats, gab der HERR dem Propheten Haggai wieder eine Botschaft für den königlichen Bevollmächtigten Serubbabel, den Obersten Priester Jeschua und den Überrest des Volkes. Der Prophet sollte zu ihnen sagen: „Wer von euch hat den Tempel noch gesehen, bevor er zerstört wurde? *Wie prächtig war er damals! Und wie kümmerlich ist das, was ihr jetzt entstehen seht!* Es ist nichts, verglichen mit dem, was früher hier stand. Aber jetzt sagt euch der HERR: ‚Lasst euch nicht entmutigen! Ans Werk, Serubbabel, ans Werk, Jeschua, Sohn Jozadaks, du Oberster Priester! Ans Werk, ihr Leute von Juda! Ich stehe euch bei. Das sage ich, der HERR, der Herrscher der Welt. *Ich habe euch meine Hilfe zugesagt, als ihr aus Ägypten gezogen seid*, und diese Zusage gilt auch jetzt noch. Mein Geist ist mitten unter euch, habt keine Angst! Ich, der Herrscher der Welt, sage euch: Es dauert nicht mehr lange, dann werde ich die Welt in ihren Fundamenten erschüttern, Himmel und Erde, Land und Meer. Ich werde alle Völker in Bewegung setzen, sodass sie ihre ganzen Schätze hierher bringen. *So sorge ich dafür, dass mein Haus [mit Herrlichkeit erfüllt] wird.* Denn mir, dem HERRN, gehört alles Silber und alles Gold.

Der neue Tempel wird den alten an Pracht [Herrlichkeit] weit übertreffen. Von dieser Stätte aus werde ich meinem Volk Frieden und Wohlstand schenken. Das sage ich, der HERR, der Herrscher der Welt.'"
(Hag 2,1–9 GNB, vgl. EB)

In diesem Textabschnitt nahm der HERR zu der Enttäuschung Stellung, die sich im Volk breitmachte, als sie sahen, wie sich die Prophezeiungen über die Rückkehr aus dem Exil erfüllten. Aber Gott versicherte ihnen, dass es sich tatsächlich um eine wahre Erfüllung handelte. Ihre Fragen waren allerdings berechtigt.

Das ist etwas, was auch wir immer vor Augen haben müssen, wenn wir uns mit Prophezeiungen beschäftigen, deren Erfüllung noch in der Zukunft liegt – und das gilt auch für die prophetischen Aussagen der Offenbarung. Seit den Tagen von Münster bis hin zu den Ereignissen in Waco haben die Menschen immer wieder versucht, in der Offenbarung detaillierte Angaben über die Zukunft zu finden, die Gott ihnen gar nicht geben wollte. Wir alle müssen uns daran erinnern lassen, dass der Gott, dessen Wesen unveränderlich ist, zwar *konsistent, aber nicht vorhersehbar handelt;* er macht es nicht genau so, wie wir es erwarten.

Mit der Zeit wurde allen Juden klar, dass die Befreiung aus dem babylonischen Exil nicht gleichbedeutend mit dem Ende der Welt war. Die Aufmerksamkeit richtete sich nun mehr und mehr auf die größte aller Taten Gottes – das Kommen des Messias.

Aber dieses Ereignis wirft eine neue Frage auf. Viele meinen, die messianischen Prophezeiungen des Alten Testamentes hätten sich nun aber wirklich Punkt für Punkt erfüllt – anders als die Beispiele, die wir bisher betrachtet haben. Aber ist das wirklich so? Stellen die messianischen Prophezeiungen des Alten Testamentes eine Ausnahme von der Regel dar, dass Gott stets die Begriffe der Vergangenheit benutzt, um zukünftige Ereignisse zu beschreiben? Sind die messianischen Prophezeiungen berechenbarer, als das bei prophetischen Vorhersagen im Allgemeinen der Fall ist? Das werden wir jetzt untersuchen.

Die messianischen Prophezeiungen

Durch Jeremia sagte Gott voraus:

> Siehe, es kommt die Zeit, spricht der HERR, *dass ich dem David einen gerechten Spross erwecken will.* Der soll ein König sein, der wohl regieren und Recht und Gerechtigkeit im Lande üben wird. Zu seiner Zeit soll Juda geholfen werden und Israel sicher wohnen. Und dies wird sein Name sein, mit dem man ihn nennen wird: „Der HERR unsere Gerechtigkeit". (Jer 23,5–6)

Was sagt uns dieser Text? Erstens, dass der Messias kommen und ein König wie David sein wird. Davids Königsherrschaft diente als historisches Vorbild (Typus) für den Messias, als Beispiel eines weisen und gerechten Herrschers. Aber offensichtlich konnte nicht alles, was David getan hatte, dem Messias als Vorbild dienen. Der Messias wird zwar David ähneln, aber sein Leben ist keine Kopie der Regentschaft Davids. Wie sich diese Prophezeiung im Einzelnen erfüllen würde, ließ sich also nicht genau vorhersagen.

Ein zweiter interessanter Aspekt der Prophezeiung ist der Titel, der dem Messias gegeben wurde: „Der Herr, unsere Gerechtigkeit". Der König, der in Juda herrschte, als Jeremia diese Vorhersage machte, trug den Namen Zedekia. Dieses hebräische Wort bedeutet: „Der Herr ist meine Gerechtigkeit." Obwohl Zedekia seinem Namen nicht gerecht wurde, diente sein Name dazu, den Messias zu charakterisieren, denn der würde das verwirklichen, was Zedekia versäumt hatte: Er würde die Gerechtigkeit Gottes vollkommen verwirklichen. Die messianische Prophezeiung in Jeremia 23 benutzte also Begriffe aus der Vergangenheit und der Gegenwart, um den zukünftigen Messias zu beschreiben.

Nun kommen wir auf eine bekannte Prophezeiung im Buch des Propheten Jesaja, die auf den Messias angewandt wird:

> Der Herr sagte … zu Ahas: „Bitte um ein Zeichen des Herrn, deines Gottes, sei es ein überirdisches oder eines aus der Totenwelt." Doch Ahas sagte: „Ich werde nichts fordern, denn

> ich will den Herrn nicht auf die Probe stellen." Da sagte Jesaja: „Höre doch, Haus Davids! Genügt es euch nicht, Menschen auf die Nerven zu gehen, wollt ihr nun auch meinen Gott verärgern? Deshalb wird der Herr selbst das Zeichen geben. Seht! *Die Jungfrau wird ein Kind erwarten! Sie wird einem Sohn das Leben schenken und er wird Immanuel genannt werden.* Das heißt: Gott ist mit uns. Wenn er gelernt hat, das Gute vom Bösen zu unterscheiden, wird es im Land nur noch Honig und Dickmilch zu essen geben. *Denn noch bevor der Junge in der Lage sein wird, das Richtige zu tun und das Böse zu lassen, wird das Land, vor dessen beiden Königen du so zitterst, verödet sein.*" (Jes 7,10–16 NLB)

König Ahas war beunruhigt, weil zwei Nationen sein Königreich bedrohten. Jesaja forderte ihn auf, Gott um ein Zeichen zu bitten. Und Gott schickte ihm eine Botschaft: Eine junge Frau (das hebräische Wort *´alemah* kann sowohl eine junge Frau als auch eine Jungfrau bezeichnen) wird schwanger werden und ein Kind bekommen. Bevor das Kind feste Speise zu sich nehmen kann, werden die beiden Nationen vernichtet sein – das ist die gute Nachricht für Ahas.

Diese Weissagung über den Messias erwuchs aus einer aktuellen Situation. Gott benutzte hier die Sprache der Gegenwart, um über zukünftige Dinge zu sprechen: So wie Gott in den Tagen Jesajas König Ahas gerettet hat, so wird er auch sein Volk befreien, wenn der Messias kommt (siehe Jes 9,1–7; vgl. Mt 1,21–23).

Auch in dem kleinen Buch des Propheten Sacharja am Ende des Alten Testamentes finden wir dieses Prinzip bestätigt:

> Du, Tochter Zion, freue dich sehr, und du, Tochter Jerusalem, jauchze! Siehe, *dein König kommt zu dir,* ein Gerechter und ein Helfer, *arm und reitet auf einem Esel, auf einem Füllen der Eselin.* Denn ich will die Wagen wegtun aus Ephraim und die Rosse aus Jerusalem, und der Kriegsbogen soll zerbrochen werden. Denn er wird Frieden gebieten den Völkern, und *seine Herrschaft wird sein von einem Meer bis zum andern und vom Strom bis an die Enden der Erde.* (Sach 9,9–10)

In dem Text werden Ephraim, Jerusalem und der Euphrat (der „Strom" in Vers 10) erwähnt – Namen und Orte, die zur Zeit des Propheten Sacharja allen geläufig waren. Aber hätte irgendjemand aufgrund dieser Texte Einzelheiten über das Leben des Messias vorhersagen können? Nein, das war nicht möglich. Es kann also kaum überraschen, dass viele Juden glaubten, der Text sage voraus, dass der Messias ein mächtiger König sein würde, der über alle Nationen dieser Welt herrschen sollte. Sogar die eigenen Jünger von Jesus verstanden trotz zahlreicher vorangegangener Hinweise erst nach der Auferstehung richtig, dass er der Messias war. Nur wer Jesus kennengelernt und durch den Heiligen Geist über die Bedeutung des Sacharjatextes erleuchtet worden war, konnte im Leben von Jesus die Erfüllung dieser Vorhersagen erkennen.

Das bringt uns zu der siebenten wichtigen Grundregel biblischer Prophezeiungen, die Jesus zweimal formuliert hat: „Ich habe euch das alles im Voraus gesagt, damit euer Glaube festbleibt, wenn es dann eintrifft." (Joh 14,29 GNB; vgl. 13,19) Jesus sagte nicht: „Ich habe es euch im Voraus gesagt, damit ihr jetzt schon wisst, was in Zukunft geschehen wird." Vielmehr wollte er seinen Jüngern klarmachen: Wenn sie auf seine Worte achten, würden sie die Erfüllung der Prophezeiungen auch erkennen – aber erst dann, wenn die vorhergesagten Ereignisse tatsächlich stattfinden – und das würde ihren Glauben stärken. Nach dem Tod und der Auferstehung von Jesus war eindeutig, dass er die messianischen Prophezeiungen erfüllt hatte, aber sie erlaubten nicht, den Verlauf seines Lebens genau vorherzusagen. *Gottes Handeln ist nicht vorhersehbar*. Anders ausgedrückt: *Die genaue Bedeutung der Vorhersagen erkennt man am besten, wenn sie sich erfüllt haben, und nicht schon vorher.*

Wenn es um noch unerfüllte Prophezeiungen geht, ist Zurückhaltung geboten. Vernon Howell ließ es daran fehlen – und das führte ihn in den Untergang. Es ist durchaus wichtig, im Wort Gottes zu forschen, um unerfüllte Prophezeiungen zu verstehen, aber bezüglich unserer Schlussfolgerungen dürfen wir nicht dogmatisch sein. Wir müssen Gott zugestehen, dass er souverän handelt, und uns bewusst sein, dass gerade in Bezug auf unerfüllte Vorhersagen „unser Wissen Stückwerk" ist (1 Kor 13,9).

Die Prophezeiungen der Offenbarung

Auch in der Offenbarung finden wir die Merkmale biblischer Prophezeiungen wieder, die wir in der gesamten Bibel festgestellt haben. Als Johannes sein Buch verfasste, lagen fast alle Ereignisse, die er von Christus gezeigt bekam, noch in der Zukunft. Dennoch stammen viele Begriffe in der Offenbarung aus den heiligen Schriften der Vergangenheit. Das Buch greift ständig auf das Alte Testament zurück. Ein Beispiel ist der letzte Teil von Offenbarung 13:

> Das zweite Tier tat große Wunder: Vor allen Menschen *ließ es sogar Feuer vom Himmel auf die Erde herabfallen. Durch die Wunder,* die es im Dienst des ersten Tieres tun konnte, *täuschte es* alle Menschen, die auf der Erde lebten. (Offb 13,13–14 GNB)

Zur Zeit des Auszugs aus Ägypten waren es die Magier, die den Pharao durch Zauberei täuschten (siehe 2 Mo 7,22; 8,3). Der Text erinnert auch an Elia, der auf dem Berg Karmel Feuer vom Himmel fallen ließ (1 Kön 18,24.38). Weiter in Offenbarung 13:

> Es überredete sie, *ein Standbild zu errichten* zu Ehren des ersten Tieres, das mit dem Schwert tödlich verwundet worden und wieder ins Leben zurückgekehrt war. Das zweite Tier bekam sogar die Macht, das Standbild des ersten Tieres zu beleben, sodass dieses Bild sprechen konnte und dafür sorgte, dass *alle getötet wurden, die es nicht anbeteten.* (Offb 13,14b–15 GNB)

Diese Verse erinnern an Daniel 3, wo berichtet wird, dass Nebukadnezar ein Standbild errichten ließ und jedem, der es ablehnen würde, sich davor niederzuwerfen, mit dem Tod drohte.

> Das zweite Tier verlangte, dass jeder – ob groß oder klein, reich oder arm, Freier oder Sklave – sich *ein Zeichen auf die rechte Hand oder auf die Stirn* prägen ließ. Ohne dieses Zeichen, das entweder der Name des Tieres oder das Zahlensymbol seines Namens war, konnte niemand irgendetwas kaufen oder verkaufen. (V. 16–17 NLB)

Mose gebot den Israeliten, sich die Zehn Gebote zum Zeichen an ihre Hände zu binden und als „Merkzeichen zwischen den Augen" (also auf der Stirn) zu tragen (5 Mo 6,8). Das Zeichen des Tieres in Offenbarung 13 ist also in gewisser Hinsicht eine Nachahmung der Zehn Gebote. Damit dieses Zeichen einen Sinn ergibt, muss man den alttestamentlichen Hintergrund kennen, also die Sprache der Vergangenheit verstehen, die Johannes benutzte.

> Hier braucht es Weisheit! Wer Verstand hat, kann herausfinden, was die Zahl des Tieres bedeutet, denn sie steht für den Namen eines Menschen. Es ist die Zahl 666. (V. 18 GNB)

Auch die Zahl 666 hat alttestamentliche Vorläufer. Das Standbild in Daniel 3 war 60 Ellen hoch, 6 Ellen breit und (vermutlich) 6 Ellen tief – 666 (Dan 3,1). Und 666 Zentner wog das Gold, das Salomo in jedem Jahr einnahm, als er sich vom Herrn abgewandt hatte (1 Kön 10,14). Für die in den heiligen Schriften bewanderten Israeliten war die Zahl 666 ein Hinweis auf den Abfall Salomos.

Wenn wir uns mit der Offenbarung beschäftigen, müssen wir daran denken, dass *Gott den Menschen dort begegnet, wo sie sind. Er offenbart den Propheten Zukünftiges in dem Vokabular der heiligen Schriften der Vergangenheit.* Die Offenbarung spiegelt die Sprache, Kultur und geschichtliche Situation des Verfassers wider.

Die Prophezeiungen von Ellen White

Als Adventisten können wir auch das Beispiel von Ellen White heranziehen. Viele Adventisten gehen davon aus, dass Gott ihr die Worte mehr oder weniger direkt eingegeben hat und sie wirklichkeitsgetreue Bilder zukünftiger Ereignisse gesehen hat. Aber selbst Ellen White hat die Zukunft in der Sprache ihrer Vergangenheit beschrieben, im Englisch der King-James-Bibel oder des 19. Jahrhunderts. Gott wirkte innerhalb der Umstände, unter denen sie lebte.

Zweifellos hat Ellen White detailliert über die Zukunft gesprochen, aber man findet in ihrem gesamten Schrifttum nicht eine Aussage, die irgendetwas erwähnt, das für das 20. Jahrhundert charakteristisch ist – weder die Atombombe, das Fernsehen, den

Computer noch das Internet. Wenn sie zukünftige Ereignisse beschrieb, benutzte sie biblische Begriffe oder das ihr vertraute Vokabular ihrer Zeit und bezog sich auf Bekanntes. Sie sprach zum Beispiel von den gottlosen Mächten der Welt, die in der Endzeit die Heiligen angreifen werden. Und welche Waffen sah sie in den Händen der Gottlosen? Schwerter! Das passte zwar in die Mitte des 19. Jahrhunderts, aber es passt nicht in die Welt von heute.

An diesem Punkt widersprach mir einmal jemand. Er erinnerte mich an Ellen Whites Aussage über Feuerbälle, die am Ende der Zeit auf die Hauptstädte niedergehen würden.[2] Er meinte, das könnte ein Hinweis auf einen uns noch bevorstehenden Atomkrieg sein. Ich überlegte einen Augenblick und fragte ihn dann, ob er das Lied kenne: „Und der Raketen grelles, rotes Licht, die in der Luft explodierenden Bomben, bewiesen die Nacht hindurch, das unsere Flagge noch da war.“ Er sagte, dass ihm die amerikanische Nationalhymne bekannt sei. „Weißt du, wann dieses Lied entstanden ist?“, fragte ich weiter. Er dachte kurz nach. „1814?“ „Richtig“, sagte ich. „Sogar der Ausdruck ‚Feuerball‘ – was auch immer das bedeuten mag – passt also in die Zeit, in der Ellen White lebte.“ Auch auf einen Propheten aus jüngerer Zeit treffen also die Merkmale der Prophezeiungen zu, die wir gefunden haben.

Prinzipien zur Interpretation der Prophezeiungen

1. Gottes Handeln ist konsistent.
2. Gottes Handeln ist nicht vorhersehbar.
3. Gott handelt kreativ.
4. Gott begegnet den Menschen dort, wo sie sind.
5. Es gibt im Antitypus eine Vergeistigung des Typus.
6. Gott benutzt Begriffe aus den Berichten in den alten heiligen Schriften (die Sprache der Vergangenheit), um zukünftige Ereignisse vorherzusagen.
7. Die Bedeutung prophetischer Vorhersagen erkennt man am besten, nachdem sie sich erfüllt haben.

[2] *Advent Review and Sabbath Herald,* 26. Oktober 1886; vgl. *Christus kommt bald,* S. 20.

Einige Vorsichtsmaßregeln

Abschließend möchte ich einige Vorsichtsmaßregeln für die Interpretation von unerfüllten Prophezeiungen nennen.

1. Christen und speziell Adventisten sind sich oft allzu sicher, genau zu wissen, was Gott zu tun beabsichtigt, bevor er es getan hat. Immer wieder haben sich Interpretationen von Vorhersagen, die zu einer bestimmten Zeit durchaus plausibel erschienen, als völlig falsch erwiesen, als die Zeit voranschritt oder sich die Vorhersage tatsächlich erfüllte. Man erkennt ihre Bedeutung am sichersten, wenn sie sich erfüllt, nicht vorher. Wir dürfen aber keine Punkt-für-Punkt-Übereinstimmung zwischen dem Wortlaut der Prophezeiung und ihrer Erfüllung erwarten, denn der Prophet bedient sich der Sprache der biblischen Vergangenheit oder seiner Zeit.

2. Die eigentliche Aufgabe der Vorhersagen besteht nicht darin, unsere Neugier in Bezug auf die Zukunft zu befriedigen, sondern uns zu lehren, wie wir heute leben sollen. Gott benutzt Zukunftsvisionen, um Menschen in ihren Alltagsproblemen Mut zu machen und sie zum Durchhalten zu motivieren. Prophezeiungen befassen sich zwar auch mit der Zukunft, aber ihr eigentliches Ziel ist, uns etwas über Gott und Christus mitzuteilen und uns zu motivieren, unser Leben zu ändern, bevor sie sich erfüllen.

3. Wir neigen dazu, die Offenbarung so zu lesen, als wäre sie für die Zeit und die Umstände geschrieben, in denen wir leben. Indem wir das tun, verbinden wir sie gedanklich mit Dingen und Konzepten, die Johannes und seinen Zeitgenossen nie in den Sinn gekommen wären. Das führt unvermeidlich zu einer Verfälschung der Bedeutung des Textes, sodass wir nicht mehr erkennen können, was er ursprünglich sagen wollte. Die Sprache der Offenbarung ist die der Vergangenheit von Johannes; die Begriffe stammen aus den heiligen Schriften des Alten Testamentes und einiger pseudepigraphischer Schriften oder seiner Zeit; das ist aber nicht die Sprache und Ausdrucksweise, mit der wir vertraut sind.

Aber wenn das Vokabular der Offenbarung aus einer anderen Zeit stammt, ergibt sich eine wichtige Frage: Wie kann das Studium dieses Buches für uns relevant sein, wenn es für die Menschen damals gedacht war? Wie können wir die Kluft zwischen damals und heute überbrücken? Und wie können wir in den Schriften aus alter Zeit ein „Wort des Herrn" für uns finden und uns dabei sicher sein, dass wir uns nicht irren? Diese Fragen werde ich im nächsten Kapitel behandeln, in dem es um die Auslegung von Bibeltexten geht.

Kapitel 3

Die Auslegung biblischer Aussagen

Im Dezember 1974 fand Archivar Donald Yost im Keller des Generalkonferenzgebäudes am Rande von Washington zwei große, in Papier eingewickelte Pakete. Sie hatten dort im Keller schon mehr als 50 Jahre gelegen – vergessen und verstaubt. Darin befanden sich rund 2400 Seiten stenografierter Notizen, mit Schreibmaschine abgeschrieben, über eine lange Bibelkonferenz, die im Juli und August 1919 in der Kapelle der Generalkonferenz abgehalten worden war. Selbst Historiker hatten diese Konferenz nach 50 Jahren so gut wie vergessen, obwohl aus den Dokumenten hervorgeht, dass sie ein Schlüsselereignis in der Geschichte der Siebenten-Tags-Adventisten gewesen ist.

In unserer Kirche gab es in den ersten 70 Jahren eine Prophetin. Adventisten glauben, dass die Visionen und Zeugnisse Ellen Whites von Gott eingegeben waren. Von 1845 bis 1915 waren ihre Artikel, Predigten und Bücher eine unerschöpfliche Quelle von Erkenntnissen und Informationen darüber, wie Gott die Entwicklung der Gemeinschaft ansah. Ellen White beantwortete aktuelle Fragen und beriet die Leiter, wenn es darum ging, wo Schulen, Sanatorien und andere Einrichtungen gebaut werden sollten. Oftmals bestätigte sie die Ergebnisse des Bibelstudiums der Adventisten; manchmal war sie damit nicht einverstanden.

Die Anwesenheit einer lebenden Prophetin war einerseits eine große Herausforderung, vermittelte andererseits aber auch Sicherheit. Der Austausch mit Ellen White gab den Leitern der Kirche in vielen schwierigen Situationen, mit denen sie konfrontiert waren, die Gewissheit, direkt von Gott geführt zu werden. Administrative und theologische Probleme konnten mit ihrer Hilfe gelöst werden. Alle, die Ellen Whites Autorität rückhaltlos anerkannten, lebten mit einer inneren Sicherheit, wie sie nur wenige Menschen kennen.

1915 starb Ellen White im Alter von 87 Jahren. Adventisten konnten nun zur Lösung aktueller Probleme nicht mehr auf eine direkte Offenbarung Gottes hoffen. Zwar konnten Leiter und Gemeindeglieder nach wie vor ihre Schriften konsultieren, aber oft war deren Anwendbarkeit auf ein neues Problem umstritten. Eine Gemeinde, die es gewohnt war, eine Prophetin in ihrer Mitte zu haben, musste sich nun mit den Schriften einer verstorbenen Prophetin auseinandersetzen – wie die meisten Christen vor ihnen auch.

1919 wurde die Frage, welchen Stellenwert eine verstorbene Prophetin hat, jedoch zu einer Überlebensfrage für die Freikirche. Am Ende der Bibelkonferenz vom 1. bis 21. Juli 1919 rief die Weltkirchenleitung eine Versammlung für Bibel- und Geschichtslehrer der adventistischen Colleges zusammen, die bis weit in den August hinein dauerte. Ende Juli beschäftigten sich die etwa 20 Teilnehmer – darunter viele leitende Brüder der Generalkonferenz – mit der Frage, welche Beziehung zwischen der verstorbenen Prophetin einerseits und der Bibel und dem adventistischen Bildungssystem andererseits bestand. Es war eine bedeutsame Angelegenheit.[1]

Der Präsident der Weltkirchenleitung, Artur G. Daniells, sorgte für Aufregung, als er sagte, Ellen Whites Buch *The Life of Paul* sei „schlecht zusammengestellt“. „Wir können niemals Inspiration für den ganzen Gedankengang und die Aufmachung des Buches beanspruchen.“ William W. Prescott erinnerte sich in diesem Zusammenhang an die Auseinandersetzung über das „Tägliche“ in Daniel 8,13 und erinnerte die Versammelten an einen Brief von Ellen White, in dem sie davor gewarnt hatte, den gemeindeöffentlichen Streit über die Interpretation biblischer Texte auf der Grundlage ihrer Aussagen zu entscheiden. Daraufhin berichtete Daniells von einem

[1] Meine Kenntnis dieser Gespräche verdanke ich den Abschriften und einer Einführung in *Spectrum* Nr. 1, 1979, S. 23–57; auf Deutsch veröffentlicht in: *Quo vadis, Adventgemeinde?,* AGG Bd. 16, herausgegeben vom Adventistischen Wissenschaftlichen Arbeitskreis, Darmstadt 1981.

Gespräch mit Ellen White über die Angelegenheit des „Täglichen". Sie habe ihm damals gesagt, dass ihr darüber nichts offenbart worden sei, obwohl beide Konfliktparteien Aussagen von ihr zitierten, um den eigenen Standpunkt zu untermauern![2]

Der Generalkonferenzpräsident und andere vertraten die Ansicht, Ellen White sei keine Expertin in geschichtlichen Details. In Übereinstimmung mit Daniells fasste H. C. Lacey die Argumente folgendermaßen zusammen: „Sollte unserer Einschätzung des ‚Geistes der Weissagung' nach ihr Wert sich nicht vielmehr auf das geistliche Licht beziehen, das in unsere eigenen Herzen und Leben scheint, als in der intellektuellen Genauigkeit hinsichtlich historischer und theologischer Fragen? Sollten wir ihre Schriften nicht als die Stimme des Geistes an unsere Herzen erkennen, statt darin eine Stimme eines Lehrers an unseren Verstand sehen? Und liegt der letzte Beweis für den ‚Geist der Weissagung' nicht eher in seinem geistlichen Wert begründet als seiner historischen Genauigkeit?"[3]

Im weiteren Verlauf der Gespräche wurden sogar noch radikalere Ansichten geäußert – jedenfalls klangen sie so in den Ohren mancher Adventisten. Daniells plädierte dafür, im Umgang mit dem Schrifttum von Ellen White nicht auf den gesunden Menschenverstand zu verzichten. Vegetarisch zu essen sei zwar im Allgemeinen gut, aber nicht für jeden und nicht überall. Äpfel mögen sehr gesund sein, aber er selbst sei krank geworden, als er abends Äpfel gegessen habe. Der Generalkonferenzpräsident erinnerte daran, dass Ellen White selbst ihrem Mann Fleisch zu essen gegeben habe, als er krank war. Und dann tauschte die Gruppe Geschichten aus, die zeigten, welch ausgewogener Mensch die Prophetin gewesen war. Das Ergebnis der Beratungen lautete, ihre Schriften mit Bedacht zu gebrauchen, wenn es um Fragen des täglichen Lebens und der Interpretation der Bibel geht.

Alle schienen in den Diskussionen darin übereinzustimmen, dass Ellen Whites Schrifttum nicht verbal inspiriert ist. Und alle waren sich auch darin einig, dass große Sorgfalt und gesunder Menschenverstand nötig seien, um ihre Schriften richtig zu verstehen – beson-

[2] *Quo vadis, Adventgemeinde?*, S. 82f.
[3] Ebenda, S. 90f.

ders ihre Kommentare zur Bibel. Aber nach den Versammlungen behaupteten einige Teilnehmer, Daniells und andere Leiter hätten den wahren Glauben an die Prophetin aufgegeben. Drei Jahre später wurde Daniells gegen seinen Willen aus dem Amt gedrängt. Der Tod eines Propheten hinterlässt eben zuweilen mehr Fragen als Antworten. Und die Frage, wie man mit dem Schrifttum einer verstorbenen Prophetin umgehen soll, löst sich auch im Laufe der Zeit keineswegs von selbst.

Wie kann man in den Schriften verstorbener Propheten lebensnahe Unterweisungen finden? Diese Frage zu beantworten ist das Anliegen dieses Buches. Wer mit dem Schrifttum der Propheten sachgemäß umgehen will, muss die zeitlichen, örtlichen und gesellschaftlichen Umstände ernst nehmen, unter denen der Autor lebte, als er sein Buch schrieb. Das ist unverzichtbar, wenn wir biblische Prophetie verstehen wollen. Aber wenn der inspirierte Verfasser für Menschen geschrieben hat, die in einer ganz anderen Zeit, einem anderen Land und in einer anderen Kultur lebten – also anders dachten und redeten als wir – müssen wir natürlich fragen, welche Relevanz die biblischen Aussagen für uns haben.

Drei Herangehensweisen an die Bibel

Es gibt drei verschiedene, legitime Herangehensweisen an die Bibel, die man allgemein Exegese, biblische und systematische Theologie nennt. Ich möchte diese drei Ansätze zunächst kurz definieren. Durch die Exegese (Auslegung) versucht man herauszufinden, was ein Verfasser den Menschen seiner Zeit mitteilen wollte und welche Absicht er dabei verfolgte. Es geht um die Frage: „Was wollte der Autor sagen?“ Die biblische Theologie versucht, aus den Aussagen des Verfassers die wesentlichen theologischen Aussagen zu erkennen. Sie fragt: „Was glaubte der Verfasser über Gott, die Rechtfertigung usw.?“ Im Gegensatz dazu möchte die systematische Theologie herausfinden, was Wahrheit im weitesten Sinne ist. Sie fragt: „Was sollte ich glauben?“ und „Was ist der Wille Gottes für mich bzw. uns?“ Alle drei Ansätze haben ihre Berechtigung, aber sie nähern sich der Bibel mit unterschiedlichen Fragen.

	Biblische Exegese	**Biblische Theologie**	**Systematische Theologie**
Grundfrage	Was wollte der Verfasser damals sagen?	Was glaubte der Verfasser?	Was ist Wahrheit? Was soll ich glauben?
Referenzzeit	1. Jahrhundert	1. Jahrhundert	21. Jahrhundert
Ausdrucksweise	biblisch	biblisch	philosophisch
Ergebnisse	gleichbleibend	gleichbleibend	veränderlich
Studieneinheit	Abschnitt	Thema	Thema
Studienumfang	umfassend	selektiv	selektiv
Ausmaß der Bedeutung	beschreibend	beschreibend und normativ	normativ
Gegenstand der Untersuchung	ein Mensch (der Verfasser)	Mensch und Gott	Gott und sein Wille

Biblische Exegese

Für die Exegese lautet die fundamentale Frage also: „Was wollte der Verfasser damals sagen?" Und da Gott den Menschen dort begegnet, wo sie leben, ist die ursprüngliche Absicht des Autors entscheidend für das Verständnis des Textes.

Die Referenzzeit für die Offenbarung ist ohne Zweifel das Ende des ersten Jahrhunderts. Es war die Zeit, in der Johannes lebte und bestimmten Gemeinden in der Provinz Asia Botschaften von Christus auszurichten hatte.

Um recht zu beschreiben, was Johannes sagen wollte, muss man biblische Kategorien benutzen. Anders ausgedrückt: Der Ausleger sollte die Ausdrucksweise des Johannes benutzen und seine Worte in der Bedeutung verwenden, wie der sie verstand.

Das Ergebnis der Exegese wird – die richtigen Methoden vorausgesetzt – gleichbleibend sein. Unser Verständnis des Textes mag sich ändern und auch unsere Vorliebe für eine bestimmte Manuskripttradition, aber was Johannes vor mehr als 1900 Jahren geschrieben hat und was er meinte, ändert sich nie. Wir verfügen also über eine unwandelbare Grundlage, um verschiedene außerbiblische Behauptungen auf ihre Wahrheit zu prüfen.

Die Exegese orientiert sich an Textabschnitten, das heißt, sie geht Abschnitt für Abschnitt vor, versucht Satz für Satz zu verstehen und fragt, was der Verfasser eigentlich sagen wollte.

Sie ist umfassend, das heißt: Sie lässt sich auf jeden schriftlich festgehaltenen Text anwenden. Ich selbst mache das auch bei der Durchsicht der schriftlichen Arbeiten meiner Studenten; denn eine Exegese versucht, die Absicht des Verfassers zum Zeitpunkt der Niederschrift zu verstehen. Wir alle haben ja so unsere Schwierigkeiten mit der Kommunikation. (Auch das Formulieren dieses Kapitels zum Beispiel hat mir zu schaffen gemacht.)

In der nächsten Zeile der Tabelle wird gesagt, dass Exegese beschreibend ist. Der Ausleger schildert – so gut er kann – was der Autor seiner Meinung nach dem Leser sagen wollte. Dabei lernt er die menschliche Seite der Bibel kennen. Ihre Verfasser waren zwar inspiriert und empfingen Botschaften von Gott, aber sie waren auch gewöhnliche Menschen. Die Exegese fragt: „Was wollte der Autor eigentlich sagen?" Konkreter: „Was sollten die sieben Gemeinden in Kleinasien, an die Johannes damals schrieb, begreifen? Was war in seinen Augen das Anliegen der Offenbarung?"

Exegese ist weit wichtiger, als es auf den ersten Blick den Anschein hat. Wir Menschen lesen allzu leicht – bewusst oder unbewusst – etwas in Texte hinein, um unsere eigenen Vorstellungen in Schutz zu nehmen. Psychologen sehen darin einen Abwehrmechanismus. Den beobachten wir bereits bei Adam und Eva – sie versteckten sich vor Gott im Gebüsch. Nichts kann uns besser davor bewahren, beim Bibelstudium in diesen Mechanismus zu verfallen als eine gründliche Exegese. Der beschreibende Ansatz der Exegese stellt keinerlei Bedrohung dar.

Nehmen wir zum Beispiel den Brief von Paulus an die Römer. Ich selbst bin kein Römer, Paulus meinte also nicht mich. Mein (inzwischen verstorbener) Freund und Autor Samuele Bacchiocchi lebte in Rom, aber nicht ich. Und weder er noch ich lebten im ersten Jahrhundert; also war auch Samuele aus dem Schneider, soweit es den Inhalt des Römerbriefes betrifft.

Der Vorteil der Exegese ist: Ich lerne, den biblischen Text als Beschreibung zu lesen, kann also ganz offen und ehrlich mit dem

Inhalt umgehen. Ich kann einfach wiedergeben, was Paulus den Römern im ersten Jahrhundert sagte. Es stellt keine Bedrohung für mich und meine Lieblingsvorstellungen dar.

Aber dann geschieht etwas Interessantes. Sobald ich ein Buch der Bibel exegetisch lese, verändert sich meine Perspektive. Ich sehe Dinge, die ich nie sehen würde, und denke Gedanken, die mir nie kommen würden, wenn ich den Bibeltext lesen würde, als wäre er an mich persönlich gerichtet. Die Bibel nur rein deskriptiv zu lesen, reicht zwar nicht aus, ist aber eine große Hilfe im Bemühen um Authentizität beim Bibelstudium.

Biblische Theologie

Die biblische Theologie baut auf der Exegese auf und fragt, was der Verfasser glaubte. Im Mittelpunkt stehen nach wie vor das erste Jahrhundert und die Ausdrucksweise der Bibel. Auch das Ergebnis der biblischen Theologie wird – die richtigen Methoden vorausgesetzt – gleichbleibend sein, und zwar deshalb, weil Johannes oder Paulus in den letzten 1900 Jahren keine neuen Gedanken mehr gedacht haben. Seit ihrem Tod konnten sie weder schreiben noch Theologie betreiben. Alles, was wir von ihnen haben, stammt aus dem ersten Jahrhundert. Ihre Schriften stellen für uns also eine unwandelbare Quelle von Informationen über Gott dar.

Bis hierhin haben Exegese und biblische Theologie denselben Ansatz; aber es gibt auch Unterschiede. Biblische Theologie befasst sich nicht mit einzelnen Bibelabschnitten, sondern mit Themen und Vorstellungen. Sie fragt beispielsweise: „Was glaubte Johannes über das Ende der Welt?" Sobald man sich aber mit bestimmten Themen befasst, wählt man aus. Wenn du zum Beispiel wissen willst, was Johannes über die Erlösung dachte, liest du nur noch ganz bestimmte Bibelabschnitte und gehst über andere hinweg. Du widmest nicht mehr allen Teilen seiner Schriften dieselbe Aufmerksamkeit, weil dein Thema Erlösung heißt; die Texte, die damit nichts zu tun haben, interessieren dich im Augenblick nicht. Und wenn du wissen willst, wie Jeremia über Fragen der Gesundheit dachte, findest du in seinem Buch wahrscheinlich kaum etwas darüber, weil Gesundheit nicht sein Thema war. Sobald wir den biblischen Verfasser nach seinen Ansichten zu einem bestimmten Thema fragen, arbeiten wir automatisch selektiv: Wir suchen uns die Texte heraus, die sich mit unserer Frage beschäftigen.

Biblische Theologie ist wie die Exegese deskriptiv, weil sie beschreiben will, was beispielsweise Johannes oder Paulus glaubten. Sie ist aber auch normativ; denn was die inspirierten Verfasser glaubten, ist auch für uns maßgebend – nämlich immer dann, wenn die Situation, in der wir uns befinden, vergleichbar mit der ist, in der die Christen im ersten Jahrhundert lebten. Mit anderen Worten: In vergleichbaren Situationen ist das, was damals wahr und richtig war, auch heute noch wahr und richtig.

Angenommen, der Verfasser hat etwas über Gesundheit oder einen bestimmten Lebensstil gesagt. Das Prinzip dahinter hat sicher auch für uns noch Gültigkeit, weil der menschliche Körper heute nicht anders arbeitet als damals. Jedoch verändern andere Umstände die ganze Sache; zwar gelten heute noch dieselben Prinzipien wie zur Zeit des inspirierten Verfassers, aber veränderte Umstände führen zu veränderten Anwendungen des Prinzips.

Der Gegenstand der Untersuchung in der biblischen Theologie sind zwar die menschlichen Verfasser und ihre Aussagen, aber weil sie vom Heiligen Geist inspiriert waren, redeten sie im Auftrag Gottes (siehe 2 Ptr 1,21b). Wir erfahren daher auch etwas über Gott.

Systematische Theologie

In der systematischen Theologie scheint Vieles anders zu sein, denn wenn du fragst, was du glauben sollst und was Gottes Wille für dich ist, dann steht nicht mehr das erste, sondern das 21. Jahrhundert im Mittelpunkt des Interesses. Auch denkst du dabei nicht mehr in den biblischen Kategorien des ersten Jahrhunderts, wie es die Exegese tut, sondern du stellst deine Fragen in deiner eigenen Sprache und vor dem Hintergrund der Welt, in der du lebst. Die Sprache der systematischen Theologie ist daher nicht biblisch, sondern eher philosophisch, denn jeder Mensch hat seine eigene Lebensphilosophie. (Manchen ist das bewusst, anderen nicht.)

Philosophie ist mehr als eine Weltanschauung; sie umfasst nicht nur Vorstellungen darüber, woher wir kommen, wohin wir gehen und warum es uns gibt, sondern auch, wie wir meinen, dass die Welt funktioniert. Philosophische Fragen sind manchmal auch die persönlichen Fragen, die dir auf der Seele brennen.

Sie können Probleme betreffen, von denen Johannes nie etwas gehört hat und die in der Bibel überhaupt nicht erwähnt werden, zum Bespiel: „Darf ein Christ rauchen?" Vom Rauchen oder von Tabak ist in der Bibel an keiner Stelle die Rede, denn die Menschen der Alten Welt lernten Tabak erst im 16. Jahrhundert kennen. Die Bibel kann also gar nicht direkt zum Rauchen Stellung nehmen.

Wir können die Frage daher nicht allein mit der Bibel lösen. Viele Christen lehnen das Rauchen daher nicht aus biblischen, sondern aus gesundheitlichen Gründen ab. Gewiss kann man das biblische Prinzip der Verantwortung für unseren Körper, den Gott wunderbar geschaffen hat, ins Spiel bringen; letzten Endes aber sind es wissenschaftliche Untersuchungsergebnisse, die viele Menschen davon überzeugt haben, dass Rauchen der Gesundheit schadet. Andere, die diesen Ergebnissen nicht glauben oder aus ihnen keine Konsequenzen ziehen, erleben die schädlichen Auswirkungen des Rauchens am eigenen Körper. Es besteht also kein Zweifel, dass Rauchen schädlich ist, obwohl die Bibel das nicht direkt anspricht.

Die systematische Theologie ist nicht immer direkt von der Bibel abhängig, um Antworten auf ihre Fragen zu finden. Bei der Suche nach dem Willen Gottes für unser Leben sind wir nicht ausschließlich auf die Bibel angewiesen. Die Möglichkeiten für theologische Studien sind nahezu unbegrenzt. Wir können zum Beispiel auch etwas über Gottes Absichten durch das Studium der Psychologie erkennen, weil die Bibel sagt, dass Menschen „nach dem Bild Gottes" geschaffen wurden (1 Mo 1,27 EB). Daher können wir etwas über Gott lernen, wenn wir zu verstehen versuchen, wie der Geist des Menschen arbeitet. Die Soziologie lehrt uns etwas über die Beziehungen zwischen Menschen, die nach dem Bild Gottes geschaffen sind. Auch die Geschichte, Erfahrungen mit Gott, geistliche Gaben wie Erkenntnis oder Prophetie oder Ellen Whites Schrifttum können uns helfen, den Willen Gottes für unser Leben zu erkennen. Systematische Theologie ist also nicht ausschließlich auf die Bibel angewiesen. Sie stellt ergebnisoffene Fragen, vor allem: Was ist Wahrheit? Was soll ich glauben? Was ist der Wille Gottes für mich? Was ist sein Wille für uns als Menschheit?

Ein Beispiel soll den Unterschied zwischen systematischer Theologie und den beiden biblischen Ansätzen illustrieren. Ein Student kam zu mir und erklärte, er wolle eine Doktorarbeit über „Heiligung im Buch der Offenbarung" schreiben. „Das geht aber nicht", erwiderte ich, „denn Johannes hat den Begriff ‚Heiligung' nie gebraucht. Du würdest Äpfel mit Birnen vergleichen. Wenn du wissen willst, was Johannes über Charakterbildung dachte und glaubte, wirst du es in der Offenbarung nicht unter dem Begriff ‚Heiligung' finden." Ich schlug ihm vor, eine Dissertation über „Werke" in der Offenbarung zu schreiben; denn das ist ein Begriff, der darin häufig vorkommt. Natürlich interessierte sich Johannes dafür, wie die Menschen lebten, nachdem sie Christen geworden waren, aber er verwendete dafür nicht den Begriff „Heiligung".

Beim Studium der Bibel, sollten wir nicht unsere eigene Sprache auf die Bibel übertragen. Wenn wir wissen wollen, was jemand unter „Heiligung" versteht, müssen wir den betreffenden Verfasser diesen Begriff definieren lassen und können nicht davon ausgehen, dass er damals dasselbe darunter verstand wie wir heute. Martin Luther gebrauchte das Wort „Heiligung" anders als Paulus; wenn wir beim Studium der Paulusbriefe Luthers Verständnis zugrunde legen, verfälschen wir also die Aussagen von Paulus. Und wenn wir unser heutiges Verständnis von bestimmten Worten und Begriffen auf die Offenbarung anwenden, verfälschen wir das, was sie sagen wollte. Johannes hat um das Jahr 95 geschrieben; wir müssen uns also in die damalige Zeit versetzen, damit wir seine Aussagen richtig verstehen können. Und da Jesus Johannes dort begegnete, wo er war und lebte, können wir Gottes Absicht für uns in einer vergleichbaren Situation erkennen.

In unserer Tabelle heißt es bei der systematischen Theologie im Gegensatz zu den anderen beiden Disziplinen, dass ihre Terminologie philosophisch ist und ihre Ergebnisse Veränderungen unterworfen sind. Das ist der Fall, weil sich die Fragen ständig ändern. Wir stellen neue Fragen, die in vergangenen Jahrhunderten nicht gestellt wurden und mit denen sich die Verfasser der Bibel nie beschäftigt haben, zum Beispiel: Sollen Frauen zum Predigtamt ordiniert werden? Oder: Welche Rolle dürfen das Fernsehen und das Internet im Leben eines Christen spielen?

Neue Fragen verlangen neue Antworten. Wir können sagen: *Umstände verändern den Fall.* Und wenn sich die Umstände ändern, ändert sich auch manchmal Gottes Wille, um uns zu helfen, mit der neuen Situation fertigzuwerden. Daher sind die Ergebnisse der systematischen Theologie veränderlich. Das bedeutet nicht, dass Gott seine letzten Absichten ändert, aber er begegnet den Menschen dort, wo sie sind. Diesem Prinzip sind wir schon an vielen Stellen der Bibel begegnet: Gott stellt sich auf veränderte Umstände und Situationen ein.

Die Tabelle zeigt ferner, dass die systematische ebenso wie die biblische Theologie thematisch und selektiv vorgeht. Mit unserer Frage bestimmen wir das jeweilige Thema, und aus ihm ergibt sich von selbst, welche Quellen wir heranziehen müssen. Wenn es ums Rauchen geht, finden wir in der Bibel – wie wir bereits gesehen haben – zwar das Prinzip, dass wir für die Gesunderhaltung unseres Körpers verantwortlich sind; aber wie wir dieses Prinzip in konkreten Situationen praktisch anwenden können, kann uns nur die Wissenschaft sagen. Und dass wir auch Kautabak ablehnen, hat ebenfalls nur wissenschaftliche Gründe.

Am Ende der Tabelle taucht bei der systematischen Theologie unter „Ausmaß der Bedeutung" das Wort „normativ" auf. Sie hat es mit normativen Wahrheiten zu tun, also mit Lebensregeln, die uns sagen, wie wir leben sollen. Sie fragt zum Beispiel: „Welchen Plan hat Gott für mein Leben?" oder: „Ist vorehelicher Sex für Christen in Ordnung?" Wenn wir auf solche Fragen eine eindeutige Antwort von Gott bekommen (unabhängig davon, wo und wie wir sie gefunden haben), dann ist sie für uns normativ, quasi ein Gesetz Gottes. Normativ ist das, was uns sagt, wie wir leben sollen.

Die systematische Theologie geht definitionsgemäß davon aus, dass Gott existiert und er zu dem Thema, das wir untersuchen, etwas zu sagen hat. Wir versuchen, seinen Willen zu verstehen, und wollen erfahren, wie wir leben sollen. In dieser Beziehung ist die systematische Theologie sehr persönlich und auf das praktische

Christenleben ausgerichtet. Die gleiche Bedeutung kann sie auch für die gesamte Gemeinschaft der Siebenten-Tags-Adventisten haben, denn sie beantwortet Fragen wie: „Was ist Wahrheit?“ oder: „Was ist Gottes Wille oder Absicht für uns?“

Biblische Aussagen in die Gegenwart übertragen

Die Tabelle gibt uns eine Übersicht über drei verschiedene Möglichkeiten, die Bibel zu studieren. Christen versuchen manchmal, diese drei unterschiedlichen Ansätze miteinander zu verbinden. Eine Kirche mag behaupten, sie richte sich nach der Bibel und nach der Bibel allein. Aber wenn sie gleichzeitig lehrt, dass Christen nicht rauchen sollten – darf sie dann noch behaupten, sie folge nur der Bibel? Ist es nicht vielmehr so, dass auch die Wissenschaft bei der Entscheidung, nicht zu rauchen, eine Rolle spielt? Und wenn wir die Frage diskutieren, ob Frauen ordiniert werden sollten oder nicht, verwenden wir dann nicht neben biblischen auch psychologische, soziologische und historische Argumente und Erfahrungen?

Obwohl wir als Adventisten versuchen, alle Glaubenslehren anhand der Heiligen Schrift zu überprüfen, sollten wir die 28 Glaubensüberzeugungen der Kirche der Siebenten-Tags-Adventisten nicht als biblische Theologie betrachten. Sie sind vielmehr das Ergebnis systematischer Theologie, denn sie bringen zum Ausdruck, was die Gesamtheit der Kirche als Gottes Wille für alle Gemeindeglieder ansieht – nämlich was sie glauben und wie sie in der heutigen Welt leben sollen. Die Angelegenheiten, die in den Glaubensüberzeugungen angesprochen werden, gehen über das hinaus, was wir in der Bibel finden. Etwa ein Viertel von ihnen ist auf die Unterstützung durch das Schrifttum von Ellen White, die Wissenschaft, die Geschichte, die Erfahrung und andere außerbiblische Quellen angewiesen. Manche Glaubensartikel stützen sich auch auf unser heutiges Verständnis von Bibeltexten und nicht auf ihre nach den Regeln der Exegese ermittelte ursprüngliche Bedeutung. Daran ist nichts falsch, denn wir wollen die Bibel ja nicht ausschließlich mit den Mitteln der Exegese verstehen; sie muss auch kreativ auf die Probleme der heutigen Zeit angewandt werden.

Und wie steht es um Ellen Whites Schrifttum? Sollen wir es als Exegese, als biblische Theologie oder als systematische Theologie verstehen? Viele Adventisten waren und sind der Meinung, Ellen White sei exegetisch mit der Bibel umgegangen. Oft bestehen sie darauf, dass die Exegese biblischer Texte den Beschränkungen ihrer Kommentare unterworfen werden sollte; dabei hat sie die oft nur nebenbei gemacht. Sorgfältige Untersuchungen haben das Ellen G. White-Estate im Laufe der Zeit zu der Einsicht geführt, dass sie nur selten biblische Exegese betrieben hat, wie wir sie in diesem Kapitel kennengelernt haben.[4] Nur sehr selten ist Ellen White der Frage nachgegangen, was der Verfasser des betreffenden Abschnitts der Bibel sagen wollte. Ihre häufigsten exegetischen Aussagen finden sich in den Büchern *Das bessere Leben gemäß der Bergpredigt, Bilder vom Reiche Gottes* (früherer Titel: *Christi Gleichnisse*) und *Das Wirken der Apostel* (gekürzt: *Die Botschafter*). Außerordentlich selten begegnet man dagegen exegetischen Aussagen in ihren Bänden der *Zeugnisse* für die Gemeinde und in den meisten ihrer anderen Bücher.

Wie die meisten biblischen Propheten war auch Ellen White an der ursprünglichen Bedeutung der von ihr zitierten Bibeltexte kaum interessiert; sie versuchte vielmehr, aus den durch ihre direkte Verbindung mit Gott gewonnenen Einsichten grundlegende Prinzipien und Perspektiven aus den biblischen Aussagen abzuleiten. Um solche Einsichten zu gewinnen, brauchte sie keine Exegese.

Ich vermute, dass die meisten ihrer exegetischen Aussagen nicht aus Visionen stammten, sondern aus Büchern über dasselbe Thema, die sie gelesen hatte und aus denen sie Einsichten übernahm (auf *Das Wirken der Apostel* trifft das mit Sicherheit zu). Darauf werden wir noch ausführlicher zu sprechen kommen.

Und was ist mit der sogenannten Beweistextmethode, die in Bibelstunden und bei evangelistischen Präsentationen so gern angewandt wird? Handelt es sich dabei um Exegese, um biblische oder um systematische Theologie? Meiner Meinung nach ist die Beweistextmethode bestenfalls biblische Theologie. Sie versucht, sämtliche

[4] Siehe dazu die Kommentare von Robert Olson in „Olson discusses the Veltman study", *Ministry*, Dezember 1990, S. 17 (im Internet verfügbar).

Bibelstellen zu einem bestimmten Thema zusammenzutragen, um herauszufinden, was die Bibel insgesamt dazu sagt. Durch den Vergleich mehrerer Bibelstellen kann diese Methode ein umfassenderes Bild zeichnen, als die einzelnen Autoren der Bibel es gesehen haben. Korrekt gehandhabt sollten die Bibeltexte im Bibelunterricht und in Evangelisationen nur so verwandt werden, dass deren exegetische Bedeutung nicht verfälscht wird (was jedoch bei der Beweistextmethode leider oft der Fall ist).

Wenn Adventisten die Offenbarung lesen, neigen sie dazu, Fragen zu stellen, die Johannes nie beantworten wollte. Wenn wir zum Beispiel gern wissen möchten, wie der israelisch-palästinensische Konflikt ausgeht oder ob ein amerikanischer Präsident derjenige ist, der die Endzeitkrise auslöst, wird uns hoffentlich bald klar, dass sich die Bibel mit diesen Fragen gar nicht befasst. Wenn sie aber zu solchen Themen schweigt, führen alle Versuche, Informationen darüber in der Offenbarung zu finden, dazu, das eigentliche Anliegen des Buches zu übersehen oder gar zu verfälschen.

Es ist darum unverzichtbar, beim Studium der Offenbarung mit dem exegetischen Vorgehen zu beginnen und zunächst einmal zu fragen: „Was wollte Johannes damals sagen, als er die Offenbarung schrieb?" Wir müssen versuchen zu verstehen, was seine Aussagen damals bedeuteten, und uns auch bemühen, den Gott besser zu verstehen, der den Menschen dort begegnet, wo sie sind.

Erst nachdem wir durch die Exegese die Grundlagen für das Verständnis der Offenbarung erarbeitet haben, können wir uns ihrer theologischen Bedeutung in einem größeren Zusammenhang zuwenden, einschließlich der Frage, was sie uns heute zu sagen hat.

Praktische Auswirkungen und Schlussfolgerungen

Du fragst dich vielleicht: Wenn die Propheten, Paulus und Ellen G. White die Exegese nicht nötig hatten, wozu brauchen *wir* sie? Dafür gibt es einen guten Grund: Du und ich – wir befinden uns in einer völlig anderen Situation als sie. Propheten brauchen keine Exegese zu betreiben, denn sie haben eine ganz andere Autorität hinter sich als wir. Das will ich im Folgenden erklären.

Die Quelle der geistlichen Autorität

Letztlich besitzt nur Gott letztgültige Autorität; alle Menschen reden mit geistlicher Autorität nur dann, wenn sie an Gottes Stelle sprechen. Wenn jemand zu dir sagen würde: „Heute Nacht hatte ich einen Traum, in dem Gott mir mitgeteilt hat, dass du alles verkaufen und als Missionar nach Asien gehen sollst", was würdest du daraufhin tun? Wahrscheinlich hinge das davon ab, ob du überzeugt bist, dass es wirklich Gott war, der demjenigen diesen Traum gegeben hat. Wenn du glaubst, dass die Person ein/e Prophet/in ist und der Traum von Gott kam, wirst du als Christ die Sache wahrscheinlich ernst nehmen. Aber wenn du meinst, dass derjenige nicht an Gottes Stelle spricht und sein Traum nicht inspiriert war, hätten seine Worte für dich keinerlei Autorität.

Die Autorität eines Propheten beruht auf seiner direkten Verbindung mit Gott. Einem echten Propheten offenbart sich Gott in Visionen, Träumen oder Auditionen (4 Mo 12,6.8); und wenn er den Menschen die Botschaften Gottes überbringt, ist das so, als würde Gott selbst zu ihnen reden (2 Chr 36,15–16). Wenn Gott auf diese Weise jemandem „persönlich" den Auftrag gibt, alles zu verkaufen und als Missionar nach Asien zu gehen, dann sollte der Angesprochene das auch tun, denn die Botschaft hat normative Autorität.

Bei dir und mir ist das allerdings anders, denn wir haben keine so direkte Verbindung mit Gott, wie ein Prophet sie hat. Deshalb ist biblische Exegese für uns so wichtig. Der einzige verlässliche Zugang zu dem Willen Gottes, den wir als Nichtpropheten haben, ist das richtige Verständnis seines Wortes. Wenn wir keinen direkten Zugang zu Gott oder einen lebenden Propheten haben, müssen wir unser Verständnis der Wahrheit auf die gewissenhafte, sorgfältige Auslegung inspirierter Aussagen gründen.

Paulus war nicht auf eine Exegese der alttestamentlichen Schriften angewiesen, um die Wahrheit über Christus zu erkennen. Seine Autorität beruhte nicht auf ihrem soliden Studium, sondern darauf, dass er direkt von Jesus unterrichtet wurde (Gal 1,12). Manchmal wandte Paulus alttestamentliche Texte in einer Weise an, die ihre Verfasser nicht gekannt haben; und manchmal bezog er sie auf Situationen, die sie nicht vorhersehen konnten. Das ist aber in

Ordnung, solange der Apostel dabei unter der Leitung des Geistes Gottes stand. Der half ihm, aus den Schriften der alten Propheten eine lebendige Botschaft für seine Zeit und Umstände zu machen. Die Autorität, die in seinen Briefen zu spüren ist, ist Gottes Autorität (siehe 1 Ths 2,13). Wir besitzen seine Autorität nicht. Er war inspiriert; seine Aussagen besitzen Autorität in sich selbst. Aber unsere Aussagen über Gott, seine Lehren und seinen Willen haben nur dann Autorität, wenn sie korrekt wiedergeben, was die Bibel sagt.

Wenn sorgfältige Exegese schon unverzichtbar ist, um die Evangelien und die Briefe von Paulus richtig verstehen zu können, um wie viel mehr gilt das für das Studium der Offenbarung, eines Buches, über das es fast ebenso viele Meinungen wie Ausleger gibt. Im vorigen Kapitel haben wir uns mit den Merkmalen biblischer Prophezeiungen befasst und daraus grundlegende Prinzipien abgeleitet, die wir für unser Studium der Offenbarung anwenden können. Darüber hinaus ist ihre sorgfältige Auslegung durch Exegese notwendig, denn ich bin nicht von Gott autorisiert, ein Buch über die Offenbarung zu schreiben, es sei denn, ich gehe mit den Texten, die er schon vor so langer Zeit inspiriert hat, gewissenhaft um. Ich besitze nur in dem Maße geistliche Autorität, in dem ich korrekt wiedergebe, was der biblische Text beinhaltet.

Lebensnahe Unterweisungen von verstorbenen Propheten?

Fast alle Generationen vor uns standen vor dem gleichen Problem wie wir heute, nämlich dem Problem der verstorbenen Propheten. Wir sind an lebensnahen Unterweisungen interessiert, aber es stehen uns nur die Schriften toter Propheten bzw. inspirierter Verfasser zur Verfügung. Gott hat seine Offenbarungen in einer ganz anderen Zeit, in anderen Ländern und unter anderen Umständen gegeben; dennoch suchen wir in ihnen nach einem „Wort des Herrn" für uns – für unsere Zeit und unsere Situation.

Wie kann es uns gelingen, lebensnahe Unterweisungen bei den Propheten der Bibel zu finden, ohne die eigenen Vorurteile und Lieblingsideen in sie hineinzulesen? Indem wir uns alle drei der weiter oben besprochenen Herangehensweisen für das Studium der Bibel zunutze machen und ihre Prinzipien überlegt anwenden.

1. Wenn wir auf eine lebensnahe Unterweisung Wert legen, hinter der die Autorität Gottes steht, müssen wir zuerst danach fragen, was Johannes den Christen damals sagen und was Gott damals durch ihn bewirken wollte.

2. Der zweite Schritt ist, aus den Aussagen des Johannes seine grundlegende Theologie und Lebensphilosophie abzuleiten.

3. Erst dann sollten wir unsere heutigen Fragen stellen und herausfinden, wie sich das Grundsätzliche des Textes auf die Fragen und realen Lebensprobleme unserer Zeit anwenden lässt.

Aber so wichtig die Exegese auch ist, sie ist nicht alles. Gottes Absicht mit der Heiligen Schrift geht über das hinaus, was der menschliche Verfasser erkennen konnte, ist aber dennoch in dem, was er geschrieben hat, bereits enthalten. Die systematische Theologie vergleicht verschiedene Schriftstellen miteinander und erkennt Dinge, an die der Bibelschreiber überhaupt nicht gedacht hat. Erst der Verlauf der Geschichte und spätere Offenbarungen machen deutlich, was in der ursprünglichen Offenbarung Gottes zwar schon enthalten war, aber von dem menschlichen Autor noch nicht gesehen wurde und deshalb auch nicht zum Ausdruck gebracht werden konnte.

Aber woher wissen wir, dass diese erweiterte Bedeutung des Textes stichhaltig ist und die Autorität Gottes hinter sich hat? Wir können es nur dann wissen, wenn sie *eine natürliche Erweiterung der klaren Bedeutung des ursprünglichen Textes* ist. Wir können ihr also nur vertrauen, wenn wir die ursprüngliche Bedeutung und Absicht des Textes kennen und verstehen. Systematische Theologie kann leicht in die Irre führen, wenn sie sich nicht auf eine sorgfältig durchgeführte Exegese des biblischen Textes stützt.

Müssen wir immer Exegese betreiben, wenn wir die Bibel lesen? Durchaus nicht. Oft spricht Gott während einer Andacht zu unserem Herzen, und wir kommen auch auf diesem Wege zu richtigen Einsichten. Wenn Gott uns für unser persönliches Leben etwas lehren möchte, kann er die exegetische Bedeutung eines Textes oft außer Acht lassen. Exegese ist keine Herangehensweise für eine persönliche Andacht; sie hat damit zu tun, wie sich christliche Gemeinschaften auf die Suche nach Wahrheit begeben. Eine Gruppe von Christen, die zu einem gemeinsamen Verständnis der Bibel kommen will, muss sicherstellen, dass alle den Text in ähnlicher Weise verstehen! Wenn dagegen jeder seine eigenen Gedanken, Empfindungen und Eingebungen in die Bibel hineinliest und darauf besteht, dass seine Interpretation das Wort Gottes ist, wird die Gruppe nie zu einem einheitlichen Verständnis der Bibel gelangen.

Allegorie oder Exegese?

Wie können wir in den Schriften toter Propheten lebensnahe Unterweisungen für unsere Zeit finden und sicher sein, dass sie von Gott kommen? Im Laufe der Kirchengeschichte haben Christen zwei verschiedene Wege eingeschlagen, um die Bibel für die Gegenwart relevant zu machen. Sie werden manchmal mit zwei Städten der Antike in Verbindung gebracht, nämlich mit Antiochia und Alexandria. Die Namen dieser Städte stehen für zwei verschiedene Methoden des Bibelstudiums. Der in Alexandria übliche Ansatz wird Allegorie genannt, die in Antiochia angewandte Methode ist vergleichbar mit dem, was wir heute unter Exegese verstehen.

Den Begriff Allegorie scheint es seit Plato zu geben, einem Philosophen, der rund 400 Jahre vor Jesus lebte. Laut Homer (um 800 v. Chr.), dessen Schriften die „Bibel" der Griechen der Antike waren, glichen die Götter charakterlich den Menschen, verfügten aber über absolute Macht. Plato war von dieser Lehre nicht beeindruckt. *So ist Gott nicht,* dachte er. *Der wahre Gott muss größer sein.* Plato hatte eine klarere Vorstellung von Gott als die meisten Griechen – vergaß aber nicht, dass sein Lehrer Sokrates (469–399 v. Chr.) zum Märtyrer geworden war, weil er ähnliche Ideen gelehrt hatte. Da Plato nicht scharf darauf war, das Schicksal seines Lehrers zu erleiden, entwickelte er einen allegorischen Ansatz zum Verständnis der Schriften von Homer. Mithilfe der Allegorie stellte er dessen Lehren so dar, dass es so aussah, als hätte schon Homer dieselben Gedanken geäußert, die er selbst lehrte. Die Allegorie sicherte also Plato das Leben, indem sie den Gegensatz zwischen seinen eigenen Ansichten und den als heilig geltenden Schriften früherer Generationen abschwächte.

Genauso hat es später Philon von Alexandria (um 15/10 vor bis nach 40 nach Chr.), der bedeutendste Denker des hellenistischen

Judentums, mit den heiligen Schriften des Alten Testamentes gemacht. In der allegorischen Auslegungsweise ist ihm vor allem der christliche Theologe und Schriftsteller Origenes (185–254) gefolgt, der auch in Alexandria wirkte. Ein klassisches Beispiel von Allegorie ist seine Interpretation der Geschichte vom barmherzigen Samariter. Er fragte nicht danach, was Jesus mit ihr sagen wollte; vielmehr benutzte er sie dazu, um seine eigene Theologie darzustellen.

Das Opfer in der Geschichte vom barmherzigen Samariter ist Adam; Jerusalem steht für den Himmel und Jericho für die Welt. Adam ist auf dem Wege vom Himmel zur Erde; die Räuber sind Satan und seine Engel. Der Priester repräsentiert das Gesetz, der Levit die Propheten und der Samariter Christus. Der Esel ist der Leib Christi, der den gefallenen Adam trägt; die Herberge steht für die Kirche, und die beiden Münzen stellen den Vater und den Sohn dar. Das Versprechen zurückzukommen und die Rechnung zu begleichen, entspricht der Zusage von Jesus wiederzukommen.

Origenes hat der Geschichte in der Tat eine neue Dimension verliehen. Seine Interpretation machte sie für seine Hörer zwar interessanter, aber sie hat kaum noch etwas mit ihrem ursprünglichen Sinn zu tun. Origenes allegorisierte die Geschichte von Jesus, indem er sie den Ideen und Vorstellungen seiner Zeit anpasste. Er las in sie seine eigenen Gedanken hinein, sodass sie eine ganz andere Bedeutung bekam, als Jesus sie ihr gegeben hatte.

Die Christen in der Stadt Antiochia in Syrien dagegen lasen die Bibel nach den Regeln der Exegese. Sie bestanden darauf, dass nur der biblische Text selbst bestimmen dürfe, wie der Leser ihn interpretiert. Die Situation, in der der Text geschrieben wurde, müsse berücksichtigt werden. Erst wenn die damaligen Umstände verstanden sind, dürfe man versuchen, den Inhalt des Textes auf die Gegenwart anzuwenden. Die biblische Exegese hat also eine fast ebenso lange Geschichte wie die christliche Allegorie.

Die allegorische Auslegung der Bibel hatte ihre Blütezeit im Mittelalter. Die Kirche benutzte sie zur Bestätigung ihrer eigenen Interpretation der Bibel, auch wenn diese dem Evangelium völlig fremd war. Das führte die Menschen weit weg von der Bibel und vom Willen Gottes. Erst mit der Reformation im 16. Jahrhundert lebte der theologische Geist von Antiochia wieder auf. Auf der Suche nach Wahrheit hatte die Bibel jetzt wieder das letzte Wort. Die Reformation setzte sich mit ihrem Grundsatz „sola scriptura" für die Rückkehr zum eigentlichen Anliegen der Bibel ein.

Das Erbe Alexandrias ist aber immer noch lebendig, auch in protestantischen Kirchen. Allegorien fesseln die Menschen auch heute noch, und Pastoren bedienen sich ihrer, um die Lehren der Bibel den Bedürfnissen, Anliegen und Problemen ihrer Kirchen anzupassen. Oft merken sie gar nicht, dass sie dabei dem biblischen Text Gewalt antun; meist geschieht es unbewusst. Fast möchte man meinen, das Allegorisieren sei die naheliegende Art, die Bibel zu lesen. Das ist auch nicht notwendigerweise gefährlich, solange die Theologie des Bibelauslegers einwandfrei ist. Die Schlussfolgerungen, die er aus den Allegorien zieht, sagen über seine Theologie mehr aus als der biblische Text selbst. Wenn wir ein so komplexes Buch wie die Offenbarung verstehen wollen, müssen wir sorgfältig darauf achten, wie wir es auslegen.

In der zweiten Hälfte dieses Buches werden wir uns ausführlich mit der Frage beschäftigen, was es heißt, die Offenbarung nach den Regeln der Exegese zu studieren. Ich selbst habe die Methode den Hinweisen im Text selbst entnommen. Sie erlaubt dem Text, selbst zu bestimmen, was wir in ihm sehen. In Zukunft will ich diesen Ansatz konsequent auf alle Kapitel der Offenbarung anwenden.

Im folgenden Kapitel möchte ich einige Leitlinien und Vorsichtsmaßnahmen erörtern, die Pastoren und Gemeindeglieder kennen und anwenden sollten, wenn sie – ohne wissenschaftlich geschult zu sein – die Offenbarung exegetisch studieren bzw. lehren wollen. Sie ermöglichen es allen Bibellesern, zu einem wahren Verständnis des biblischen Textes zu gelangen, das ihnen helfen wird, in der Erkenntnis Gottes und Christi zu wachsen.

Kapitel 4

Wie wir beim Bibelstudium Fehler vermeiden

Wenn wir in der Bibel lesen, stehen wir alle in der Gefahr, uns selbst zu betrügen. Es gibt eine Bibelstelle, die dieses Problem anspricht: „Nichts auf dieser Welt ist so hinterhältig und verschlagen wie das Herz des Menschen. Wer kann es durchschauen?“ (Jer 17,9 NLB) Das hier beschriebene Problem ist Selbsttäuschung. Dein Herz ist trügerisch; mein Herz auch. Es ist sogar so verschlagen, dass wir es nicht einmal merken, wie oft wir uns selbst betrügen.

Das aber hat erhebliche Konsequenzen für unser Bibelstudium. Wie ich im vorigen Kapitel erwähnte, ist die allegorische Auslegung die naheliegende Weise, die Bibel zu lesen. Allzu leicht projizieren wir unsere eigenen Vorstellungen, Konzepte und Bedürfnisse in den biblischen Text hinein und machen auf diese Weise aus der Bibel ein Buch, in dem das steht, was *wir* denken.

Sobald wir systematische Theologie betreiben, also danach fragen, was für uns Wahrheit ist, werden unsere Abwehrmechanismen aktiviert. Wir Menschen versuchen stets (oft unbewusst), allem aus dem Wege zu gehen, was uns wehtut. Wann immer wir uns der Bibel zuwenden, um nach Wahrheit zu suchen, treten die natürlichen Abwehrmechanismen der Sünde in Aktion. Aussagen der Bibel, die uns als Sünder entlarven, gehen wir nach Möglichkeit aus dem Wege. Es ist für uns natürlich, die Bibel so zu lesen, dass wir vermeiden, das zu erkennen, was wir nicht wissen wollen.

Aber es gibt einen Ausweg aus diesem Dilemma: Der beste Schutz vor Selbsttäuschung beim Bibelstudium ist die Exegese. Sie hilft uns, die Abwehrmechanismen auszuschalten, die schuld daran sind, dass wir die Bibel nicht richtig interpretieren. Ich habe mir eine scherzhafte Definition von Exegese ausgedacht: „Exegese ist die Kunst, die Bibel auf eine Weise zu studieren, die die Möglichkeit offen lässt, etwas dabei für sich zu lernen." Oft lesen wir in der Bibel, ohne irgendetwas in uns aufzunehmen, weil wir nicht einsehen wollen, dass wir verkehrt handeln und wir uns ändern sollten. Jeremia hat ausgesprochen, wie es wirklich ist: Es ist natürlich, dass wir uns selbst betrügen – selbst beim Bibelstudium.

Aber die Exegese kann uns helfen, dieses Problem in den Griff zu bekommen, denn sie lädt uns ein, die Bibel zunächst einmal als einen beschreibenden Text zu lesen. Das befreit uns von der uns innewohnenden Neigung, ihn zu verfälschen. Denn wenn ich zum Beispiel einfach nur beschreibe, was Johannes den sieben Gemeinden in der Provinz Asia mitteilen wollte, muss ich mich nicht sofort angesprochen fühlen; ich bin ja nicht Glied dieser Gemeinden und lebe auch nicht am Ende des ersten Jahrhunderts. Die Exegese erlaubt es mir also, mich der Realität des Wortes Gottes zu stellen. Ich kann das, was Johannes den Gemeinden ausrichten sollte, einfach nur beschreiben, ohne es sofort auf mich zu beziehen. Der innere Druck wird von mir genommen, sodass ich ehrlicher mit dem Text umgehen kann, als ich es sonst tun würde.

Aber es kommt noch besser: Sobald wir den biblischen Text nach den Regeln der Exegese studiert haben, lesen wir ihn nie wieder so wie vorher, denn wir können uns jetzt nicht mehr der tieferen Bedeutung der Aussagen entziehen, was zuvor vielleicht möglich war. Die Exegese ermöglicht es Gott, unsere Herzen mit der Botschaft zu erreichen, die wir brauchen und verstehen müssen.

Die Bedeutung der Originalsprachen der Bibel

Der beste Schutz vor Selbsttäuschung ist die Exegese eines biblischen Textes in der Sprache, in der er ursprünglich geschrieben wurde – Hebräisch bzw. Griechisch. Eine deskriptive Exegese in unserer Muttersprache ist für uns viel schwerer, weil sie für uns voller Assoziationen mit unserer Lebensgeschichte ist. Als Kind habe ich zu Hause Englisch gelernt; jedes Wort stand in einem bestimmten zeitlichen Zusammenhang und war mit ganz bestimmten Situationen verbunden. Und ich habe biblische Geschichten gehört.

Jedes Wort der Bibel ruft bei mir also Assoziationen mit meiner eigenen Lebensgeschichte hervor; es weckt Erinnerungen an die Ereignisse und Situationen, in denen mir diese Worte und die Bedeutung, die sie damals für mich hatten, begegnet sind. Wenn ich die Bibel auf Englisch lese, projiziere ich also nahezu zwangsläufig meine eigenen Vorstellungen in sie hinein. Das ist etwas Natürliches – bis mir bewusst wurde, dass ich lernen muss, die Bibel anders zu lesen.

Als ich später im Studium gelernt habe, das Neue Testament auf Griechisch zu lesen, konnte ich die Fesseln der Vergangenheit sprengen und den Text eher in mich aufnehmen, wie er vom Verfasser damals gemeint war. Der Unterricht in Griechisch im Theologiestudium ist ganz auf die Gegebenheiten des ersten Jahrhunderts ausgerichtet. Die Studenten benutzen Wörterbücher, die ihnen Auskunft darüber geben, welche Bedeutung die Worte damals hatten. Neutestamentliches Griechisch zu lernen bedeutet, die vertrauten Assoziationen hinter sich zu lassen, weil die uns blind machen für die tiefere Bedeutung des biblischen Textes. Wenn man aber das Neue Testament auf Griechisch lesen kann, werden Zusammenhänge zwischen Worten, Sätzen und Texten sichtbar, die man in einer Übersetzung nicht unbedingt erkennen würde.

Manche Leute fragen: „Wenn dem so ist, haben dann nicht die heutigen Griechen beim Lesen der Bibel einen Vorteil?" Im Gegenteil, sie sind sogar im Nachteil, denn die heutigen Griechen lernen ihre Muttersprache genauso, wie wir sie gelernt haben. Auch für sie ist es ganz natürlich, das neutestamentliche Griechisch durch die Brille des ihnen vertrauten modernen Griechisch zu lesen.

Ich weiß natürlich, dass die meisten Bibelleser keine Gelegenheit haben, Griechisch zu lernen oder zu Spezialisten für die damalige Welt zu werden. Können sie die Bibel dennoch exegetisch studieren? Davon bin ich überzeugt – wenn sie bestimmte Regeln beachten. Ich möchte hier sechs solcher Richtlinien nennen, die es jedem Bibelleser ermöglichen, die Fehldeutungen zu vermeiden, die Folge unserer menschlichen Natur sind. Diese sechs Regeln verschaffen einem Ausleger jene Ausgewogenheit, die nötig ist, um mit einem so schwierigen Buch, wie die Offenbarung es ist, richtig umzugehen.

1. Beginne mit aufrichtigem Beten und gesundem Misstrauen gegenüber dir selbst

Es ist wichtig, die Bibel unter viel Gebet und mit Misstrauen gegenüber sich selbst zu lesen. Da das menschliche Herz hinterhältig und verschlagen ist, ist die mangelnde Bereitschaft zu lernen das größte Hindernis, die Bibel richtig zu verstehen. Ohne einen lernwilligen Geist nützen noch so gute Griechischkenntnisse und ein theologischer Doktorgrad nur wenig; das Wort Gottes wird sich demjenigen nicht öffnen. Intellektuelles Bemühen oder akademische Studien führen nicht zu wahrer Gotteserkenntnis. Sie setzt vielmehr ein bekehrtes Herz und die Bereitschaft voraus, die Wahrheit anzunehmen und ihr zu folgen, koste es, was es wolle.

Viele Aussagen der Bibel unterstreichen diese Wahrheit. Paulus erklärte zum Beispiel:

> Der natürliche Mensch aber vernimmt nichts vom Geist Gottes; es ist ihm eine Torheit, und *er kann es nicht erkennen*; denn es muss geistlich beurteilt werden. Der geistliche [d. h. bekehrte] Mensch aber beurteilt alles. (1 Kor 2,14–15)

Und Jesus nannte als Voraussetzung zum richtigen Verständnis seiner Aussagen:

> *Wer bereit ist, Gott zu gehorchen*, wird merken, ob meine Lehre von Gott ist oder ob ich meine eigenen Gedanken vortrage. (Joh 7,17 GNB)

Wahre Gotteserkenntnis setzt die Bereitschaft voraus, Gottes Wahrheit unter allen Umständen anzunehmen und ihr zu folgen (siehe auch Spr 2,1–6). Das kann dich allerdings deinen guten Ruf oder deine Freunde und deine Familie kosten oder gar dein Leben. Du musst dir also darüber klarwerden, wie ernst es dir wirklich damit ist, Gottes Wahrheit kennenzulernen. Wenn du sie ohne Rücksicht auf die Konsequenzen suchst, wirst du sie finden. Gott wird sie dich finden lassen, sofern du ihm erlaubst, dich zu lehren.

Ich empfehle dir deshalb, jedes Studium der Bibel mit einem aufrichtigen Gebet um einen lernwilligen Geist zu beginnen – mit der Bitte, dass Gott dein Herz öffnet, deine Abwehrmechanismen überwindet und dich das lehrt, was du lernen sollst. Ein aufrichtiges Gebet vor dem Bibelstudium könnte zum Beispiel folgendermaßen lauten: „Herr, ich möchte die Wahrheit durch dein Wort kennenlernen, ohne Rücksicht darauf, was sie von mir persönlich verlangt." Ein solches Gebet zu sprechen ist sehr schwer, aber es macht den Weg frei für neue Einsichten in Gottes Wort.

2. Benutze verschiedene Übersetzungen

Für alle, die kein Griechisch bzw. Hebräisch können, gibt es eine gute Alternative: verschiedene relativ wortgetreue Übersetzungen zu Rate zu ziehen. Jede Übersetzung hat ihre Grenzen und ihre Schwächen und spiegelt in einem gewissen Ausmaß die Vorurteile des bzw. der Übersetzer wider. Dies gilt besonders für relativ freie moderne Übersetzungen. Bei ihnen kannst du dir leider nie sicher sein, ob das, was du liest, auch tatsächlich im Text steht, oder bereits eine Auslegung, eine Erklärung oder ein Zusatz der Übersetzer ist. Für eine Exegese des Textes braucht man daher, wenn man die Originalsprache nicht beherrscht, unbedingt verschiedene wortgetreue Übersetzungen wie die *Elberfelder Bibel* (speziell die *Elberfelder Studienbibel* mit einem hilfreichen Sprachschlüssel), die *Lutherbibel,* die *Zürcher Bibel,* die *Pattlochbibel* oder die Übersetzungen von Eugen Schlachter oder Hermann Menge.

Nehmen wir einmal an, du liest einen bestimmten Text in vier verschiedenen Übersetzungen. Wenn sie alle ziemlich dasselbe sagen, wirft der zugrunde liegende griechische Text offenbar keine Probleme auf. Einem solchen Bibeltext kannst du ohne Bedenken vertrauen. Und die verschiedenen Übersetzungen für den gleichen Grundbegriff geben dir eine Vorstellung seiner Bedeutungsbreite. Wenn dagegen einige Übersetzungen in eine andere Richtung weisen, bedeutet das, dass der Sinn des griechischen oder hebräischen Textes nicht ganz klar ist. In diesem Fall kannst du dich nicht darauf verlassen, dass eine bestimmte Übersetzung das Original richtig wiedergibt. Und du solltest deine Schlussfolgerungen nicht auf einen Text gründen, der anscheinend unklar ist.

Aber was, wenn drei der vier Übersetzungen in etwa übereinstimmen, aber die vierte sagt etwas völlig anderes? Dann musst du mehr über die Tendenz dieser Übersetzung in Erfahrung bringen.[1] Jede Übersetzung hat die eine oder andere Tendenz. Durch sorgfältiges Vergleichen mit anderen Übersetzungen kannst du ein Gespür dafür entwickeln. Welche Autorität eine Übersetzung für dich hat, sollte davon abhängen, wie genau sie das Original wiedergibt.

Das Heranziehen verschiedener Übersetzungen hilft, uns nicht an bestimmten Formulierungen festzuhalten, die uns ans Herz gewachsen sind. Wenn wir eine neue Übersetzung benutzen, schlagen wir gern zunächst unsere Lieblingstexte auf, um zu sehen, wie sie wiedergegeben werden. Oft sind wir enttäuscht, denn der Übersetzer hat in dem Text wahrscheinlich nicht dasselbe gesehen wie wir. Aber wenn wir ehrlich sind, müssen wir zugeben, dass wir die Bedeutung des Verses etwas verdreht haben, damit seine Aussage unseren eigenen Vorstellungen entspricht. Weil wir eine bestimmte Formulierung bevorzugen, erkennen wir nicht, was der ursprüngliche Text wirklich sagt. Aufgeschlossenheit gegenüber verschiedenen Übersetzungen hilft uns, ehrlicher mit dem Text umzugehen.

3. Bevorzuge die eindeutigen Texte

Wenn du die Bibel für sich selbst sprechen lassen willst, beschäftige dich vor allem mit den gut verständlichen Abschnitten. Vieles in ihr ist leicht zu verstehen, manches dagegen ausgesprochen schwer. Schon Petrus schrieb über die Briefe von Paulus:

> Manche seiner Aussagen sind schwer zu verstehen, und unwissende, unsichere Menschen haben ihren Sinn verdreht und entstellt. Aber so machen sie es auch mit den anderen Schriften. Die Folge wird ihr eigenes Verderben sein. (2 Ptr 3,16 NLB)

---

[1] Siehe dazu *Deutsche Bibelübersetzungen,* Reihe Wissenswertes zur Bibel, Heft 6, herausgegeben von der Deutschen Bibelgesellschaft und dem Katholischen Bibelwerk, Stuttgart, Neuausgabe 2008.

Wenn du dich vor Irrtümern bewahren willst, beschäftige dich in erster Linie mit den eindeutigen Abschnitten. Sie vermitteln dir die grundlegenden Aussagen der Bibel und die wichtigen Wahrheiten ihrer Botschaft und schützen dich vor fragwürdigen Interpretationen undurchsichtiger Texte.

Adventisten scheinen besonders von Bibeltexten angezogen zu werden, die schwer zu verstehen sind. Leute, die die Bibel missbrauchen, arbeiten gern mit unklaren Bibelstellen; sie tun so, als seien sie eindeutig, und gründen ihre Theologie auf das von ihnen bevorzugte Verständnis. Wer aber in erster Linie mit schwierigen Texten arbeitet, muss schließlich auch völlig eindeutige Bibelstellen verdrehen, weil sie sonst seiner eigenen Theologie widersprechen. Das ist einer der Gründe für die vielen seltsamen Interpretationen der Offenbarung. Sie zieht Leute an, die sich gern mit Randfragen beschäftigen und ein ungesundes Bedürfnis haben, ständig etwas Neues und Aufregendes in der Bibel zu entdecken, das sie dann Anderen weitergeben können.

Wenn du dich überwiegend mit Daniel 11 oder den Siegeln und Posaunen in der Offenbarung beschäftigst, bist du am Ende wahrscheinlich geistlich verwirrt und vielleicht gar psychisch krank. Diese Abschnitte zu verstehen ist außerordentlich schwer; nur allzu leicht werden sie daher verdreht. Wenn du deine Zeit den klaren, eindeutigen, leicht zu verstehenden Texten der Bibel widmest, wird dich das davor bewahren, unklare Stellen so zu deuten, dass sie zentralen biblischen Lehren widersprechen.

4. Lies viel allgemein in der Bibel

Die vierte, sehr wichtige Regel lautet: Vergleiche die Ergebnisse deines Bibelstudiums mit den Erkenntnissen, die du bei einem breit angelegten Bibellesen gewinnst, damit die einseitige Beschäftigung mit Details dir nicht den Blick verstellt für die zentralen Anliegen der Bibel. Viele lesen immer nur einzelne Verse und vergleichen sie mit allen möglichen anderen Texten, die sie in einer Konkordanz finden. In gewisser Weise wird die Konkordanz zu ihrer Bibel; sie nehmen einen bestimmten Begriff, schauen sich Bruchstücke von

-zig anderen Texten an, in denen dieses Wort auch vorkommt, und suchen sich die Texte heraus, die das sagen, was ihren eigenen Vorstellungen entspricht. Auch manche Pastoren machen das gelegentlich so, wenn sie eine Predigt vorbereiten.

Manchmal kommen sie erst am Freitagabend dazu, die Predigt für Sabbat auszuarbeiten. Zuerst überlegen sie, welche Botschaft die Gemeinde ermutigen und stärken könnte. Oft ist es schon nach Mitternacht, wenn die Gliederung anfängt, Gestalt anzunehmen; dann greifen sie zu einer Konkordanz, um einige Bibeltexte herauszusuchen, die das, was sie sagen wollen, unterstützen. Was tun diese Pastoren im Grunde genommen? Sie hängen ihren eigenen Gedanken den Mantel der Heiligen Schrift um. Aber ihre Predigt ist gar nicht biblisch, sondern das Ergebnis ihrer eigenen Überlegungen zu einer aktuellen Lebenssituation. Sie schmücken die Predigt nachträglich mit verschiedenen Bibeltexten, die sie in einer Konkordanz gefunden haben, um ihren eigenen Ideen den Anschein biblischer Autorität zu verleihen.

Der beste Schutz vor einem derartigen – sicher nicht einmal beabsichtigten – Missbrauch der Heiligen Schrift ist ein breit angelegtes Bibellesen, das uns mit der Botschaft der Bibel bekanntmacht, und eine gründliche Exegese des Bibelabschnittes, auf dem die Predigt beruhen sollte. Die Konkordanzmethode dagegen macht denjenigen selbst statt den Verfasser des biblischen Buches für den Inhalt der Predigt verantwortlich.

Der Einsatz einer Konkordanz und der Vergleich einer Bibelstelle mit anderen haben natürlich ihre Berechtigung. Beim Studium der Offenbarung werden wir davon Gebrauch machen, um mögliche Anspielungen auf Texte aus dem Alten Testament zu finden oder Bibelstellen mit denselben Begriffen. All das kann uns helfen zu verstehen, was Johannes ursprünglich sagen wollte. Aber wenn man nur jeden Text mit anderen vergleicht, kann es passieren, dass man vor lauter Bäumen den Wald nicht mehr sieht. Breit angelegtes, allgemeines Bibellesen dagegen sensibilisiert uns für die größeren Zusammenhänge in der Heiligen Schrift.

Für solch ein allgemeines Bibellesen sind auch moderne Übersetzungen wie die *Gute Nachricht Bibel*, *Hoffnung für alle* oder *Neues*

Leben geeignet, denn sie sind leichter verständlich. Bei sehr wörtlichen Übersetzungen fällt es schwerer, dem Fortgang der Geschichte und dem Gedankenfluss von Kapitel zu Kapitel zu folgen.

Ein breit angelegtes Bibellesen hilft uns, die zentralen Anliegen der Bibel zu erkennen und später einzelne Texte im Gesamtzusammenhang zu sehen. Anhand einer Konkordanz neigt man dazu, Texte aus ihrem Zusammenhang zu reißen. Konkordanzstudium ohne Ergänzung durch breit angelegtes Bibellesen kommt mir so vor, als würde man Dutzende Texte aus der Bibel nehmen, sie wie Salat in einer Schüssel durchmischen, dann einzeln herausziehen und verkünden: „Das ist das Wort des Herrn."

Das Ganze wird möglicherweise noch gefährlicher, wenn man Computerbibelprogramme benutzt. Sie sind hilfreich, denn wenn man ein oder zwei Begriffe eingibt, bekommt man alle Bibeltexte angezeigt, in denen diese Wörter in einer Übersetzung vorkommen (allerdings nur in der eingegebenen grammatischen Form). Ich selbst besitze ein solches Programm und finde es ausgesprochen nützlich. Aber es verführt dazu, mit den Worten der Bibel zu spielen, sodass man unter Umständen nie dazu kommt, den biblischen Text selbst zu studieren. Die Bedeutung der Texte, die du mithilfe eines Computerprogramms ableitest, hat möglicherweise nichts mit der ursprünglichen Absicht des Verfassers zu tun.

Breit angelegtes Bibellesen ermöglicht dem Ausleger, die eigentliche Botschaft der Heiligen Schrift zu erfassen, und schützt ihn vor seltsamen Interpretationen einzelner Aussagen. Es macht auch den Geist lernwillig und befähigt uns dazu, den Text eher zu verstehen, wie Gott und der menschliche Autor ihn verstanden wissen wollten. Darum empfehle ich: Nimm dir mehr Zeit, in der Bibel allgemein zu *lesen*, als sie zu *studieren*.

5. Nimm Einwände anderer Bibelleser ernst

Ein wichtiger Grundsatz beim Studium der Bibel lautet: Nimm den Rat, die Einwände und die Kritik anderer Bibelleser ernst, die sich mit dem Text genauso beschäftigt haben wie du. Von besonderem Wert ist die Meinung derer, die *nicht* mit dir übereinstimmen oder die in der Exegese besonders erfahren sind. Wie am Anfang erwähnt, besteht eines der größten Probleme beim Bibelstudium in unserer Neigung zur Selbsttäuschung. Sie ist so fest in uns verankert, dass wir die Bibel manchmal auch dann noch falsch deuten, wenn wir aufrichtig um Erkenntnis gebetet haben, verschiedene Bibelübersetzungen benutzen, uns auf die klaren Texte konzentrieren und viel in der Bibel lesen. Der beste Schutz vor Selbsttäuschung besteht darin, das eigene Verständnis eines Abschnittes oder Textes von Anderen bewerten zu lassen, die sich auch ernsthaft um die richtige Interpretation des Textes bemüht haben.

Das erinnert mich an das, was bei Alkoholikern Intervention genannt wird. Alkoholiker sind gewöhnlich die Letzten, die merken, dass sie ein Problem haben. Deshalb empfehlen Fachleute Familienangehörigen, Freunden, Bekannten und Ärzten zu intervenieren, das heißt, den Alkoholiker mit der Wahrheit zu konfrontieren. „Du bist wirklich ein Alkoholiker; ich habe dich dabei beobachtet, wie du …" Die wiederholte Konfrontation mit den Tatsachen erhöht die Chance, dass dem Alkoholiker sein Problem bewusst wird und er professionelle Hilfe in Anspruch nimmt.

Meiner Meinung nach ist diese Art der Intervention oft auch bei der Auslegung der Bibel nötig. Wir brauchen die Korrektur durch Andere, die uns sagen: „Ich habe diesen Text wirklich gründlich studiert, aber was du in ihm siehst, kann ich einfach nicht nachvollziehen. Ich verstehe den Text ganz anders, und zwar so …"

Von Leuten, die genauso denken wie ich, kann ich nicht viel lernen; ich denke ja schon so wie sie. Es sind die Anderen, die nicht mit mir übereinstimmen, die den Bibeltext anders verstehen als ich, von denen ich etwas lernen kann. Wenn ich mich mit einem Fachmann austausche, der ganz anders ist als ich – der aus einer ganz anderen Kultur kommt oder sogar eine andere Religion hat – lerne ich, in einem Bibeltext Dinge zu sehen, die ich allein nie erkannt hätte. Ich werde nicht mit der ganzen römisch-katholischen Interpretation der Offenbarung übereinstimmen, aber ein Katholik sieht in einem Text Dinge, die ich allein nicht erkennen würde (und umgekehrt). Die Einsichten Anderer werden mein eigenes Verständnis des Wortes Gottes sicher vertiefen.

Leute, die völlig anderer Meinung sind als ich, sehen in einem Bibeltext Dinge, die ich wegen meiner blinden Flecke und Abwehrmechanismen nie erkennen würde. Sie mögen zwar genauso fehlerhaft sein wie ich, aber wenn sie nicht dieselben Abwehrmechanismen und blinden Flecke haben wie ich, erkennen sie in einem Text etwas, das ich übersehe und umgekehrt. Gemeinsam sehen wir mehr als jeder für sich. Auch beim Bibelstudium müssen wir aufgeschlossen bleiben für andere Meinungen, ganz besonders für die Erkenntnis derer, die sich gründlich mit der Bibel befasst haben und dabei zu anderen Ergebnissen gekommen sind als wir.

6. Gebrauche Ellen Whites Schrifttum angemessen

Siebenten-Tags-Adventisten müssen sich noch mit einem weiteren Problem befassen. Ellen Whites wenige Kommentare zur Offenbarung können uns zwar wertvolle Einsichten vermitteln, aber sie können auch in einer Weise gebraucht werden, die den Sinn des biblischen Textes verdunkeln, und nur dazu dienen, die eigene Ansicht zu bestätigen.[2] Aus dem Zusammenhang herausgerissene Aussagen können zu allgemeingültigen gemacht und so verwendet werden, dass sie dem biblischen Text, den sie (angeblich) kommentieren, in der Aussage widersprechen. Das ist Missbrauch ihrer Schriften und schwächt ihre Autorität, statt sie zu stärken.

Die Inspiration durch den Heiligen Geist zu respektieren bedeutet, die Absicht, die der Verfasser mit dem Text ursprünglich verfolgte, zur Geltung kommen zu lassen. Fragen zu den Botschaften eines lebenden Propheten lassen sich leicht klären, indem man sie ihm vorlegt; aber wenn er bereits verstorben ist, schützen wir uns

[2] Ellen White warnte: „Jene, die nicht im Lichte unserer Botschaft wandeln, suchen sich manchmal aus meinen Artikeln und Büchern Aussagen heraus, die ihnen zufällig gefallen und mit ihrem menschlichen Urteil übereinstimmen; sie reißen diese Aussagen aus dem Zusammenhang, stellen sie auf eine Ebene mit der menschlichen Vernunft und erwecken den Eindruck, dass meine Aussagen etwas bestätigen, was sie in Wahrheit verurteilen." (Brief 208, 1906; veröffentlicht in Manuscript Release Nr. 760).

vor Fehlinterpretationen am besten dadurch, dass wir mithilfe einer Exegese erforschen, was der inspirierte Text sagen wollte.[3]

Besonders problematisch ist die Frage – wie bereits erwähnt –, welche Rolle die Inspiration spielt, wenn Ellen White Bibeltexte zitierte. Ein voreingenommener Ausleger kann ihr Bibelzitat leicht so verwenden, dass die klare Bedeutung des Bibeltextes in seinem Zusammenhang über den Haufen geworfen wird.[4] Schlussfolgerun-

[3] Ellen White schrieb 1913: „Viele von unseren Gemeindegliedern schreiben mir und bitten mich inständig um die Erlaubnis, meine Schriften dazu benutzen zu dürfen, einem Gedanken Nachdruck zu verleihen, den sie den Gemeindegliedern so präsentieren wollen, dass er bei ihnen einen tiefen Eindruck hinterlässt. Es gibt sicherlich gute Gründe, diese Anliegen den Gemeinden vorzutragen; ich würde es aber nicht wagen, meine Zustimmung dazu zu geben, dass die Zeugnisse in dieser Weise verwendet werden, oder zu billigen, sie so einzusetzen, wie sie es beabsichtigen. Die Personen, die diesen Vorschlag machen, mögen – soweit ich weiß – in der Lage sein, ihr Vorhaben mit Umsicht durchzuführen; dennoch wage ich es nicht, ihnen auch nur das geringste Zugeständnis zu machen, meine Bücher und Artikel in der von ihnen vorgeschlagenen Weise zu verwenden. Um allen Aspekten eines solchen Unternehmens Rechnung zu tragen, müssen viele Dinge bedacht werden; denn wenn meine Zeugnisse dazu benutzt werden, einem bestimmten Gedanken eines Autors mehr Nachdruck zu verleihen, können die Zitate anders verstanden werden, als sie in ihrem ursprünglichen Zusammenhang gemeint waren." *Counsels to Writers and Editors,* S. 152f.

[4] Als sie zum Beispiel den Ausspruch „Berühre nicht, koste nicht, betaste nicht!" auf den Genuss von Tee, Kaffee, Alkohol und Tabak anwandte (in *Auf den Spuren des großen Arztes,* S. 271), spielte sie zweifellos auf Kol 2,21 (EB) an, aber bestimmt nicht in dem negativen Sinne, in dem Paulus diese Worte meinte! Sie gab ihnen vielmehr eine positive Bedeutung im Sinne einer gesunden Enthaltsamkeit von schädlichen Substanzen; Paulus dagegen sprach von ungesunder Askese (siehe V. 18–23).

Und als sie den Satz „Gott hat den Menschen aufrecht erschaffen" anwandte, um auf die Notwendigkeit einer aufrechten Körperhaltung hinzuweisen (*Erziehung,* S. 206), hat sie gewiss nicht unterstellen wollen, Salomo habe in Prediger 9,29 über eine gute Körperhaltung gesprochen. Aber in *Patriarchen und Propheten,* S. 25, gebrauchte sie denselben Satz – ebenso wie sein biblischer Autor – im moralischen Sinne.

gen aus Texten der Offenbarung werden manchmal allzu kreativ mit Schlüssen aus Aussagen von Ellen White kombiniert. Das Ergebnis stimmt oft weder mit dem überein, was sie sagen wollte, noch mit der Aussage der Offenbarung. Obwohl meist gut gemeint, lenkt dieses Vorgehen Gemeindeglieder von den klaren Aussagen des biblischen Textes ab und fördert nachlässige Methoden der Bibelauslegung. Folgende sechs Fragen sollte man sich stellen, um die Aussagen von Ellen White beim Bibelstudium in einer Weise zu benutzen, die mit der inspirierten Absicht übereinstimmt.

1. Wörtliches Bibelzitat oder freie Benutzung der Worte?

Zuerst müssen wir klären, ob Ellen White den Bibeltext zitiert hat oder den Wortlaut nur frei benutzt hat. Wenn sie den Text in Anführungsstriche gesetzt hat und die Bibelstelle angab, ist die Sache klar; aber oft verwandte sie Satzteile aus der Bibel ohne einen Hinweis auf den ursprünglichen Textzusammenhang. In solchen Fällen ist nicht ohne weiteres klar, ob sie bewusst auf diesen Bibeltext anspielte oder sie die Worte nur benutzt hat, weil sie ihr vertraut waren. In Kapitel 7 werden wir besprechen, woran man Anspielungen erkennt; das dort Gesagte kann uns auch helfen zu bestimmen, ob Ellen White in einem betreffenden Fall eine direkte Anspielung gemacht hat. Wenn wir feststellen, dass sie einen Bibeltext nicht wörtlich zitiert hat, sondern nur einzelne Formulierungen daraus benutzt hat, dürfen wir daraus nicht den Schluss ziehen, sie habe die Aussage des biblischen Verfassers interpretieren wollen. Sie mag durchaus eine wertvolle geistliche Lehre ausdrücken, aber es ist nicht notwendigerweise dieselbe wie die, die der biblische Autor seinen Lesern nahebringen wollte.

2. Exegetischer, theologischer oder homiletischer Gebrauch?

Dort, wo Ellen White den Leser ausdrücklich auf einen Bibeltext hingewiesen hat, müssen wir weiter fragen, *wie* sie ihn benutzt hat: exegetisch im Sinne einer Aussage über die ursprüngliche Bedeutung des Textes in dem Zusammenhang, in dem der Autor ihn gebraucht hat, oder theologisch – also mit der Frage, welche Bedeutung der Text für die Theologie im Allgemeinen hat, wenn man die

Gesamtaussage der Bibel und Gottes Willen für ihre Leser berücksichtigt, oder lediglich homiletisch, indem sie sich die Kraft der biblischen Aussage für ihre Predigt zunutze gemacht hat?[5]

Den homiletischen Gebrauch eines Bibeltextes als exegetische Aussage zu betrachten widerspricht nicht nur der Absicht von Ellen White, sondern auch dem eigentlichen Anliegen des Textes. Obwohl dieses Problem noch näher untersucht werden muss, hat sie die Bibel – meiner Meinung nach – nur selten im Sinne einer Exegese zitiert (sich also nur selten mit der Frage befasst, was der Bibelschreiber ursprünglich sagen wollte).[6] Ebenso wie die Propheten des Alten Testamentes wandte sich auch Ellen White in erster Linie an die Menschen ihrer Zeit. Im Allgemeinen benutzte sie Bibeltexte theologisch oder homiletisch und nicht exegetisch.

Diese Feststellung soll ihre Autorität in keiner Weise einschränken. Wir sollten die Absicht, die sie mit einer bestimmten Aussage verfolgte, immer ernst nehmen, aber gleichzeitig darauf achten, dass wir die Autorität des biblischen Verfassers nicht einschränken. Auf keinen Fall dürfen wir sein Anliegen ignorieren, nur weil Ellen White einen seiner Texte homiletisch angewendet hat. Ich plädiere dafür, Ellen Whites eigene Absicht bei der Verwendung biblischer Texte zu respektieren. Da sie die Texte oft anders als exegetisch einsetzte, müssen wir alle ihre Aussagen mit bzw. über Bibeltexte sorgfältig untersuchen, bevor wir sie in dogmatischer Manier bei der Exegese eines biblischen Buches verwenden.[7]

---

[5] Siehe das Beispiel in Fußnote 4, das zeigt, wie Ellen White Kol 2,21 („Berühre nicht, koste nicht, betaste nicht!") verwendet hat.

[6] Wie schon in Kapitel 3 erwähnt, findet man einen großen Teil ihrer exegetischen Aussagen in den Büchern *Das bessere Leben im Sinne der Bergpredigt, Bilder vom Reiche Gottes* und *Das Wirken der Apostel*.

[7] Wenn Ellen White einen Text exegetisch zu verwenden scheint, aber dennoch eine Spannung bestehen bleibt zwischen ihrer Verwendung des Textes und dem, was der biblische Autor offensichtlich sagen wollte, sollten wir uns zwei mögliche Erklärungen vor Augen halten: 1. Der Ausleger hat entweder den Bibelschreiber oder Ellen White oder beide nicht richtig verstanden. 2. Eine inspirierte Person kann einen Bibeltext auf die Zeit anwenden, in der sie selbst lebt, ihr also eine regionale Bedeutung geben, ohne auf die eigentliche Absicht des

3. Eine veröffentlichte oder unveröffentlichte Aussage?

Ellen White selbst machte einen Unterschied zwischen ihren damals veröffentlichten und unveröffentlichten Manuskripten.[8] Ihr theologisches Anliegen können wir am besten in den Schriften verstehen, die sie mit größter Sorgfalt geschrieben und teilweise selbst überarbeitet hat (wie die Bücher der Serie, die den Konflikt zwischen Christus und Satan beschreiben). Gelegentliche Bemerkungen in Briefen oder stenographischen Mitschriften von Predigten geben unter Umständen nicht ihre überlegte Ansicht zu zeitlosen Fragen wieder. Mit noch größerer Vorsicht müssen Zusammenstellungen ihrer Aussagen durch Andere behandelt werden, weil schon die Auswahl und Anordnung eine theologische Aussage beinhalten kann. Und wenn etwas nur in Briefen oder damals nicht veröffentlichten Manuskripten vorkommt – und womöglich nur eine einmalige Aussage ist – muss der, der sie verwendet, beweisen, dass sie Ellen Whites wohlüberlegte und konsistente Ansicht wiedergibt.

4. Eine zentrale oder eine unmaßgebliche Aussage?

Wir müssen uns auch fragen, ob Ellen Whites Bezugnahme auf einen Bibeltext von entscheidender Bedeutung ist für das, was sie in einer bestimmten Situation ausdrücken wollte. Wenn es für ihr eigentliches Anliegen nur nebensächliche Bedeutung hat, stellt es wahrscheinlich keine durchdachte Exegese dar. Wie beim Lesen der Bibel befinden wir uns auch im Umgang mit Ellen Whites Schrifttum auf der sicheren Seite, wenn wir uns an Aussagen halten, die sich ausdrücklich mit unserem aktuellen Anliegen beschäftigen.

Wenn es um die Offenbarung geht, sind ihre Aussagen besonders dann hilfreich, wenn sie im Zusammenhang mit der Auslegung eines größeren Abschnitts gemacht wurden. Wer zum Beispiel wissen will, wie Ellen White über Offenbarung 13 dachte, muss in ihrem Schrifttum die Stellen finden, an denen sie sich systematisch durch das ganze Kapitel hindurchgearbeitet hat. Allerdings ist der

---

biblischen Autors einzugehen (siehe z. B. den Gebrauch des Petrus von Joel 3,1–5 in Apg 2,15–21).

[8] Siehe *Testimonies for the Church*, Bd. 5, S. 696; vgl. *Für die Gemeinde geschrieben*, Bd. 1, S. 69, und *Testimonies to Ministers*, S. 33.

größte Teil der Offenbarung in ihren Schriften nie Gegenstand einer Besprechung gewesen. Wir sollten daher sehr zurückhaltend damit sein, ihre gelegentlichen Aussagen zu Randfragen in unserer Interpretation der Offenbarung zu verwenden.[9]

5. Eine frühe oder eine spätere Aussage?

Wir müssen Ellen Whites späteren Aussagen erlauben, ihre früheren Äußerungen zum gleichen Thema zu erklären. Mit ihrem schriftstellerischen Können (von dem sie nicht überzeugt war, weshalb sie in den ersten Jahrzehnten die Hilfe ihres Mannes und später von anderen Helfern in Anspruch nahm) nahm im Laufe der Zeit auch ihre Fähigkeit zu, Gedanken, die sie von Gott empfangen hatte, präzise wiederzugeben.[10] Wenn Aussagen aus ihren frühen Jahren in die Kritik gerieten, pflegte sie dazu Stellung zu nehmen und deutlich zu machen, was sie gemeint hatte. Ein gut bekanntes Beispiel dafür findet man in *Frühe Schriften von Ellen G. White*. Dort erklärte sie, wie einige ihrer frühen Aussagen und Beschreibungen von Visionen zu verstehen sind.[11] Wir müssen den späteren Aussagen zu demselben biblischen Text oder Thema erlauben klarzustellen, was sie in früheren Äußerungen gemeint hat.

---

[9] Zentrales Thema ist Offenbarung 1–3 in *Das Wirken der Apostel* (bzw. *Die Botschafter*) Kap. 57, sowie Texte aus Offb 15–21 in den Kapiteln 40–42 des Buches *Der große Kampf* (bzw. *Das Finale*).

[10] Ein theologisches Beispiel für die zunehmende Klarheit ihrer Ausdrucksweise ist ihr Verständnis der Gottheit Christi. Jeder, der ihre späteren Aussagen liest, weiß, dass sie fest daran glaubte, dass Christus ganz Gott ist (siehe *Für die Gemeinde geschrieben*, Bd. 1, S. 312; *Das Leben Jesu*, S. 523; *Advent Review and Sabbath Herald*, 5. April 1906, und *Signs of the Times*, 3. Mai 1899). Aber einige ihrer Aussagen vor 1888 (wie zum Beispiel die in *Spirit of Prophecy*, Bd. 1, S. 17f.) sind so missverständlich, dass man sie als arianisch auffassen kann – jedenfalls dann, wenn man ihre späteren Aussagen ignoriert (sie berichtigte und erweiterte diese Aussage in *Patriarchen und Propheten*, S. 9, 12f.) Wer mit Ellen Whites Aussage in *Spirit of Prophecy* belegen will, wie sie über die Gottheit Christi dachte, zugleich aber ihre späteren Aussagen zu diesem Thema ignoriert, verfälscht ihre Absicht gründlich.

[11] Siehe *Frühe Schriften von Ellen G. White,* S. 75–87; vorige Ausgabe *Erfahrungen und Gesichte*, S. 76–88.

6. Eine einmalige oder eine wiederholte Aussage?

Schließlich müssen wir auch erkunden, wie oft sie von einer Bibelstelle in einer bestimmten Art und Weise Gebrauch gemacht hat. Unter ansonsten vergleichbaren Umständen kann man an der Häufigkeit, mit der ein Autor etwas wiederholt, ablesen, wie sehr ihm daran liegt, dass das Thema klar verstanden wird. Es ist normalerweise unklug, eine Interpretation auf eine einzige Bibelstelle zu gründen. Das bestätigte auch Paulus, der dazu Mose zitierte: „Durch die Aussage von zwei oder drei Zeugen soll jede Sache entschieden werden." (2 Kor 13,1; vgl. 5 Mo 19,15) Dagegen wird ein Gedanke, der in verschiedenen Zusammenhängen und unterschiedlichen Formulierungen immer wieder auftaucht, nicht so leicht missverstanden oder missbraucht.

Der Hauptgrund, weshalb ich diese Richtlinien angeführt habe, ist das Problem der Mehrdeutigkeit in Ellen Whites Schrifttum. Ihre Aussagen lassen oft mehr als eine Interpretation zu.[12] Das muss nicht notwendigerweise Ausdruck mangelnder Konzentration oder Klarheit aufseiten Ellen Whites sein; es unterstreicht vielmehr die Tatsache, dass sie oft nicht zu den Fragen Stellung nahm, die uns heute bewegen. Der unvoreingenommene Leser wird immer wieder auf Aussagen stoßen, die unsere Fragen nicht so eindeutig beant-

---

[12] Ein gutes Beispiel für eine solche mehrdeutige Aussage findet sich in *Testimonies to Ministers*, S. 445. Ellen White schrieb: „Das Versiegeln der Knechte Gottes [in Offb 7] ist derselbe Vorgang, der auch Hesekiel in einer Vision [in Kap. 9] gezeigt wurde. Auch Johannes ist Zeuge dieser erstaunlichen Offenbarung gewesen." Anschließend sprach sie über eine Reihe von Einzelheiten, die beiden Büchern gemeinsam sind. Da die Visionen von Johannes und Hesekiel zwar vergleichbar, aber sicher nicht identisch sind, ergeben sich zwei Möglichkeiten der Interpretation: 1. Die Ereignisse um 600 v. Chr. liefen nach denselben Prinzipien ab, wie auch die in Offenbarung 7 geschilderten Ereignisse in den letzten Tagen der Weltgeschichte ablaufen werden. 2. Hesekiel beschrieb nicht das, was in seiner Zeit geschehen sollte, sondern die Endzeit.
Der Leser wird entweder die erste oder die zweite Interpretation für wahrscheinlich halten – je nachdem, wie er schon vorher darüber gedacht hat. Nichtsdestoweniger lassen die Worte, die Ellen White in diesem Zusammenhang gebraucht hat, beide Deutungen zu.

worten, wie wir es gern hätten. Voreingenommene Leser dagegen, die mit einer mehrdeutigen Aussage konfrontiert werden, entscheiden sich für die Option, die ihren vorgefassten Ansichten am nächsten kommt, und bedeuten allen, die nicht mit ihnen übereinstimmen, dass sie sich irren.

Tatsache ist, dass die meisten exegetischen Fragen nicht mithilfe des Schrifttums von Ellen White geklärt werden können. Das weiseste Vorgehen ist daher, ihre mehrdeutigen Aussagen und ihre homiletischen Anwendungen eines Textes nie als Beweis für irgendetwas anzuführen. Aber man darf natürlich auf die verschiedenen Interpretationsmöglichkeiten solcher Aussagen hinweisen.

Zusammenfassung

Das Gute an den in diesem Kapitel besprochenen Auslegungsrichtlinien ist, dass sie jeder anwenden kann. Man muss keinen theologischen Doktorgrad und keine Predigerausbildung haben, um die Bibel richtig verstehen zu können. Wer die vorgestellten Regeln befolgt, wird nicht die Fehler machen, die Vernon Howell und seine Anhänger gemacht haben.

Selbst Theologen profitieren von diesen Grundsätzen, denn wer zwar Griechisch und Hebräisch kann, aber auf eine Exegese der Bibeltexte verzichtet, nicht aufrichtig betet, sich nicht an die klaren Bibeltexte hält, das breit angelegte Bibellesen vernachlässigt und nicht auf Andere hört, befindet sich in großer Gefahr, die Bibel trotz all seiner Kompetenz falsch zu verstehen.

In den folgenden Kapiteln wollen wir nun die Auslegungsregeln der Exegese praktisch auf die Offenbarung anwenden. Schritt für Schritt werde ich erläutern, wie man aufdecken kann, was Johannes wirklich sagen wollte. Ich werde mich dabei nicht mit einem ermüdenden Überblick über Auslegungsmethoden zufriedengeben, sondern Textbeispiele mit Leben füllen. Dabei werden wir einige der bestgehüteten Geheimnisse der Offenbarung enthüllen.

Kapitel 5

Hinweise zur Auslegung der Offenbarung

Vor rund 20 Jahren bekam ich Post von einem Pastor, den ich sehr schätzte. Er bat mich, seine beiliegende Interpretation eines sehr schwierigen Abschnittes der Offenbarung zu lesen und ihm mitzuteilen, was ich davon hielt. Da ich mehr Anfragen dieser Art bekomme, als ich bewältigen kann, legte ich seine Ausarbeitung erst einmal beiseite – in der Hoffnung, dass ich irgendwann dazu kommen würde, sie zu lesen.

In einer der folgenden Nächte konnte ich nicht schlafen; ich fand keine Ruhe. Für mich ist nichts so langweilig, wie im Dunkeln hellwach zu sein! Also beschloss ich, aufzustehen und die Zeit für etwas Nützliches zu verwenden. Auf dem Weg ins Wohnzimmer fiel mir die Anfrage des Pastors ein (nennen wir ihn Bob). Ich holte seine Ausarbeitung aus meinem Arbeitszimmer, ging wieder ins Wohnzimmer (weil es dort wärmer war), fing an zu lesen und las sie schließlich ganz durch.

Die Logik seiner Präsentation faszinierte mich. Und wenn ich mich nicht schon seit 20 Jahren mit eben diesem Abschnitt der Offenbarung beschäftigt gehabt hätte, hätte mich seine Darstellung völlig überzeugt. Was Bob geschrieben hatte, war klar und deutlich formuliert und mit Leidenschaft vorgetragen. Aber aus irgendeinem Grunde meinte er in jedem Symbol und jedem Vers etwas zu sehen, was nach meinen eigenen Forschungen nicht stimmen konnte. Es kam mir so vor, als würde er lauter Nullen aneinanderreihen in der festen Überzeugung, dass ihre Summe eine Zahl ergibt. Es konnte also nicht schwer sein, ihn von seinem Irrtum zu überzeugen – dachte ich.

Anders, als es mir schon mit anderen nächtlichen genialen Ideen gegangen war, änderte das Licht des nächsten Tages meine Meinung über Bobs Kommentar nicht. Wenige Tage später setzte ich mich hin und schrieb ihm einen 15–seitigen Brief – mit einfachem Zeilenabstand! Eine Woche später erhielt ich seine Antwort; nicht ein einziges meiner Argumente hatte ihn überzeugt! Die Briefe flogen hin und her (erstaunlich, wie viel Zeit man auf einmal findet, wenn es um etwas Interessantes geht). Aber was auch immer jeder von uns schrieb: Es gab in dem Abschnitt, um den es ging, buchstäblich nichts, was er genauso verstand wie ich – und umgekehrt!

Schließlich wurde mir klar, woran das lag: Ich selbst ging davon aus, dass die Offenbarung um das Jahr 95 geschrieben wurde; Bob dagegen tat so, als ob sie erst in unserer Zeit verfasst worden wäre. Da Johannes die Offenbarung aber zweifellos im ersten Jahrhundert geschrieben hat, meinte ich, den schlagenden Beweis für die Richtigkeit meiner Ansicht in der Hand zu haben – und das teilte ich Bob in meinem nächsten Brief mit.

In seiner Antwort stimmte er mir zum ersten Mal in einem Punkt zu, nämlich, dass er die Offenbarung tatsächlich so las, als wäre sie erst wenige Jahre zuvor geschrieben worden. Aber was er dann sagte, schockierte mich! Er erklärte, dass sein adventistischer Glaube ihn dazu verpflichten würde, die Offenbarung so zu lesen, als wende sie sich direkt an Adventisten – gleichsam als wäre Johannes mit den Auslegungen in adventistischen Kommentaren und mit dem Schrifttum von Ellen White vertraut gewesen und als wäre er ein noch lebender Prophet, der direkt zu den Problemen unserer Zeit und heutiger Adventisten Stellung genommen hätte.

Ich muss zugeben, dass mich seine konsequente und aufrechte Haltung nach wie vor beeindruckt. Obwohl die Teilnehmer der Bibelkonferenz von 1919 ebenso wie die meisten adventistischen Theologen späterer Jahre seine Position energisch zurückgewiesen hätten, blieb Bob bei seiner Überzeugung und äußerte sie nach wie vor in aller Deutlichkeit und mit großer Leidenschaft.

Ich bin jedoch davon überzeugt, dass die Grundhaltung, die er vertritt, die eigentliche Ursache ist für die meisten Missverständnisse, die es in Bezug auf die Offenbarung gibt.

Man kann es drehen und wenden, wie man will – Tatsache ist, dass die Offenbarung eben nicht im 20. Jahrhundert geschrieben wurde. Vielmehr verfasste Johannes sie im ersten Jahrhundert, und sie sprach mit Vollmacht zu den Christen jener Zeit. Alles, was wir bisher in diesem Buch besprochen haben, macht Eines deutlich: Wer die Offenbarung so liest, als befasse sie sich direkt mit unserer heutigen Situation, wird den Zweck dieses Buches völlig verfehlen und ihre Botschaft falsch verstehen.

Im Laufe der Jahre habe ich immer wieder erlebt, dass Adventisten, die so denken wie Bob, sich nur selten einig sind. Wer die Offenbarung nur von seinem eigenen Standpunkt aus betrachtet, endet da, wo er begonnen hat – bei seinen eigenen Gedanken.

Im diesem Kapitel werde ich anfangen, den Weg darzustellen, der uns zum rechten Verständnis der Offenbarung im Kontext der damaligen Zeit und der damaligen Umstände führen soll.

Hinweise aus der Einleitung der Offenbarung

Wir sollten mit der Frage beginnen: Was sagt die Offenbarung über sich selbst und ihre Auslegung? Denn die beste Methode, sie zu studieren, wird die sein, die aus dem Text selbst hervorgeht. Schon die ersten vier Verse sagen uns eine Menge über die Offenbarung.

> Dies ist *die Offenbarung Jesu Christi, die* ihm *Gott gegeben hat,* seinen Knechten zu zeigen, was in Kürze geschehen soll; und er hat sie durch seinen Engel gesandt und seinem Knecht Johannes kundgetan, der bezeugt hat das Wort Gottes und *das Zeugnis von Jesus Christus,* alles, was er gesehen hat. Selig ist, der da liest und die da hören *die Worte der Weissagung* und behalten, was darin geschrieben ist; denn die Zeit ist nahe.
> Johannes *an die sieben Gemeinden in der Provinz Asien*: Gnade sei mit euch und Friede von dem, der da ist und der da war und der da kommt, und von den sieben Geistern [dem Heiligen Geist in Fülle], die vor seinem Thron sind, und von Jesus Christus, welcher ist der treue Zeuge, der Erstgeborene von den Toten und Herr über die Könige auf Erden! (Offb 1,1–5)

Dieser Abschnitt enthält mehrere Hinweise darauf, wie der Autor selbst das Buch der Offenbarung ausgelegt haben wollte. Ich erinnere daran, dass die Exegese bestimmten Regeln folgt: Sie versucht zu verstehen, was der Verfasser den damaligen Adressaten sagen wollte, bleibt aber offen für die Möglichkeit, dass seine Botschaft auch uns etwas zu sagen hat. Der Text selbst sollte bestimmen, wie wir ihn verstehen. Wir fragen also: Was sagen uns diese Verse über eine korrekte Auslegung der Offenbarung?

Die Offenbarung ist ein christliches Buch

„Dies ist die Offenbarung Jesu Christi … das Zeugnis von Jesus Christus" (V. 1.2). Daraus geht eindeutig hervor, dass es sich bei der Offenbarung um ein christliches Buch handelt. Christus ist auf fast allen seinen Seiten gegenwärtig – entweder wird er namentlich erwähnt oder Symbole weisen auf ihn hin (Offb 1,12–16; 5,5–6; 7,17; 12,5.11; 14,1 u. a.). In der Offenbarung ist auch von Gemeinden die Rede (Kap. 2–3) und vom Kreuz (Kap. 1,18; 5,6.9.12; 11,8; 12,11). Der aufmerksame Leser fühlt sich an Dutzende von neutestamentlichen Themen und deren Terminologie erinnert.

Daraus ergibt sich: Obwohl die Offenbarung in einem anderen Stil geschrieben ist als das übrige Neue Testament und obwohl sie Symbole verwendet und eine andere Thematik hat, dürfen wir nicht erwarten, dass ihre Theologie sich wesentlich von seiner unterscheidet. Vielmehr bildet sie den natürlichen Abschluss des Neuen Testamentes – der Grundlage des christlichen Glaubens.

Ein Beispiel: In Kapitel 9,2–6 finden wir eine äußerst seltsame Beschreibung von Heuschrecken wie Skorpionen, die die Menschen fünf Monate lang quälen. Aber wenn man den Abschnitt mit Lukas 10,17–20 vergleicht, stellt man fest, dass beide dieselbe Botschaft enthalten: Gott lässt sein Volk, das sich mit einer dämonischen Plage konfrontiert sieht, nicht im Stich. Obwohl sich also die Sprache der Offenbarung von der des übrigen Neuen Testamentes deutlich unterscheidet, stimmt ihre Theologie mit der der anderen Bücher überein. Das Buch, mit dem wir uns beschäftigen, ist „eine Offenbarung von Jesus Christus" (Offb 1,1 NLB), und aus dieser Perspektive müssen wir alles verstehen, was wir darin lesen.

Es ist eine göttliche Offenbarung

Das Zweite, was wir dem ersten Vers entnehmen können, ist, dass es „eine Offenbarung von Jesus Christus“ ist, „die ihm Gott gegeben hat“ (NLB). Johannes wies wiederholt auf den übernatürlichen Ursprung der Visionen und Auditionen hin, die er in seinem Buch beschreibt (siehe Kap. 1,10–20; 2,7.11 u. a.; 4,1; 10,11; 17,1–3; 19,9.10; 22,6–10). Er selbst sah sich als ein Prophet und sein Werk als ihm von Gott durch Christus gegeben. Die Offenbarung ist mehr als das Werk eines menschlichen Autors; sie ist auch die Absicht Gottes und enthält seine Mitteilungen. Die Offenbarung entspringt nicht menschlichem Willen und Denken; es war Gott, der die Visionen gab; deshalb ist auch die Offenbarung Wort Gottes.

Wenn sie von Gott stammt, müssen wir davon ausgehen, dass ihre Bedeutung über das hinausgeht, was Johannes verstanden haben mag. Das erlaubt dem Ausleger jedoch nicht, nach Belieben nach erweiterten Bedeutungen des Textes zu suchen. So wie der Sohn Gottes sich selbst Beschränkungen auferlegte, als er menschliche Gestalt annahm, tat er das zwar auch, als er sich in den heiligen Schriften in der Sprache ihrer menschlichen Verfasser offenbarte (1 Ptr 1,10–11), aber alles, was wir in einem Bibelabschnitt als göttliche Botschaft interpretieren, sollte sich aus der Sprache und Absicht des menschlichen Autors ergeben, denn in seinen Worten verbindet sich das Göttliche mit dem Menschlichen (siehe 1 Ths 2,13). Haben wir dann verstanden, was Johannes sagen wollte, so zwingt uns der Anspruch des Buches, göttlichen Ursprungs zu sein, zu fragen, welche über das Verständnis des menschlichen Verfassers hinausgehende Bedeutung Gott in den Text hineingelegt haben mag – etwas, das erst im Laufe der Geschichte und vielleicht erst durch zusätzliche spätere Offenbarungen enthüllt werden sollte.

Die enge Beziehung der Offenbarung zum Buch Daniel

In seinem monumentalen Kommentar zur Offenbarung zeigt G. K. Beale, dass in dem einleitenden Vers „Dies ist die Offenbarung Jesu Christi, die ihm Gott gegeben hat, seinen Knechten zu zeigen, *was in Kürze geschehen soll*“ der letzte Nebensatz eine Anspielung auf Daniel 2,28 ist. Dort heißt es: „Gott im Himmel … hat dem König

Nebukadnezar kundgetan, was in künftigen Zeiten geschehen soll", bzw. „was am Ende der Tage geschehen wird" (EB; so auch die *Septuaginta*, die griechische Übersetzung des AT). Daniel erklärte dem König von Babylon dessen Traum von einem Standbild aus vier verschiedenen Metallen, die vier aufeinanderfolgende Reiche im Laufe der Geschichte darstellen. Am Ende der Zeit werde Gott sein Reich aufrichten (V. 44). „So hat der große Gott dem König kundgetan, was dereinst geschehen wird." (V. 45b; *Septuaginta*: „… in den letzten Tagen geschehen wird").

Die Formulierungen in der Offenbarung weisen eine Progression gegenüber Daniel auf: Während er von dem „Ende der Tage" sprach, schrieb Johannes: „… was in Kürze geschehen soll". Daniel schrieb das Kapitel rund 700 Jahre vor Johannes; für ihn lagen die Ereignisse, die er beschrieb und die in die Endzeit münden sollten, noch weit in der Zukunft. Die Offenbarung aber handelt von Entwicklungen, die „in Kürze geschehen" sollten; sie enthält „prophetische Rede", und „die Zeit, in der diese Dinge geschehen werden, steht kurz bevor" (Offb 1,3 NLB). Mit der Anspielung auf den Danieltext scheint Johannes zum Ausdruck bringen zu wollen, dass Ereignisse, die laut Daniel erst in ferner Zukunft stattfinden würden, nun nahe bevorstanden und im Buch der Offenbarung näher erklärt werden sollten. Für Beale heißt das: Der Leser muss verstehen, dass zwischen der Offenbarung und den Prophezeiungen in Daniel 2 und den parallelen Vorhersagen wie in Kapitel 7 und 8 ein Zusammenhang besteht.[1] In Offenbarung 13 finden wir tatsächlich viele Anspielungen auf Daniel Kapitel 7, in dem die aufeinanderfolgenden Weltreiche durch Tiere symbolisiert werden.

Der Verfasser der Offenbarung schien der Überzeugung gewesen zu sein, dass zwischen den Ereignissen in den „letzten Tagen" der Weltgeschichte (Dan 2,28.45 laut der *Septuaginta*) und den Ereignissen, die ihm gezeigt worden waren, ein enger Zusammenhang besteht. Es wäre also ein Fehler, die Offenbarung ohne genaue Kenntnis der Prophezeiungen Daniels zu studieren, denn beide Bücher

[1] G. K. Beale, *The Book of Revelation*, I. Howard Marshall und Donald A. Hagner, Hg., *New International Greek Testament Commentary*, Eerdmans, Grand Rapids (Michigan) 1999, S. 153f.

behandeln dasselbe Thema. Weil Jesus gestorben und auferstanden ist (Offb 1,5–6; 3,21), ist der im Buch Daniel und in der Offenbarung beschriebene Plan Gottes für die Menschheit gesichert; sein abschließendes Werk zur Erfüllung hat nun begonnen.

Die Offenbarung kann verstanden werden

In der Einleitung heißt es: „Selig ist, der da liest und die da *hören* die Worte der Weissagung und *behalten,* was darin geschrieben ist.“ (Offb 1,3) In der griechischen Sprache, in der die Offenbarung geschrieben wurde, kann das Wort für *hören* sowohl hören *und* verstehen bedeuten als auch hören und *nicht* verstehen – je nach dem Zusammenhang. Hier geht Johannes davon aus, dass die Leser *hören und verstehen,* denn sie sollen es auch *behalten.* Mit anderen Worten: Die Botschaft der Offenbarung soll von jedem, der sie liest oder hört, verstanden werden.

Das war beim Buch Daniel anders; ein großer Teil seiner Prophezeiungen sollte versiegelt werden, konnte also noch nicht verstanden werden. Daniel wurde vom Engelfürsten Michael (dem Sohn Gottes) gesagt:

> Und du, Daniel, verbirg diese Worte und *versiegle dies Buch bis auf die letzte Zeit.* Viele werden es dann durchforschen und große Erkenntnis finden. (Dan 12,4)

Das Buch Daniel enthält also Dinge, die weder der Autor selbst (siehe Dan 8,27) noch seine ursprünglichen Hörer und Leser verstehen konnten. Bei der Offenbarung ist das anders: Sie wurde nicht versiegelt bis zu einer späteren Zeit, sondern sollte schon von ihren ersten Lesern und Hörern verstanden werden.

Die apokalyptische Symbolik der Offenbarung

Schon ein flüchtiges Lesen der Offenbarung zeigt, dass sie vielfach Symbole verwendet, die teilweise sehr ungewöhnlich sind, zuweilen sogar bizarr. Es werden Tiere beschrieben, die es in der Natur nicht gibt, und Symbole verwandt, die im normalen Leben nicht vorkommen. So ist zum Beispiel von Bestien „mit sieben Häuptern und zehn Hörnern“ die Rede; eines davon hat sogar Füße wie ein Bär, einen Körper wie ein Leopard und ein Maul wie ein Löwe (Offb 13,1–2). Ein solches Tier gibt es in der realen Welt nicht.

Uns ist diese Art Symbolik zunächst völlig fremd; in der antiken Welt war sie jedoch allgemein bekannt. Ein Buch, das „1. Henoch“ (oder Äthiopischer Henoch) genannt wird und etwa 100 Jahre vor der Geburt von Jesus geschrieben wurde, erwähnt beispielsweise sieben Erzengel, darunter Gabriel und Michael. Auch Offenbarung 15 erwähnt mehrfach sieben Engel. Im Buch 1. Henoch wird eine himmlische Stadt beschrieben, die zwölf Tore hat – drei an jeder der vier Seiten. Wir finden dasselbe in Offenbarung 21,10–13.

Und in der „Apokalypse des Zephanja“, einer jüdischen apokryphen Schrift aus dem ersten Jahrhundert, findet sich eine bemerkenswerte Beschreibung eines Engels, die große Ähnlichkeit mit einer entsprechenden Schilderung in der Offenbarung aufweist:

> Dann erhob ich mich und ich sah einen großen Engel vor mir stehen. Sein Gesicht leuchtete wie die Sonne in ihrer Herrlichkeit, denn es ist ebenfalls vollkommen in seiner Herrlichkeit. Und er war umgürtet wie mit einem goldenen Gürtel um seine Brust. Seine Füße waren wie Bronze, das im Feuer geschmolzen ist. Und als ich ihn erblickte, freute ich mich, denn ich dachte, dass der allmächtige Herr gekommen war, um mich zu besuchen. Ich fiel auf mein Angesicht und betete ihn an. Er sagte zu mir: „Tue es nicht! Bete mich nicht an. Ich bin nicht der allmächtige Gott, sondern der große Engel Eremiel, der die Macht über den Abgrund und den Hades hat, in dem alle Seelen gefangen gehalten werden – von der Zeit der Sintflut an bis auf den heutigen Tag. (Apokalypse des Zephanja 6,11–15)

Mehrere Elemente dieser Beschreibung erinnern an die Vision in Offenbarung 1,13–16, in der Johannes Jesus sah. Gelehrte sprechen von „apokalyptischer Literatur“; sie war in der antiken Welt eine literarische Stilrichtung, die damals sehr gut verstanden wurde. Die Sprache der Offenbarung ist zwar oft grotesk, aber den Menschen des ersten Jahrhunderts war sie keineswegs fremd.

Bemerkenswerterweise wird diese Stilrichtung auch in unserer Zeit wieder populärer. Filme wie *Der König der Löwen, Harmagedon* und *Matrix* übertragen apokalyptische Themen und Bilder auf das Leben, wie wir es kennen. Es scheint, dass die Offenbarung nie relevanter gewesen ist als heute. Nehmen wir zum Beispiel *Der König der Löwen*, der populärste Zeichentrickfilm, der je geschaffen wurde. Dort gibt es verschiedene Tiere, aber geht es in *Der König der Löwen* wirklich um eine Tiergeschichte? Wenn du den Film gesehen hast, kennst du die Antwort. Es ist in Wahrheit eine afrikanische Apokalypse; sie erzählt die Geschichte einer perfekten Welt, die zugrunde ging und die wiederhergestellt wird durch einen Löwensohn, der zurückkommt. Die Tiere sind darin Symbole von Mächten und politischen Aktionen.

Schon der erste Vers der Offenbarung gibt einen deutlichen Hinweis auf die Symbolik in diesem Buch. Das Verb „kundgetan" leitet sich von einem Wort ab (*sēmeion*), das „Zeichen" bedeutet. Beim Studium der Offenbarung muss der Ausleger davon ausgehen, dass im Buch symbolische Begriffe benutzt werden. Er muss klären, welche Ausdrücke symbolisch zu verstehen sind und was sie bedeuten. Normalerweise nehmen wir biblische Texte wörtlich, es sei denn, es ist offensichtlich, dass sie symbolisch verstanden werden sollen; in der Offenbarung mögen aber auch Ausdrücke, die wörtlich einen Sinn ergeben (z. B. in Offb 16,12: das Wasser des „großen Stroms Euphrat … trocknete aus"), symbolisch zu verstehen sein, weil es sich um eine Anspielung auf ein alttestamentliches Ereignis handelt (dazu später mehr).

Der zeitgeschichtliche Hintergrund: die Situation der Gemeinden in der römischen Provinz Asia

In der Einleitung wird hervorgehoben, dass Johannes „an die sieben Gemeinden in der Provinz Asia" schrieb (Offb 1,4 Hfa). Darüber sprachen wir schon im ersten Kapitel. Das stimmt mit dem Prinzip überein, das wir im zweiten Kapitel kennengelernt haben: Gott begegnet den Menschen dort, wo sie sind. Er begab sich auch auf die Ebene des Johannes und verwandte Symbole, mit denen der Prophet und seine Zeitgenossen vertraut waren. Die Offenbarung wurde in Kleinasien am Ende des ersten Jahrhunderts geschrieben und wird am besten verstanden, wenn wir sie auch aus dieser Perspektive lesen und studieren.

Ein Beispiel: In Offenbarung 1 finden wir eine Beschreibung des verherrlichten Jesus, den Johannes in einer Vision sah. Jesus ist „der Erste und der Letzte" und hat „die Schlüssel des Todes und des Totenreichs" (Offb 1,17b.18b NLB). Zwischen diesen Bildern und den Vorstellungen der Menschen im antiken Kleinasien besteht ein überraschender Zusammenhang.

Die antike Göttin Hekate war in der Provinz Asia sehr populär. Die Menschen stellten sich damals das Universum als ein dreistöckiges Gebäude vor – ganz oben der Himmel, unten das Totenreich und in der Mitte die Erde, auf der die Menschen leben. Hekate hatte die Schlüssel des Himmels und des Totenreiches. Sie konnte sich in allen drei Stockwerken frei bewegen und teilte den Bewohnern der Erde mit, was sich in der unteren und oberen Etage abspielte. Sie war auch als „der Anfang und das Ende" bekannt (in Offb 22,13 wird Jesus so bezeichnet), und Engel übermittelten ihre Botschaften. Die Parallelen zwischen Hekate und dem verherrlichten Jesus sind nicht zu übersehen. Gott scheint den Nichtchristen Kleinasiens sagen zu wollen: Die wahre Quelle göttlicher Offenbarungen ist nicht Hekate, sondern Jesus Christus; er hat die Schlüsselgewalt. Alles, was sie sich von Hekate erhofften, könnten sie in Wahrheit nur in ihm finden.

Die Offenbarung reflektiert also Dinge und Vorstellungen aus der römischen Provinz Asia im ersten Jahrhundert; sie war von ihrer damaligen Umwelt nicht isoliert, sondern wurde in der Sprache und für die Situation der damaligen Zeit geschrieben.

Natürlich erhebt sich die Frage: „Warum sollte sich ein von Gott inspirierter Verfasser heidnischer Konzepte bedienen? Welchen Sinn könnte es haben, Jesus ähnlich wie eine heidnische Göttin zu beschreiben?"

Ich denke, dass es dafür zwei Gründe gibt. Erstens: Da die von Johannes benutzte Symbolik Teil der heidnischen Gedankenwelt war, wurde sie von den Menschen damals verstanden – sie machte Sinn. Zweitens: Inspirierte Verfasser haben die Sprache der Heiden dazu benutzt, um deren Gottesverständnis zu bekämpfen. Wenn man auf das Denken seiner Mitmenschen Einfluss nehmen will, muss man es in ihrer Sprache tun.

Die Offenbarung ist mehr als ein Brief an die sieben Gemeinden – sie tritt auch ein in einen Dialog mit der antiken nichtchristlichen Welt und passt sich dazu der Zeit und den Umständen im Kleinasien des ersten Jahrhunderts an.

Die Auslegungsmethoden für die Offenbarung

Da die Offenbarung im Kontext der damaligen Welt verfasst worden ist, vertreten viele Theologen eine rein zeitgeschichtliche Auslegung, **Präterismus** genannt (von lat. *praeter,* vorbei, vorüber). Sie fand im Verlauf der Gegenreformation durch ein Werk des spanischen Jesuiten Luis de Alcazar über die Offenbarung (1614 veröffentlicht) Verbreitung (er sah den „Antichristen" in Kaiser Nero erfüllt). Heutzutage wird sie von den meisten katholischen und protestantischen Theologen vertreten. Hinter dieser Auslegung steht die Prämisse, dass es keine echte Prophetie im Sinne göttlicher Offenbarung über die Gegenwart und die Zukunft gibt. Die Offenbarung sei in Wahrheit kein prophetisches Buch, die geschilderten Ereignisse hätten sich alle in der Zeit des Johannes zugetragen und würden in die Zukunft projiziert. Die Offenbarung sei nur eine allgemeine Botschaft des Johannes an die sieben Gemeinden in Kleinasien; sie sei nicht anders zu lesen als die anderen Bücher des Neuen Testamentes, die Botschaften an Christen sind, die in einer bestimmten Zeit gelebt haben.

Daran ist auch etwas Wahres: Johannes hat die Offenbarung tatsächlich für seine Zeitgenossen gedacht, wie er selbst schrieb. Je mehr wir also darüber wissen, worauf sich bestimmte Aussagen beziehen und wie seine Zeitgenossen sie verstanden haben, umso besser können auch wir sein Buch verstehen.

Der präteristische Auslegungsansatz ist jedoch zu einseitig. Die Offenbarung enthält auch Wahrheiten von bleibender Bedeutung für die Christen. Was Gott Johannes offenbart hat, war nicht nur für die Gemeindeglieder in der Provinz Asia gedacht. Dies wird gleich – wie wir bereits besprochen haben – in der Einleitung in der Seligpreisung deutlich: „Selig ist, der da liest und die da hören die Worte der Weissagung und behalten, was darin geschrieben ist." (Offb 1,3) Das Buch soll von jedem, der es liest oder hört, verstanden werden. Die Offenbarung war nicht nur für das erste Jahrhundert gedacht; vielmehr sollte sie zu allen Zeiten verstanden werden. Gott wollte, dass jeder Christ, der das Buch irgendwann im Verlauf der Weltgeschichte in die Hand nimmt, den Kern seiner Botschaft versteht und davon Nutzen hat.

Bibelausleger, die der präteristischen Interpretation folgen, verbinden sie daher meist mit einer Anwendung auf unsere Zeit. Sie fragen, wie die damaligen Leser die Offenbarung verstanden haben, und suchen dann nach dem Grundsätzlichen, das in jedem Zeitalter gilt.

Die Offenbarung enthält natürlich zeitlose Wahrheiten, die in der biblischen Theologie erarbeitet werden (wie wir im letzten Kapitel gesehen haben) und die immer und überall gelten. Aber nach den Aussagen des Johannes enthält sie noch viel mehr. Es sind „Worte der Weissagung" (Offb 1,3). Christus forderte ihn auf: „Schreibe nun, was du gesehen hast [nämlich] was ist und *was nach diesem geschehen wird*." (Offb 1,19 EB) Und nach den Botschaften an die sieben Gemeinden erklärte er: „Ich werde dir [nun] zeigen, *was nach diesem geschehen muss*." (Offb 4,1b) Johannes wurden also in den Visionen zukünftige Ereignisse offenbart, die nach dem damaligen Ist-Zustand der sieben Gemeinden eintreten würden. Dies wird besonders in den wiederholten Schilderungen der Ereignisse in der letzten Zeit vor der Wiederkunft Christi und der Beschreibung des neuen Jerusalem und der neuen Erde deutlich.

Daraus haben manche Ausleger geschlossen, dass sich die gesamte Offenbarung ab Kapitel 4 nur mit der Zeit des Endes und der Zukunft der Welt beschäftigt. Dieses Auslegungsmodell wurde von dem spanischen Jesuiten Francisco Ribera in einem Kommentar über die Offenbarung (um 1590 veröffentlicht) vertreten. Er sah den „Antichristen" als einen zukünftigen jüdischen Herrscher, der dreieinhalb buchstäbliche Jahre regieren würde.

Heutzutage wird dieser sogenannte **Futurismus** von vielen evangelikalen Auslegern vertreten, verbunden mit der Theorie des

Dispensationalismus (Lehre von den verschiedenen biblischen Haushaltungen oder Zeitaltern) mit der „geheimen Entrückung" der Christen vor der Wiederkunft Christi. Populär wurde diese Lehre durch das Buch von Hal Lindsay *Alter Planet Erde – wohin?* (1971) und durch die Romanserie *Finale* von Tim LaHaye. Vertreter dieses Auslegungsansatzes gehen davon aus, dass sich die Offenbarung nahezu ausschließlich mit der Endzeit der Weltgeschichte befasst (und nicht mit der Zeit zwischen Johannes und der letzten Zeit). Sie wende sich in erster Linie an die letzte Generation auf dieser Erde. Die populäre Lehre des Dispensationalismus repräsentiert den Hauptzweig des Futurismus; aber auch andere Versionen erfreuen sich zunehmender Beliebtheit, sogar unter Adventisten.

Bei der Behandlung der Struktur der Offenbarung werden wir sehen, dass die Kapitel 15–22 den eschatologischen Teil der Offenbarung bilden und Endzeitereignisse schildern. Aber behandeln alle Visionen der Offenbarung nur Endzeitereignisse? Das ist offenbar nicht der Fall. Einen ersten Hinweis finden wir bereits im ersten Vers der Offenbarung. Dort heißt es, dass Jesus „seinen Knechten zeigen" will, „was in Kürze geschehen soll" (Offb 1,3). In Offenbarung 13 finden wir – wie bereits erwähnt – viele Anspielungen auf Daniel 7, auch auf die Zeitangabe der dreieinhalb „Zeiten" (Dan 7,25c), die auch in der Offenbarung genannt werden (Offb 12,14b, als „42 Monate" in Offb 13,5b und 11,2b, und als „1260 Tage" in Offb 12,6b und 11,3b), die nach biblischem Verständnis 1260 Jahre darstellen, die im Mittelalter begannen.[2]

Diese Parallelen zeigen uns, dass zumindest Offenbarung 12–14 Ereignisse durch die Weltgeschichte von der Menschwerdung des Sohnes Gottes (Offb 12,5) bis zum zweiten Kommen Christi (Offb 14,14–20) voraussagen. Diese Methode, die Prophezeiungen von Daniel und von Johannes in der Offenbarung zu interpretieren, nennt man **historische Auslegung**.

[2] Ausführlich dazu siehe William H. Shea, „Jahr-Tag-Prinzip", in: Frank B. Holbrook, Hg., *Ausgewählte Studien prophetischer Interpretation*, Veröffentlichungen des Komitees Daniel & Offenbarung, Bd. 1, Biblical Research Institute der STA, 1992, und William H. Shea, *Das Buch Daniel, Teil 1,* Advent-Verlag, Lüneburg 1998, S. 163f.

Aber auch dieser Auslegungsansatz hat seine Probleme, denn wenn die gesamte Offenbarung die Geschichte des Christentums beschreiben soll, dann bezieht sich vieles, was wir in ihr lesen, nicht auf unsere Zeit. Adventisten lesen dann die Offenbarung zuweilen so, als bestünde ihr geistlicher Wert lediglich darin, den eigenen Standort in der Weltgeschichte zu bestimmen. Das hat dazu geführt, dass diese Auslegungsmethode oft als ausgesprochen langweilig empfunden wird und in den Lesern einen Hunger nach dem eigentlichen Sinn der Offenbarung hinterlässt.

Welche von diesen Auslegungsmethoden sollen wir uns nun zu eigen machen? Aber müssen wir überhaupt im Voraus eine Wahl treffen? Natürlich ergeben der futuristische und historische Ansatz nur dann einen Sinn, wenn Gott dem Johannes in den Visionen die künftigen Ereignisse wirklich gezeigt hat. Beide Auslegungsmethoden kann man nur vertreten, wenn man – wie wir Adventisten – glaubt, dass die Bibel von Gott inspiriert ist.

Wenn man das aber glaubt, haben alle vier Ansätze eine gewisse Berechtigung. Denn die Offenbarung hat zu ihren ursprünglichen Lesern und Hörern machtvoll gesprochen, wie wir in Kapitel 2 gesehen haben. Darin haben die präteristischen Ausleger also Recht. Sie enthält auch eindeutig Lehren, die auf jedes Zeitalter anwendbar sind. „Wer Ohren hat, der höre, was der Geist den Gemeinden sagt", heißt es siebenmal in Offenbarung 2 und 3. Sie beschreibt auch eindeutig in der Zukunft liegende Ereignisse, die uns betreffen – nämlich das zweite Kommen Christi und die Zeit davor und danach. Auch der futuristische Ansatz ist also – zumindest teilweise – richtig. Die Offenbarung beschreibt aber auch – zumindest in dem Teil von Kapitel 12 bis 14 – eine Reihe von aufeinanderfolgenden Ereignissen, die in dem Zeitraum zwischen Johannes und dem Ende der Welt stattfinden sollen. Auch die historische Auslegung hat ihren Wert. Beim Studium der Offenbarung haben also alle vier Auslegungsansätze eine gewisse Berechtigung.

Meine Auffassung ist: Wir sollten die Offenbarung unvoreingenommen lesen und keine Schablone benutzen. Am besten schauen wir uns Kapitel für Kapitel an und fragen uns: Welcher Ansatz wird diesem Text am ehesten gerecht? Geht es um (für uns) Vergangenes, Gegenwärtiges oder Zukünftiges? Wir müssen ein Gespür dafür entwickeln, was der Text eigentlich sagen will; er enthält die nötigen Hinweise dafür. Nur der Text der Offenbarung selbst sollte uns leiten. Mit anderen Worten: Wir sollen nicht unsere eigenen Vorstellungen in sie hineinlesen, sondern uns vom Text und Kontext selbst zeigen lassen, wie wir ihn verstehen sollen.

Die schlechte Grammatik der Offenbarung

In Offenbarung 1,4 heißt es wörtlich nach dem griechischen Text:

> Johannes an die sieben Gemeinden, die in der [Provinz] Asia sind: Gnade sei mit euch und Friede *von dem Seienden und der war und dem Kommenden* und von den sieben Geistern, die vor seinem Thron sind.

Meine eigene Übersetzung dieses Verses ist der Versuch wiederzugeben, wie dieser Satz in den Ohren der ursprünglichen Leser geklungen hat. Im Griechischen steht hier die sonst völlig unübliche Verbindung von zwei Partizipien mit dem Imperfekt des Hilfszeitwortes „sein". Deshalb habe ich übersetzt: „Von dem Seienden und der war und dem Kommenden." Das ist kein gutes Deutsch, aber es ist ein noch schlechteres Griechisch. Gleich zu Beginn der Offenbarung begegnete dem Leser diese haarsträubende sprachliche Konstruktion, über die jeder, der des Griechischen mächtig war, stolpern musste. *Was ist denn das?*, müssen sie sich gefragt haben. Ist der Verfasser dieses Buches ein Ungebildeter? Übersetzt er vielleicht aus einer Fremdsprache?

In der Einführung dieses Buches haben wir bereits mögliche Antworten auf diese Fragen besprochen. Die beste Erklärung ist diese: Johannes hatte keinen griechischen Hintergrund und musste auf Patmos auf jede redaktionelle Hilfe verzichten. Das Griechisch der Offenbarung ist das unbeholfene Griechisch eines Schulanfängers. Aber Gott kann jeden Christen gebrauchen, auch den, der die Sprache seiner Leser nur unzureichend beherrscht. Die Offenbarung brachte den Christen eine machtvolle Botschaft, auch wenn die Ausdrucksweise zuweilen eine schlechte Grammatik hatte.

Der Gebrauch des Alten Testamentes

Bei aufmerksamem Lesen der Offenbarung fällt auf, dass das Alte Testament in den Schilderungen der Visionen eine wichtige Rolle spielt. William Milligan schrieb in seinem Kommentar zur Offenbarung: „Die Offenbarung ist getränkt von Erinnerungen, Ereignissen, Gedanken und sprachlichen Wendungen aus der Zeit vor den christlichen Gemeinden. Der Umfang, in dem das geschieht, berechtigt zu der Annahme, dass in diesem Buch keine einzige Wendung vorkommt, die nicht dem Alten Testament entnommen ist, oder dass es einen einzigen vollständigen Satz enthält, der nicht mehr oder weniger auf alttestamentlichem Gedankengut beruht."[3]

Ein ausführliches Beispiel dafür aus Offenbarung 13 haben wir bereits am Ende von Kapitel 2 behandelt. Forscher sind der Ansicht, dass etwa 2000 Worte, Konzepte und Gedanken der Offenbarung in der einen oder anderen Form auf das Alte Testament zurückgehen. Die Kenntnis des Alten Testamentes ist der Schlüssel zum Verständnis der Offenbarung; wer nicht damit vertraut ist, hat keine Chance, die Offenbarung recht zu verstehen.

Die Art und Weise jedoch, in der Johannes vom Alten Testament Gebrauch macht, ist nicht einfach zu entdecken, denn er zitiert die hebräischen heiligen Schriften nicht wörtlich, sondern macht nur Anspielungen auf sie – hier einige Worte und da einen Satzteil.

Nehmen wir ein Beispiel aus der Einleitung der Offenbarung.

> Siehe, er kommt mit den Wolken, und es werden ihn *sehen* alle Augen und alle, *die ihn durchbohrt haben*, und es *werden wehklagen um seinetwillen* alle Geschlechter der Erde. (Offb 1,7)

Die kursiven Worte sind eine Anspielung auf Sacharja 12,10:

> Aber über das Haus David und über die Bürger Jerusalems will ich ausgießen den Geist der Gnade und des Gebets. Und sie werden mich *ansehen, den sie durchbohrt haben*, und sie *werden um ihn klagen*, wie man klagt um ein einziges Kind, und werden sich

[3] William Milligan, *Lectures on the Apocalypse*, MacMillan and Co., London 1892, S. 72.

> um ihn betrüben, wie man sich betrübt um den Erstgeborenen. (Sach 12,10)

Johannes zitierte den mittleren Teil des Textes in seinem Evangelium (Joh 19,37) mit Bezug auf Jesus. In der Offenbarung zitiert er ihn nicht, aber spielt auf ihn an. Dabei gibt es in der Aussage einen entscheidenden Unterschied. Laut Sacharja werden die Bewohner Jerusalems um den durchbohrten Messias klagen, laut Offenbarung 1,7 werden es aber „alle Geschlechter der Erde" sein. Das lokale Ereignis der alttestamentlichen Vorhersage erfüllt sich weltweit.

Wir müssen also sehr sorgfältig untersuchen, *wie* Johannes auf das Alte Testament Bezug nahm. Es ist wichtig, seine Hinweise darauf nicht zu übersehen; aber wir dürfen auch keine Parallelen mit dem Alten Testament konstruieren, die gar nicht existieren. Wenn wir die Offenbarung studieren, müssen wir große Sorgfalt darauf verwenden, diese Anspielungen zu erkennen. Wie wir das tun können, werde ich im übernächsten Kapitel darstellen.

Die wiederholenden Strukturen

Jedem Leser der Offenbarung fallen auch die zahlreichen wiederholenden Strukturen auf. Wir lesen zum Beispiel von sieben Siegeln, sieben Posaunen und den sieben Zornesschalen mit den sieben letzten Plagen. Und wenn wir die Posaunen mit den Plagen vergleichen, entdecken wir zahlreiche Parallelen: Die erste Posaune und die erste Plage treffen beide die Erde (Offb 8,7; 16,2); die zweiten schädigen beide das Meer (Kap. 8,8–9; 16,3), die dritte Posaune und die dritte Plage treffen beide die Wasserströme und Wasserquellen (Kap. 8,10; 16,4), die vierten die Sonne (8,17; 16,8). Die sechste Posaune und die sechste Plage haben mit dem Euphrat zu tun (Kap. 9,14; 16,12). Die Posaunen und die Plagen enthalten zudem viele Anspielungen auf die Plagen über Ägypten zur Zeit des Auszugs. Und die ersten acht Verse der Offenbarung weisen zahlreiche Parallelen mit dem letzten Kapitel auf (vgl. Kap. 1,1–8 mit Kap. 22,6–21). Mit welchen Mitteln auch immer wir die Geheimnisse dieses Buch zu enthüllen hoffen – wir müssen sorgfältig auf seine Struktur achten (mehr dazu im nächsten Kapitel).

Die Anbetungsszenen

Ein überraschender Aspekt der Offenbarung ist schließlich auch die häufige Erwähnung der Anbetung Gottes. Trotz der wilden Tiere, der Gewalt und der militärischen Terminologie versäumt das Buch nie, davon zu berichten. Wer die Offenbarung liest, kann unmöglich übersehen, welche zentrale Bedeutung die Anbetung Gottes und Christi in ihr hat. Das Buch ist voller Beschreibungen des Heiligtums und Szenen der Anbetung sowie Anbetungslieder. Nimm zum Beispiel das folgende großartige Beispiel himmlischer Anbetung:

> Als es sie genommen hatte, warfen sich die vier mächtigen Gestalten und die vierundzwanzig Ältesten vor dem Lamm nieder. Jeder Älteste hatte eine Harfe und eine goldene Schale mit Weihrauch; das sind die Gebete der Menschen, die zu Gottes heiligem Volk gehören. Sie sangen ein neues Lied:
>
> „Du bist würdig, das Buch zu nehmen und seine Siegel aufzubrechen! Denn du wurdest als Opfer geschlachtet, und mit deinem vergossenen Blut hast du Menschen für Gott erworben, Menschen aus allen Sprachen und Stämmen, aus allen Völkern und Nationen.
> Zu Königen hast du sie gemacht und zu Priestern für unseren Gott; und sie werden über die Erde herrschen."
>
> Dann sah und hörte ich Tausende und Abertausende von Engeln, eine unübersehbare Zahl. Sie standen rund um den Thron und die vier mächtigen Gestalten und die Ältesten und riefen mit lauter Stimme:
>
> „Würdig ist das geopferte Lamm, Macht zu empfangen, Reichtum und Weisheit, Kraft und Ehre, Ruhm und Preis!"
>
> Und alle Geschöpfe in der Luft, auf der Erde, unter der Erde und im Meer – alles, was in der Welt lebt – hörte ich laut mit einstimmen:
>
> „Preis und Ehre, Ruhm und Macht gehören ihm, der auf dem Thron sitzt, und dem Lamm, für alle Ewigkeit."
>
> Die vier mächtigen Gestalten antworteten: „Amen!" Und die Ältesten fielen nieder und beteten an. (Offb. 5,8–14 GNB)

Grundregeln zur Exegese biblischer Texte

Das Gesagte hilft uns zu verstehen, wie der Autor die Offenbarung ausgelegt bzw. interpretiert wissen wollte. Auf den nächsten Seiten und in den drei folgenden Kapiteln möchte ich es in praktische Schritte umsetzen, die uns erlauben, die Bedeutung der Offenbarung zu erfassen. Im Rest dieses Kapitels werden wir uns mit dem ersten Schritt befassen – der Exegese des Textes der Bibel. Das Ziel besteht darin, so genau wie möglich zu bestimmen, was der Verfasser sagen wollte. So sollten wir es übrigens mit allen biblischen Texten machen, nicht nur mit der Offenbarung. Im Einzelnen gehen wir dabei folgendermaßen vor.

Die Bedeutung der Schlüsselbegriffe bestimmen

Es hat sich bewährt, den Abschnitt, mit dem wir uns beschäftigen wollen, in verschiedenen wortgetreuen Übersetzungen mehrere Male durchzulesen. Mach dir dabei eine Liste der Wörter und schwierigen Aussagen, die eine besondere Untersuchung erfordern. Achte auf Begriffe, die in dem Abschnitt wiederholt werden oder die auf den ersten Blick unverständlich sind oder die in anderen Teilen der Bibel eine wichtige theologische Bedeutung haben. Es ist für jede Exegese eines biblischen Textes grundlegend wichtig, die Schlüsselbegriffe, die der Verfasser verwandt hat, zu verstehen.

Wenn du die Schlüsselbegriffe identifiziert hast, solltest du herauszufinden versuchen, welche unterschiedlichen Bedeutungen sie haben können. Anfänger können dazu ein Bibellexikon benutzen; wer die Worte aber genauer verstehen will, braucht ein Begriffslexikon (siehe die Literaturempfehlungen am Schluss des Kapitels). Man kann es auch nutzen, ohne Griechisch zu können, braucht dann aber eine griechisch-deutsche Interlinearübersetzung des Neuen Testamentes, um herauszufinden, welchen griechischen Begriff der Autor verwandt hat, oder die Elberfelder Studienbibel. Durch ein Zahlensystem gibt sie nämlich bei allen wichtigen Worten an, welchen hebräischen oder griechischen Begriff der Verfasser verwendet hat. Um festzustellen, an welchen anderen Stellen dasselbe Wort verwandt wird, kann eine Konkordanz zwar helfen, aber sie hat den Nachteil, dass nicht ersichtlich ist, ob der Verfasser des biblischen Buches denselben Begriff verwandt hat oder nur der Übersetzer (es sei denn, man benutzt eine griechische oder hebräische Konkordanz). Dies ist aber in der Elberfelder Studienbibel, die auch kurze Worterklärungen und eine Konkordanz enthält, durch das Zahlensystem sofort ersichtlich.

Achte besonders darauf, wie derselbe Verfasser ein bestimmtes Wort an anderen Stellen verwandt hat. Man lernt auf diese Weise, die Bedeutung biblischer Begriffe aus dem Zusammenhang heraus zu verstehen, in dem sie stehen, ähnlich wie ein Kind es aus dem Gebrauch eines Wortes lernt.

Schauen wir uns ein Beispiel eines solchen Wortstudiums an. Ein zentraler Text für Adventisten in der Offenbarung ist Kapitel 14,12. Wir vergleichen ihn zunächst in verschiedenen Übersetzungen:

> Hier ist *Geduld* der Heiligen! Hier sind, die da *halten* die Gebote Gottes und den Glauben an Jesus! (Lutherbibel)
>
> Hier ist das *Ausharren* der Heiligen, welche die Gebote Gottes und den Glauben Jesu *bewahren*. (*Elberfelder Bibel*)
>
> Hier ist von den Heiligen *Standhaftigkeit* gefordert, hier sind gefordert, die *festhalten* an den Geboten Gottes und am Glauben an Jesus! (*Zürcher Bibel*)
>
> Hier zeigt sich die *Standhaftigkeit* der Heiligen, die Gottes Gebote *wahren* und den Glauben an Jesus. (Pattloch-Bibel)

Der Vergleich zeigt uns, dass einige Begriffe völlig eindeutig sind (Heilige, Gebote, Glauben), andere aber nicht, die kursiv hervorgehoben sind. Das erste Wort ist (wie aus der *Elberfelder Studienbibel* oder der *Interlinearübersetzung* hervorgeht) *hypomonē*, was laut der *Elberfelder Studienbibel* „Geduld, Dulden, Ertragen, Ausdauer" bedeutet. Das *Begriffslexikon zum Neuen Testament* gibt „Standfestigkeit, Ausharren, Ertragen" als Wortbedeutungen an (im Artikel „Geduld" unter *hypomonē*). Die verschiedenen Übersetzungen spiegeln also die Bandbreite der Bedeutung des Wortes wider; es hat jedoch nichts mit „Langmut" (*makrothymia*), der Frucht des Geistes (Gal 5,22 EB; LB, GNB und NLB übersetzen „Geduld") zu tun.

Das zweite unklare Wort ist *tēreō*, was eine sehr breite Bedeutung besitzt, darunter „bewachen, bewahren, festhalten, [Gebote] halten oder einhalten" (laut *Elberfelder Studienbibel*, ähnlich sagt es das *Begriffslexikon* im Artikel „bewachen, bewahren"). Es kann also tatsächlich in dem Vers um das Einhalten der Gebote Gottes als auch um ihr Bewahren – das Festhalten an ihnen – gehen.

Als Paralleltext finden wir Offenbarung 12,17, wo von den „Übrigen" die Rede ist, „die Gottes Gebote halten" (LB, EB), „beachten" (Zürcher) oder „erfüllen" (Pattloch). Dies ist auch die Bedeutung im Johannesevangelium (siehe Joh 14,15.21; 15,10). Das spricht zugunsten der Übersetzung „die Gebote *halten*" in Offb. 14,12.

Wenn wir den größeren Zusammenhang untersuchen, finden wir jedoch dazwischen in Kapitel 13 die Schilderung der Aktivitäten des „Tieres aus dem Meer", das dieselbe Macht symbolisiert wie das „kleine Horn" in Daniel 7, das die „Heiligen" verfolgt und „Festzeiten und Gesetz" ändert (V. 25). In diesem Kontext macht die Übersetzung, die Gebote zu „bewahren" bzw. sie „festzuhalten" ebenfalls Sinn. Diese Doppeldeutigkeit ist eventuell von Johannes sogar beabsichtigt, weil beides Sinn macht.

Die Bedeutung der Schlüsselbegriffe bestimmen

1. Lies den Abschnitt genau und bestimme die Schlüsselbegriffe:
   - häufig gebrauchte Worte
   - ungewöhnliche oder unklare Worte
   - Worte, die für das Verständnis entscheidend sind.
2. Bestimme für jeden Schlüsselbegriff die ganze Bandbreite seiner Bedeutungen:
   - Schlage das Wort in einem Bibellexikon nach.
   - Bestimme den griechischen Begriff mithilfe der Elberfelder Studienbibel oder einer interlinearen Übersetzung.
   - Schlage das Wort in einem griechischen Wörterbuch oder dem Begriffslexikon zum Neuen Testament nach.
   - Benutze eine Konkordanz, um festzustellen, wie das Wort vom Verfasser an anderen Stellen gebraucht wird.
3. Bestimme die spezielle Bedeutung des Wortes in dem Abschnitt.

Die Beziehung der Begriffe untereinander untersuchen

Der zweite Schritt in der Exegese betrifft die Syntax, das heißt: die Verbindung von Worten zu Wortgruppen und Sätzen. Die Bildung von Wortpaaren kann die Bedeutung der Einzelwörter erheblich verändern. Wenn zwischen zwei Begriffen eine grammatische Beziehung hergestellt wird, ändert sich oft die Bedeutung der einzelnen Worte. Dies müssen wir als Nächstes untersuchen.

Lies also den Abschnitt erneut mehrere Male und identifiziere Wörter und Wortkombinationen, die mehr als eine Bedeutung haben können, zwischen denen du dich entscheiden musst. Dann schau nach, wie sie an anderen Stellen desselben Buches oder in anderen Schriften desselben Autors gebraucht werden.

Hier ein Beispiel. Die Offenbarung beginnt mit den Worten: „Dies ist die Offenbarung Jesu Christi." Was ist damit gemeint: eine Offenbarung *von* Jesus (so NLB) oder eine *über* Jesus? Das ist ein Beispiel für eine syntaktische Frage. Die Grammatik des Satzes erlaubt beide Versionen. Bibelübersetzer treffen in solchen Fällen manchmal eine willkürliche Entscheidung (vor allem in modernen Übersetzungen), ohne die anderen Optionen (z. B. durch eine Anmerkung) deutlich zu machen. Das engt die Aussage des Textes in der Übersetzung ein. Eine solche Auslegung, die der Übersetzung zugrunde liegt, vermag den Leser zwar zufriedenzustellen, kann aber dennoch falsch sein. In manchen Fällen ist die Ambivalenz vom Verfasser durchaus gewollt, denn die Offenbarung stammt einerseits von Christus, ist aber auch eine Offenbarung über Christus, wie das Ende des ersten Kapitels zeigt.

Ein weiteres Beispiel: Was ist „das Zeugnis Jesu Christi" (Offb 1,2 EB; 12,17b)? Ist es ein Zeugnis, das Jesus selbst gibt (Offb 1,2 LB, NLB), oder das Zeugnis eines Anderen (oder unser Zeugnis, siehe Offb 12,17b Hfa und NLB) über ihn? Erhebliche Bedeutungsunterschiede und Erkenntnisschätze hängen von der Antwort auf solche einfachen Fragen ab. Im Fall dieses Ausdrucks der Offenbarung zeigt die Forschung, dass der normale Gebrauch eines Genitivs nach dem Wort „Zeugnis" (fachlich gesprochen) ein „genetivus subjectivus" ist, das heißt: es ist ein Zeugnis, das Jesus gibt, so wie in Offenbarung 12,11 „das Wort ihres Zeugnisses" das Bekenntnis ist, das treue Christen ablegen (vgl. GNB). Die Übersetzung in der Luther- und in anderen Bibeln „das Zeugnis von Jesus Christus" (Offb 1,1) entspricht daher dem Sinn des Wortpaares.[4]

Wenn wir also zuerst die Bedeutung der Schlüsselworte eines Abschnittes herausgefunden haben, dann müssen wir bestimmen, welche verschiedenen Verständnismöglichkeiten die Kombination von Worten für den Text bieten. Das gelingt am besten, indem wir dieselben oder ähnliche Wortkombinationen im selben Buch oder vom selben Autor untersuchen. Dann müssen wir entscheiden, wie wir den Ausdruck am besten verstehen sollten. Das mag in manchen Abschnitten klar sein, in anderen können wir es vielleicht nie mit Sicherheit ergründen.

Die Sätze und ihren Zusammenhang untersuchen

Der dritte Schritt in der Exegese betrifft die Grammatik im Satzgefüge. Er befasst sich mit der Frage, in welcher Beziehung die Wörter zueinander in den Sätzen stehen. Sind die Hauptwörter Subjekt oder Objekt des Verbs? In welcher Zeitform steht das Hauptverb – Gegenwart, Vergangenheit oder Zukunft? Welchen Unterschied würde das machen? Welche Rolle spielen Adjektive und Adverbien in dem Satz? In welcher Beziehung stehen die Nebensätze zum Hauptsatz? Sätze als Diagramm darzustellen kann für denjenigen, der darin geübt ist, das Verständnis des Textes sehr erleichtern.

Es versteht sich von selbst, dass der Gewinn aus der Anwendung dieses Schrittes von der Genauigkeit der Übersetzung abhängt, mit der du arbeitest. Von den deutschen Bibelübersetzungen halten sich die Luther-, Elberfelder, Pattloch- und Zürcher Bibel sowie die Übersetzungen von Schlachter und Menge am genauesten an die Grammatik des Urtextes. Hilfreich ist es hierbei, den *Neuen Sprachlichen Schlüssel zum griechischen Neuen Testament* zu Rate zu ziehen, denn er gibt viele Erklärungen nicht nur zu den Wortbedeutungen, sondern auch zur Grammatik der Texte.

[4] Dies zeigt auch ein Vergleich von Offb 19,10 mit 22,8–9: das „Zeugnis Jesu" (in der ersten Erwähnung in Offb 19,10) steht parallel zu „deiner Brüder, der Propheten" in Kap. 22,9; das „Zeugnis Jesu" ist also die Mitteilung von Jesus an Propheten wie Johannes.

Beim Studium der Bibel ist es hilfreich, Anfang und Ende von Abschnitten zu erkennen. Ein Sinnabschnitt besteht aus einer Reihe von Sätzen, die sich mit einem bestimmten Ereignis oder Gedankengang beschäftigen. Sein Ende erkennst du gewöhnlich daran, dass der nächste Satz ein anderes Thema oder einen anderen Gedanken behandelt. Viele Übersetzungen machen Abschnitte durch eingefügte Zwischenüberschriften deutlich.[5] Wenn du sie miteinander vergleichst und sie übereinstimmen, kannst du davon ausgehen, dass die Einteilung ziemlich klar ist; wenn sie es nicht tun, musst du dich selbst mit den verschiedenen Optionen auseinandersetzen. Deine eigene exegetische Arbeit kann dich aber zu einem noch besser begründeten Ergebnis als die Bibeln führen. In der Offenbarung weisen Formulierungen wie „Danach …“ (Kap. 4,1; 7,1 u. a.) oder „Und ich sah …“ (Kap. 5,1; 6,1 u. a.) am Satzanfang gewöhnlich auf den Beginn eines neuen Sinnabschnittes hin.

Die Sätze und ihren Zusammenhang untersuchen

1. Benutze Übersetzungen, die sich gewissenhaft an die Grammatik des griechischen Urtextes halten.
2. Bestimme in jedem Satz Subjekt, Objekt und Nebensätze.
3. Versuche eventuell, den Satz als Diagramm darzustellen.
4. Bestimme Anfang und Ende jedes Sinnabschnittes; vergleiche deine Entscheidung mit den Übersetzungen.
5. Bestimme Anfang und Ende größerer Szenarien.

Hintergrundinformationen einholen

Das Schwierigste für den Laien ist, Hintergrundinformationen über die historischen und kulturellen Gegebenheiten der damaligen Zeit zu bekommen. Die Offenbarung ist in der römischen Provinz Asia am Ende des ersten Jahrhunderts entstanden; daher spielen in ihr die Symbole, mit denen die damaligen Menschen vertraut waren, die Gottheiten, die sie anbeteten, die apokalyptische Sprache, die

[5] Lutherbibeln, die Vers für Vers gesetzt sind, haben zudem ein Zeichen für Abschnitte ähnlich dem in Schreibprogrammen.

sie kannten, und ihre Lebensumstände eine Rolle. Ihre Kenntnis ist sehr nützlich bei der Auslegung. Viele meinen, das sei nur für Spezialisten wichtig; aber auch der durchschnittliche Bibelleser kann sich Zugang zu solchen Informationen verschaffen.

Anfangen kann man mit einer allgemeinen Enzyklopädie oder mit einer über die römische Welt. Auch Bibellexika geben oft Hintergrundinformationen über verschiedene Aspekte jener Zeit, und viele kritische Kommentare geben Informationen über die Zeitumstände (wenn man auch ihren Auslegungen nicht in allem folgen kann). Der adventistische Bibelkommentar enthält einen einführenden Artikel über die sieben Gemeinden (Bd. 7, S. 86–102). Am hilfreichsten aber sind spezielle Werke über die Zeitgeschichte des Neuen Testamentes (siehe die Literaturliste am Kapitelende).

Es lohnt sich, alle verfügbaren Quellen zu nutzen, um Antworten auf Fragen zu den historischen, kulturellen und literarischen Hintergründen der Offenbarung zu bekommen. In welcher Situation lebten die Christen in Kleinasien? Wie war die politische Situation und welche Rolle spielte die Religion? Welche anderen Schriften aus jener Zeit werfen ein Licht auf die Aussagen der Offenbarung? (Das tun vor allem einige nichtbiblische apokalyptische Schriften aus der Zeit, siehe unten.)

Hintergrundinformationen einholen

1. Lies in Enzyklopädien und Werken zur Zeitgeschichte über die Lebensumstände im Römischen Reich nach.
2. Lies die Hintergrundinformationen in einem oder zwei kritischen Kommentaren (siehe die Literaturliste).
3. Nutze die Bibliographien und Literaturhinweise dieser Quellen, um dein Wissen zu erweitern.
4. Mach dich vertraut mit Übersetzungen einiger nichtbiblischer apokalyptischer Schriften wie:
   - Äthiopischer Henoch (1. Henoch)
   - 4. Esra
   - Die Apokalypse des Zephanja
   - 2. Baruch

Schlussbemerkungen

Die Grundschritte der Exegese, die wir in diesem Kapitel besprochen haben, sind typisch für alle biblischen Texte. Wenn man verstehen will, was der Autor sagen wollte, muss man auf die Bedeutung der Wörter und auf die Beziehungen zwischen den Worten achten; man muss die Struktur der Sätze und Absätze untersuchen, sich um Hintergrundinformationen über die damalige Zeit bemühen und in ihrem Licht die Bedeutung des Textes für die damaligen Leser zu verstehen suchen. Auf diese Weise lässt sich der Sinn des größten Teils der Bibel erschließen.

Für das Studium der Offenbarung reicht dieser Ansatz allerdings nicht aus. Zwar ist es oft nicht schwer zu verstehen, was der Autor der Offenbarung geschrieben hat, aber was er damit eigentlich gemeint hat, bleibt häufig unklar. Diese Grundschritte der Exegese reichen also nicht aus, um die Bedeutung der Aussagen der Offenbarung zu enthüllen.

Vielmehr erfordern die zu Beginn dieses Kapitels besprochenen Besonderheiten der Offenbarung einen breiteren und stärker theologisch ausgerichteten exegetischen Ansatz. Wir können uns nicht auf Methoden beschränken, die uns beim Studium des Mathäusevangeliums oder des Römerbriefes gute Dienste leisten; vielmehr müssen wir einen Ansatz entwickeln, der den Besonderheiten der Offenbarung Rechnung trägt. Denn die Offenbarung gibt ihre Geheimnisse nur preis, wenn wir drei weitere Schritte der Exegese befolgen, die in den letzten drei Kapiteln dieses Buch erläutert werden. Es geht dabei 1. um die sorgfältige Beachtung der Struktur der Offenbarung, 2. um die Kenntnis des alttestamentlichen Hintergrundes vieler Aussagen der Offenbarung und 3. um das Wissen darum, wie im Neuen Testament alttestamentliche Begriffe im Licht dessen, was Jesus vollbracht hat, eine neue Bedeutung bekommen.

Das nächste Kapitel stellt eine hochinteressante Untersuchung der Struktur der Offenbarung dar und zeigt, wie die Kenntnis dieser Struktur dazu beiträgt, die Geheimnisse des Buches zu enthüllen.

Literaturhinweise zur Exegese der Offenbarung

(Diese Bücher sind über die Fernausleihe von Bibliotheken oder die Bibliothek der Theologischen Hochschule Friedensau ausleihbar.)

Anleitungen zur allgemeinen Exegese biblischer Texte:

Neudorfer, Hans-Werner, und Eckhard J. Schnabel: *Das Studium des Neuen Testaments. Eine Einführung in die Methoden der Exegese,* rev. Ausgabe, SCM Brockhaus, Wuppertal 2011

Lee J. Gugliotto: *Handbook for Bible Study,* Review and Herald, Hagerstown (Maryland) 1995.

Bibellexika:

Burkhardt, Helmut u. a., Hg.: *Das große Bibellexikon,* 3 Bände, Brockhaus-Verlag, Wuppertal, und Brunnen-Verlag, Gießen 1987, 2. Auflage 1990

Rienecker, Fritz, und Gerhard Maier: *Lexikon zur Bibel,* Brockhaus-Verlag, neu bearbeitete Ausgabe, Wuppertal 1994/1998

Werke zum Verständnis des griechischen Textes:

Dietzfelbinger, Ernst: *Das Neue Testament, Interlinearübersetzung Griechisch-Deutsch,* Hänssler-Verlag, Neuhausen 1986ff.

Haubeck, Wilfried, und Heinrich von Siebenthal: *Neuer Sprachlicher Schlüssel zum griechischen Neuen Testament,* Band 2, Brunnen-Verlag, Gießen 1994

Bauer, Walter, *Griechisch-Deutsches Wörterbuch zu den Schriften des Neuen Testaments,* 6. neu bearbeitete Ausgabe von Kurt und Barbara Aland, Walter de Gruyter, Berlin/New York 1988.

Coenen, Lothar, Hg.: *Theologisches Begriffslexikon zum Neuen Testament,* Theologischer Verlag R. Brockhaus, Wuppertal 1967–71 (Studienausgabe in 2 Bänden 1977, Sonderausgabe 1993)

Übersetzung von Apokalypsen:

Kautsch, E., Hg.: *Die Apokryphen und Pseudepigraphen des AT,* 2 Bände, Georg Olms Verlag, Hildesheim/New York 1975

Werke zur Zeitgeschichte:

Bruce, F. F.: *Zeitgeschichte des Neuen Testaments*, Teil II, *Von Jerusalem bis Rom*, R. Brockhaus Verlag, Wuppertal 1976/86

Foerster, Werner: *Neutestamentliche Zeitgeschichte*, Halbband 2: *Das römische Weltreich zur Zeit des Neuen Testaments*, Furche-Verlag 1956; 2. Aufl. in einem Bd. Luther-Verlag, Bielefeld 1986

Keener, Craig S.: *Kommentar zum Umfeld des Neuen Testamentes*, Band 3, Hänssler-Verlag, Neuhausen-Stuttgart 1998

Molthagen, Joachim: *Der römische Staat und die Christen im zweiten und dritten Jahrhundert*, 2. Auflage, Vandenhoeck & Ruprecht, broschiert Göttingen 1975

Stauffer, Ethelbert: *Christus und die Caesaren*, 7. Auflage, Siebenstern Taschenbuch Verlag, München und Hamburg 1966

Witulski, Thomas: *Kaiserkult in Kleinasien: Die Entwicklung der kultisch-religiösen Kaiserverehrung in der römischen Provinz Asia von Augustus bis Antoninus Pius*, Vandenhoeck & Ruprecht, Göttingen, 2. Auflage 2011

Kritische Kommentare mit guten Hintergrundinformationen:

Müller, Ulrich B.: *Die Offenbarung des Johannes*, Ökumenischer Taschenbuchkommentar, Gütersloher Verlagshaus, Gütersloh 1995

Giesen, Heinz: *Die Offenbarung des Johannes*, Regensburger Neues Testament, Verlag Friedrich Pustet, Regensburg 1997

Gute englischsprachige kritische Kommentare:

Ranko Stefanovic: *Revelation of Jesus Christ*, Andrews University Press, Berrien Springs 2002, 2. rev. Auflage 2009

Nichol, Francis D., Hg.: *The Seventh-day Adventist Bible Commentary*, Bd. 7, Review and Herald, Washington 1957, 2. Aufl. 1980

Aune, David: *Revelation*, 3 Bände, Word Biblical Commentary, Thomas Nelson Publishers, Nashville 1998f.

Beale, G. K.: *The Book of Revelation*, New International Greek Testament Commentary, Eerdmans, Grand Rapids (Michigan) 1999

Charles, Robert H.: *A Critical and Exegetical Commentary on the Revelation of St. John*, 2 Bände, 1920ff., International Critical Commentary (in diversen Verlagen erschienen)

Kapitel 6

Die Struktur der Offenbarung

Die meisten Bücher des Neuen Testamentes folgen vom Anfang bis zum Ende einem fortlaufenden Gedankengang; der unmittelbare Zusammenhang jedes Abschnittes ist das, was kurz davor und direkt danach gesagt wird.

In der Offenbarung ist das jedoch anders; die ineinander greifende Komplexität, die wir hier antreffen, ist erstaunlich und verwirrend. Der Kontext eines bestimmten Abschnittes kann in einem ganz anderen Teil des Buches zu finden sein. Der unmittelbare Kontext ist in der Offenbarung manchmal nicht so entscheidend wie in den anderen Büchern des Neuen Testamentes; wir müssen ihn zuweilen *im gesamten Buch* suchen. Gleiche Begriffe, Gedanken und Strukturen in weit voneinander entfernten Kapiteln können für das Verständnis eines bestimmten Abschnittes ebenso wichtig sein wie der unmittelbare Zusammenhang.

Den Aufbau der Offenbarung zu verstehen ist von weit größerer Bedeutung als bei den anderen neutestamentlichen Schriften. Wir werden in diesem Kapitel einige spezielle literarische Techniken und Stilmittel des Verfassers kennenlernen, die den Lesern helfen sollen, den Text besser zu verstehen. Die Strategien, die wir untersuchen werden, sind: sich wiederholende Strukturen, doppelte Ausrichtung (Rückschau und Vorausschau), chiastische Parallelen und die Verwendung des alttestamentlichen Heiligtums als strukturierendes Element.

Es geht dabei keineswegs um rein akademische Fragen, sondern um ganz praktische Hilfen bei der Entschlüsselung der Botschaft der Offenbarung.

Sich wiederholende Strukturen

In der Offenbarung gibt es zahlreiche sich wiederholende Strukturen. Zum Beispiel gibt es mehrere Gruppierungen, die aus jeweils sieben gleichen Elementen bestehen: sieben Gemeinden (Offb 2–3), sieben Siegel (Offb 6; 8,1), sieben Posaunen (Offb 8,6–9,21; 11,15–18) und sieben „Schalen des Zornes Gottes" (die sieben letzten Plagen in Offb 16). Johannes hat auch sieben Seligpreisungen ausgesprochen, die im ganzen Buch verstreut sind.

Wenn man parallele Strukturen findet, ist es gut, nicht nur die Ähnlichkeiten zu bemerken, sondern auch auf Unterschiede zu achten. Ist eine Parallele deutlicher als eine andere, kann die eindeutige helfen, die mehrdeutige zu erklären. Dieses Vorgehen ist von unschätzbarem Wert, wenn es um das Studium schwieriger Abschnitte geht. Die Posaunen (Offb 8–9) und die „Schalen des Zornes Gottes" (Offb 16) sind ein gutes Beispiel dafür.

> Der erste Engel blies seine Posaune; und es kam Hagel und Feuer, mit Blut vermengt, und fiel auf die *Erde*; und der dritte Teil der *Erde* verbrannte, und der dritte Teil der Bäume verbrannte, und alles grüne Gras verbrannte. Dann blies der zweite Engel seine Posaune. Etwas, das wie ein großer brennender Berg aussah, wurde ins *Meer* geworfen. Ein Drittel des *Meeres wurde zu Blut*. Ein Drittel *aller Meerestiere* starb und ein Drittel aller Schiffe wurde vernichtet. (Offb 8,7–9 GNB)

> Der erste Engel ging und goss seine Schale auf die *Erde*. Da bekamen alle, die das Kennzeichen des Tieres trugen und sein Standbild anbeteten, ein schmerzhaftes und schlimmes Geschwür. Und der zweite Engel goss aus seine Schale ins *Meer*; und *es wurde zu Blut* wie von einem Toten, und alle *lebendigen Wesen* im Meer starben. (Offb 16,2–3 GNB)

Die erste Posaune und die erste Schale treffen beide die Erde, die zweiten gelten beide dem Meer, und in beiden Fällen wird Wasser zu Blut. Was die deutschen Übersetzungen nicht wiedergeben, ist die Tatsache, dass im Griechischen in beiden Versen für „Meerestiere“ bzw. „lebendige Wesen im Meer“ das griechische Wort „Seele“ steht.

Zwischen den Versen bestehen zwar einige Parallelen, aber es gibt auch einen interessanten Unterschied: Sowohl die erste als auch die zweite Posaune wirken sich nur auf „ein Drittel“ der Erde bzw. des Meeres aus. Das ist auch in den beiden folgenden Posaunen der Fall. Dagegen treffen die sieben Schalen des Zorns die ganze Erde: *Alle*, die das Zeichen des Tieres angenommen haben, leiden unter der ersten Plage, und *alle* Lebewesen im Meer sterben. Diese Verse weisen also sowohl Parallelen als auch Unterschiede auf.

Wenn man den Vergleich fortsetzt, findet man weitere Parallelen: Die dritte Posaune und die dritte Plage treffen beide die Wasserströme und Wasserquellen (Offb 8,10; 16,4), die vierte Posaune bzw. Plage treffen die Sonne, und sie rufen eine Finsternis hervor (Kap. 8,17; 16,8); die sechste Posaune und die sechste Plage haben mit dem Euphrat zu tun (9,14; 16,12), und schließlich leiten die letzten das Ende aller Dinge ein (11,15; 16,17–21). Es gibt zwischen den Posaunen und den Schalen zwar große Unterschiede (besonders bei den jeweils letzten dreien), aber die sprachlichen und inhaltlichen Parallelen sind zweifellos beabsichtigt. Diese Erkenntnis ist für den Ausleger sehr nützlich.

Für viele Leser der Offenbarung sind die sieben Schalen leichter zu verstehen als die sieben Posaunen. Wer diese Erfahrung macht, kann sich die Erkenntnisse, die er aus dem Studium der Schalen gewinnt, bei der Interpretation der Posaunen zunutze machen. Offensichtlich treffen die Plagen die Feinde Gottes und seines Volkes (mit Ausnahme der vierten, vgl. Offb. 16,8–9 mit Kap. 7,24.16). Die Parallelen zu den Posaunen lassen vermuten, dass sie sich ebenfalls vor allem auf die Christus untreuen Menschen auswirken. Strukturen, die sich wiederholen, weisen auf die tiefere Bedeutung hin, die der Autor in sein Buch hineingelegt hat.

Ich möchte noch zwei andere wichtige Parallelen erwähnen (weitere werden wir bei der Besprechung der chiastischen Strukturen kennenlernen). Auf eine überraschende Parallele stößt man, wenn man die Aussagen der Offenbarung über das endzeitliche Babylon in Kapitel 17 bis 19 mit der Beschreibung des neuen Jerusalem in Kapitel 21 und 22 vergleicht. Johannes verglich die goldene Stadt mit der dem Untergang geweihten „großen Stadt“ – die Braut mit der Hure (Offb 21,2.9; 17,1.5.15). Das neue Jerusalem verkörpert alles, was Babylon vermissen lässt; die in Babylon verbleibenden Menschen dürfen das neue Jerusalem deshalb nicht betreten (Offb 18,2–6). Weitere überraschende Parallelen finden wir beim Vergleich der „zwei Zeugen“ (Offb 11,3–6) mit dem „Tier“, das aus der Erde aufsteigt (Offb 13,11–15).

Sich wiederholende Strukturen finden

1. Wähle eine recht wörtliche Übersetzung.
2. Suche nach Paralleltexten innerhalb der Offenbarung:
   - in den Parallelstellenangaben der Übersetzung
   - in einer Konkordanz oder
   - mithilfe eines Bibelprogramms.
3. Begegnest du einer nennenswerten Anzahl von eindeutig parallelen Begriffen und Gedanken, hast du es möglicherweise mit einer parallelen Struktur zu tun.
4. Achte in parallelen Abschnitten auch auf Gegensätze.
5. Bewerte die theologische Bedeutung beider Abschnitte.
6. Wenn der eine Abschnitt klarer ist als der andere, dann beginne mit dem leichter verständlichen und beschäftige dich erst dann mit dem anderen Abschnitt.

Die doppelte Ausrichtung von Nahtstellen

Nun kommen wir zu einer zweiten strukturellen Besonderheit der Offenbarung, die ich mangels einer besseren Alternative doppelte Ausrichtung (duodirectionality) genannt habe. An den Übergängen von einem Sinnabschnitt zum nächsten verbindet die Offenbarung oft eine Rückschau auf den letzten Abschnitt mit der Vorausschau auf den folgenden. Sie fasst an den Stellen das Vorangegangene zusammen und weist gleichzeitig auf das hin, was nun kommt.

In den meisten Büchern der Bibel beginnt der Autor mit einer Einführung, lässt dann den eigentlichen Inhalt folgen und schließt mit einer Zusammenfassung. Der Autor der Offenbarung aber (ob wir dabei nun an Gott denken oder an Johannes, ist in diesem Zusammenhang unerheblich) scheint für die Präsentation der Visionen eine besondere Methode entwickelt zu haben: Die Einführung in einen neuen Abschnitt ist sehr oft eingebettet in eine Zusammenfassung des vorangegangenen. Der Autor erklärt gewissermaßen das nun Folgende in dem gerade Vorhergehenden. Wer diese Struktur übersieht, dem entgeht des Autors eigene Interpretation des nächsten Abschnittes. Ob man dieses Prinzip kennt oder nicht, macht einen großen Unterschied aus für das Verstehen der im Text verborgenen tieferen Gedanken. Zwei Beispiele dafür.

Offenbarung 3,21. Dieser Vers hat mich vor etwa 20 Jahren auf das eben erläuterte Prinzip aufmerksam gemacht.

> Ich werde jeden, *der siegreich ist*, einladen, mit mir *auf meinem Thron zu sitzen*, so wie *ich siegreich war* und mich mit meinem Vater *auf seinen Thron gesetzt habe*. (Offb 3,21 NLB)

Der Text stellt zweifellos den Höhepunkt der Sendschreiben an die sieben Gemeinden dar. Allen sieben Gemeinden wird eine Verheißung gegeben, die den „Überwindern" gilt: Jeder, der siegreich ist, soll auf der neuen Erde ein spezielles „Geschenk" bekommen. Die Anzahl der Verheißungen nimmt von Gemeinde zu Gemeinde zu: Bei der ersten (Ephesus) ist es nur eine (Offb 2,1); bei der zweiten (Smyrna) sind es zwei (V. 10–11), und so geht es weiter, bis die sechste Gemeinde (Philadelphia) sechs Verheißungen erhält (Offb 3,10–12)! Das ist eine deutliche Steigerung.

Bei der siebenten Gemeinde ist die den Überwindern gegebene Verheißung ohne Frage der Gipfel aller Verheißungen – der Höhepunkt und krönende Abschluss aller vorausgegangenen. Denn wer auf Gottes Thron sitzt, hat alles, was Gott geben kann! In dieser letzten Verheißung sind also alle anderen eingeschlossen. Offenbarung 3,21 stellt ohne Frage den geistlichen Höhepunkt der sieben Briefe in Kapitel 2 und 3 dar.

Aber diese Verheißung ist mehr als eine Zusammenfassung des Vorausgegangenen; sie enthält auch Gedanken, die den nächsten Abschnitt vorbereiten, nämlich die Vision vom himmlischen Thron, die zum Auftun der sieben Siegel überleitet (Offb 4–7).

Der obige Vers wird durch das „so wie" in zwei Teile geteilt; im ersten steht das Siegen des Gläubigen im Mittelpunkt, im zweiten der Sieg von Jesus. Der Text stellt also zwischen der Erfahrung des Christen und der Erfahrung von Jesus eine Verbindung her: Beide haben schließlich gesiegt (worüber bleibt unklar) und beide empfangen dieselbe Belohnung – sie sitzen auf dem Thron des Vaters (alle vier Elemente sind im oben zitierten Vers kursiv gedruckt).

Besonders interessant ist die Tatsache, dass der Abschnitt, der sich an diesen Vers anschließt, auf jedes dieser vier Elemente besonders eingeht. In Kapitel 4 ist vom Thron des Vaters die Rede; laut Kapitel 5 sitzt Jesus mit seinem Vater auf dem Thron, und in Kapitel 7 kommen auch die Erlösten hinzu (V. 15–17). Das alles ist von entscheidender Bedeutung für Kapitel 6, einem der schwierigsten der Offenbarung. Der wesentliche Inhalt von Kapitel 4, 5 und 7 ist in Offenbarung 3,21 in einem einzigen Vers zusammengefasst. Es ist, als hätte Johannes den Schlüssel zum Verständnis der sieben Siegel in diesen letzten Vers der sieben Sendschreiben an die Gemeinden hineingelegt. Dann würde die Wendung „der siegreich ist" Kapitel 6 zusammenfassen – das Kapitel, in dem sechs Siegel nacheinander geöffnet werden. Die Entfaltung der Siegel schildert demgemäß das Überwinden des Volkes Gottes im Verlauf der Geschichte des Christentums. Am Schluss des Abschnittes über die sieben Gemeinden werden also die Schlüsselthemen der nun folgenden Kapitel 4 bis 7 in Kurzform zusammengefasst.

Offenbarung 3,21 zufolge befassen sich die Siegel vor allem mit dem Volk Gottes und wie sie hier auf Erden zu Überwindern werden. Dabei dient Johannes das Überwinden von Jesus als Vorbild (Offb 5,5). So wie der Inthronisierung von Jesus (V. 6–14) sein Überwinden vorausging, so wird das Überwinden des Volkes Gottes der letzten Zeit (die „144 000" Versiegelten von Kap. 7,1–4) mit einem für alle Zeiten sicheren Platz im Tempel Gottes belohnt werden (V. 15–17).

Die Rückschau mit einer Vorausschau zu verbinden gehört zum literarischen Stil des Autors der Offenbarung. Bibelleser haben mit den sieben Siegeln unter anderem deshalb so große Schwierigkeiten, weil sie die Hinweise zu ihrem Verständnis, die Johannes bzw. Christus selbst gegeben hat, übersehen. Wenn wir uns beim Studium der Offenbarung den Inhalt des vorigen Abschnittes stets genau ansehen, werden wir darin viele Informationen über die nachfolgenden Visionen finden.

Das fünfte Siegel (Offb 6,9–11) ist ein anderes interessantes Beispiel für das Prinzip der doppelten Ausrichtung. Es bildet den Höhepunkt der Schilderung der vier Reiter (Offb 6,1–8) – einer bildhaften Darstellung der Leiden des Volkes Gottes:

> Und als [das Lamm] das fünfte Siegel auftat, sah ich *unten am Altar* die Seelen derer, *die umgebracht worden waren* um des Wortes Gottes und um ihres Zeugnisses willen. Und sie schrien mit lauter Stimme: „Herr, du Heiliger und Wahrhaftiger, *wie lange richtest du nicht* und rächst nicht unser Blut an denen, *die auf der Erde wohnen*?" … ihnen wurde gesagt, dass sie ruhen müssten noch eine kleine Zeit, bis vollzählig dazukämen ihre Mitknechte und Brüder, die auch noch getötet werden sollten.

Unter den vier Reitern hatte Gottes Volk sehr gelitten. Am Fuße des Altars sah Johannes viele Märtyrer; sie stellten die bewegende Frage, wie lange es noch dauern soll, bis Gott diejenigen, die sie verfolgt haben, vor Gericht stellt. Die Urheber ihres Leides sind die, „die auf der Erde wohnen", und die Märtyrer scheinen zu fragen: „Wie lange willst du noch warten, o Herr, mit dem Gericht über diejenigen, die uns getötet haben?"

Auch dieser Vers schaut voraus auf das, was danach geschah, denn das Schreien der Märtyrer findet ein Echo in Kapitel 8,13:

> Und ich sah, und ich hörte, wie ein Adler mitten durch den Himmel flog und sagte mit großer Stimme: „Weh, weh, weh denen, *die auf Erden wohnen* wegen der anderen Posaunen der drei Engel, die noch blasen sollen!"

„Die auf Erden wohnen" ist auch der Schlüsselausdruck in Offenbarung 6,10; er bildet den Höhepunkt der Schilderung der vier Reiter! Damit meint die Offenbarung offenbar jene, die das Volk Gottes quälen und verfolgen. Der Schrei der Märtyrer, der in Kapitel 6,10 berichtet wird, wird in Kapitel 8,13 beantwortet, denn die Posaunen in Kapitel 8 und 9 schildern, was Gott tut, um die zu richten, die seine Heiligen verfolgt haben.

Die Einführung zu den sieben Posaunen stellt eine noch engere Verbindung zum fünften Siegel her:

> Und ein anderer Engel kam und stellte sich *an den Altar*, und er hatte ein goldenes Räucherfass; und es wurde ihm viel Räucherwerk gegeben, damit er es für *die Gebete aller Heiligen* auf den goldenen Altar gebe, der vor dem Thron ist. Und der Rauch des Räucherwerks stieg mit den Gebeten der Heiligen auf aus der Hand des Engels vor Gott. (Offb 8,3–4)

Wieder wird ein Altar erwähnt, möglicherweise derselbe wie der im fünften Siegel. Auch von den Gebeten der Heiligen war im fünften Siegel die Rede. In Kapitel 6,9–10 beginnen die Gebete emporzusteigen, und in Kapitel 8,3 gelangen sie vor den himmlischen Altar. Und wie antwortet Gott darauf?

> Und der Engel nahm das Räucherfass und füllte es von dem Feuer des Altars und warf es auf die Erde; und es geschahen Donner und Stimmen und Blitze und ein Erdbeben. Und die sieben Engel, welche die sieben Posaunen hatten, machten sich bereit, um zu posaunen. (Offb 8,5–6 EB)

Gottes Antwort auf die Gebete der Heiligen besteht darin, die sieben Engel mit den Posaunen zu beauftragen, Gerichte auf die Erde zu schleudern. Die Reihenfolge ist außerordentlich wichtig. Die sieben Posaunen mögen zwar das Schwierigste in der ganzen Offenbarung sein, aber das Prinzip der doppelten Ausrichtung gibt uns einen Hinweis, wie der Autor selbst diese komplexe Vision verstanden hat. Was immer die Posaunen sonst noch bedeuten mögen: Sie sind sicher eine Antwort auf die Gebete der Heiligen um Gerechtigkeit im Hinblick auf die Verfolgungen der Christen im Verlauf der Geschichte. Mit den sieben Posaunen nimmt Gott die Rufe der „Seelen" am Fuße des Altars ernst und bringt seine Gerichte über ihre Feinde.

Hier lernen wir etwas Wichtiges über die Posaunen: Wir dürfen sie nicht einfach als Naturkatastrophen oder zufällige Ereignisse interpretieren, sondern müssen sie als Gerichte sehen, die speziell den Feinden der treuen Christen gelten. Sie sollen den Heiligen die Gewissheit geben, dass Gott immer noch Herr der Welt ist – auch wenn es so aussieht, als sei das Chaos ausgebrochen.

Das Prinzip der doppelten Ausrichtung ist also ein wertvolles Instrument, die tieferen Anliegen der Offenbarung verständlich zu machen. Es gibt dem Leser Einblick in das Verständnis und die Absichten des Autors – unabhängig davon, ob man nun Johannes oder Christus als die Quelle der Visionen ansieht.

Das Prinzip der doppelten Ausrichtung von Nahtstellen

Der Schlüssel zum Verständnis eines schwierigen Abschnittes der Offenbarung liegt oft in der Aussage, die den Höhepunkt des vorigen Abschnittes bildet und ihn zusammenfasst.

1. Achte sorgfältig auf die Nahtstellen der Offenbarung (die Übergänge von einer Vision zur nächsten).
   Beispiele:
   - Offb 1,19
   - Offb 3,21
   - Offb 6,9–10
   - Offb 11,18
   - Offb 12,17
   - Offb 15,1–4
   - Offb 17,1–6
   - Offb 21,1–8
2. Achte auf Wörter, Begriffe und Gedanken, die an die vorausgegangene Vision bzw. den vorigen Abschnitt erinnern.
3. Achte auf Wörter, Begriffe und Gedanken, die schon die nächste Vision bzw. den nächsten Abschnitt im Blick haben.
4. Bestimme die theologische Bedeutung der doppelten Ausrichtung der Nahtstellen.

Die chiastische Struktur der Offenbarung

Eine dritte literarische Strategie des Autors der Offenbarung besteht darin, seinem Buch eine chiastische Struktur zu geben. Der Begriff Wort geht zurück auf den griechischen Buchstaben X (gesprochen „chi"), weil er spiegelbildlich auf- und abwärts geht.

Die Israeliten dachten und schrieben wie alle Semiten in Chiasmen – etwas, was uns heute völlig fremd ist. Wir gliedern irgendeine Ausarbeitung mit A, B und C; in einer chiastischen Gliederung aber geht der Gedankengang von A nach B und zurück zu A, aber das zweite A (A') liegt auf einer höheren Ebene. Es ist so ähnlich wie bei einer Tonleiter: Derselbe Ton kehrt wieder, nur liegt er jetzt eine Oktave höher.

Das westliche, abendländische Denken, das wir von Kindheit an beigebracht bekommen haben, strebt auf ein Ziel zu, das sich vom Ausgangspunkt meist deutlich unterscheidet. Dagegen beschreibt das chiastische Denken einen Kreis und kehrt in gewisser Weise zum Ausgangspunkt zurück. Das X (Chi) ist eine gute Illustration dieses Denkens; es bewegt sich vom linken unteren Punkt A zum Zentrum B und zurück zum rechten unteren Punkt A', oder etwas komplizierter von A über B nach C und zurück nach B' und A'.

Die Begriffe und Gedanken im ersten Teil des Schriftstückes haben eine Parallele in ihrem letzten Teil; der zweite Teil hat eine Parallele im zweitletzten Teil, der dritte im drittletzten und so weiter, bis das Zentrum erreicht ist. In der griechischen, abendländischen Logik, die dem ABC-Muster folgt, wird der Höhepunkt erst am Schluss erreicht, in der hebräischen Logik liegt er im Zentrum. Wenn der Autor gesagt hat, was er sagen wollte, geht er noch einmal zurück und stellt in anderer Weise dar, wie er zu diesem Ergebnis gekommen ist. Das soll dem Leser helfen, sich ein klareres Bild vom Ganzen zu machen.

Was führt uns dazu anzunehmen, dass der Autor der Offenbarung (Jesus bzw. Johannes) die Form eines großen Chiasmus gegeben hat? Kenneth Strand, mein Lehrer an der Andrews-Universität, der uns in den 1970-er Jahren im Fach Offenbarung unterrichtete, war der Erste, der die chiastische Struktur in der Offenbarung entdeckt hat.[1] Er verglich das Vorwort (Offb 1,1–8) mit dem Nachwort (Offb 22,6–20). Anhand der im folgenden Diagramm aufgelisteten chiastischen Parallelen kann man seine Beobachtungen überprüfen. Die angeführten Beispiele stellen nur eine kleine Auswahl dar; die tatsächliche Anzahl der Parallelen in der Offenbarung ist weitaus höher.

Vorwort und Nachwort

Betrachten wir zuerst die Parallelen im Vorwort und Nachwort. Offenbarung 1,1 und 22,6 spiegeln sich praktisch:

> Dies ist die Offenbarung Jesu Christi, die ihm Gott gegeben hat, *seinen Knechten zu zeigen, was in Kürze geschehen soll*; und er hat sie durch seinen Engel gesandt und seinem Knecht Johannes kundgetan. (Offb 1,1)

> Diese Worte sind gewiss und wahrhaftig; und der Herr, der Gott des Geistes der Propheten, hat seinen Engel gesandt, *zu zeigen seinen Knechten, was bald* [wörtlich: *in Kürze*] *geschehen muss*. (Offb 22,6)

Die kursiv gedruckten Worte werden in den Übersetzungen zwar etwas unterschiedlich wiedergegeben, im Griechischen stehen aber an beiden Stellen dieselben Worte. Sowohl der Anfang als auch das Ende der Offenbarung spricht von dem „was in Kürze geschehen soll“ (*dei genesthai en tachai)*. Und dies ist nur eine von nahezu einem Dutzend verblüffenden Parallelen im Vorwort und im Nachwort der Offenbarung.

[1] Kenneth A. Strand, *The Open Gates of Heaven*, Ann Arbor (Michigan) 1969/72; *Interpreting the Book of Revelation*,, Worthington (Ohio) 1976, Naples (Florida) 1979; kurzgefasst: „The Eight Basic Visions“, in: Frank B. Holbrook, Hg., *Symposium on Revelation – Book I*, Kap. II, Daniel and Revelation Committee Series, Vol. 6, Biblical Research Institute der Generalkonferenz der STA, Silver Spring 1992 (im Internet unter http://dc427.4shared.com/doc/N5qP8_wY/preview.html einsehbar); auf Deutsch: „Die acht Grundvisionen“, *Symposium über die Offenbarung*, 1. Band, in: *Aller Diener*, Gabriel E. Maurer, Hg. (EUD), Nr. 1–3/2001.

Chiastische Parallelen in der Offenbarung

kämpfende Gemeinde		**triumphierende Gemeinde**
Das Vorwort und das Nachwort:		
1,1	„was in Kürze geschehen soll"	22,6
1,3	EB „Glückselig … die … die Worte der Weissagung … bewahren"	22,7 EB
1,3	„die Zeit ist nahe"	22,10
1,4	„die sieben Gemeinden"	22,16
Die sieben Gemeinden und das neue Jerusalem:		
1,17	„der Erste und der Letzte"/„das A und O"	21,6
2,7	„der Baum des Lebens"	22,2
2,11	„der zweite Tod"	21,8
3,12	„das neue Jerusalem"	21,2
Die sieben Siegel und das Ende des Bösen:		
4,4	„die vierundzwanzig Ältesten"	19,4
4,6	„die vier Gestalten"	19,4
5,6; 7,17	„das Lamm"	19,7.9
6,2	der Reiter auf „weißem Pferd"	19,11

Ein weiteres Beispiel ist die Parallele zwischen Offenbarung 1,3 und Kapitel 22,7.10:

> *Glückselig, der* liest und die hören *die Worte der Weissagung* und *bewahren,* was in ihr geschrieben ist! *Denn die Zeit ist nahe.* (EB)
>
> *Glückselig, der die Worte der Weissagung* dieses Buches *bewahrt!* … Und er spricht zu mir: Versiegle nicht die Worte der Weissagung dieses Buches! *Denn die Zeit ist nahe.* (Offb 22,7.10)

Natürlich gibt es zwischen Offb 1,3 und 22,7–10 noch mehr Parallelen. Ein gründliches Studium des Vorwortes und des Nachwortes zeigt eine konsequente, beabsichtigte Symmetrie zwischen diesen beiden Abschnitten der Offenbarung.

Die sieben Gemeinden und das neue Jerusalem

Wenn wir die Sendschreiben an die Gemeinden mit der Schilderung des neuen Jerusalem in Kapitel 21 vergleichen, finden wir ebenfalls zahlreiche Parallelen. Der Inhalt des ersten Teils der Offenbarung entspricht ihrem letzten. In Offenbarung 2,7 verheißt Jesus den Überwindern in Ephesus Anteil am „Baum des Lebens, der im Paradies Gottes steht". Offenbarung 22,2 beschreibt den Baum des Lebens im neuen Jerusalem, zu dem die Erlösten dann Zugang haben werden. Offenbarung 2,11 versichert den Überwindern, dass der „zweite Tod" ihnen kein Leid mehr zufügen wird; Offenbarung 20,14 beschreibt, wie der Tod in den Feuersee geworfen wird, und Kapitel 21,4 kündigt an, dass Gott „alle Tränen von ihren Augen abwischen" wird, denn im neuen Jerusalem wird es keinen Tod mehr geben. Kenneth Strand hat mehr als ein Dutzend auffallende Parallelen zwischen den Briefen an die sieben Gemeinden und den Beschreibungen der Verhältnisse in der erneuerten Welt gefunden.

Diese Parallelen führten ihn zu einer weiteren Feststellung: Was Jesus den sieben Gemeinden in den Sendschreiben verspricht, wird im neuen Jerusalem Wirklichkeit. Strand kam zu dem Schluss: Der erste Teil des Chiasmus der Offenbarung befasst sich in großen Zügen mit der Geschichte von den Tagen des Johannes bis zur Wiederkunft Jesu. Der zweite Teil dagegen schildert die letzten Ereignisse der Weltgeschichte vor der Wiederkunft Christi und die 1000 Jahre danach bis zur Neuschöpfung der Erde.

Auf die Parallelen zwischen den Posaunen und den „Schalen des Zornes Gottes", die die Plagen auslösen, haben wir bereits einen Blick geworfen, gleich werden wir untersuchen, welche Parallelen es zwischen den sieben Siegeln und dem Ende des Bösen (Offb 19–20) gibt (im folgenden Diagramm mit B und B′ bezeichnet). Die Kapitel 12 bis 14 bilden das Zentrum des Chiasmus (D, in diesem Punkt unterscheide ich mich etwas von Strand, er unterteilt den von mir C′ benannten Teil in zwei Teile C_1' und C_2', sein Teil C_2 ist mein Teil D). Die Schilderung der letzten Krise stellt den Höhepunkt dar und ist der Schlüssel zum Verständnis des Ganzen, denn im Mittelpunkt der Offenbarung steht der letzte Kampf zwischen dem „Drachen" Satan und den treuen „Übrigen" der Gemeinde Christi. Die ganze Struktur der Offenbarung strebt darauf zu – und dann wieder davon weg. Dieser Abschnitt ist der Schlüssel zum Verständnis des gesamten Buches – und in seinem Mittelpunkt steht die dreifache Engelsbotschaft (Offb 14,6–12), mit der Gott seine Agenda für die letzten Ereignisse der Weltgeschichte darlegt.

Die gesamte Offenbarung stellt also einen großen Chiasmus dar, der sich aus sieben größeren Abschnitten plus einem Vorwort und einem Nachwort zusammensetzt. In dem folgenden Diagramm habe ich diesen Chiasmus in großen Zügen zu skizzieren versucht.

Der Chiasmus der Teile der Offenbarung

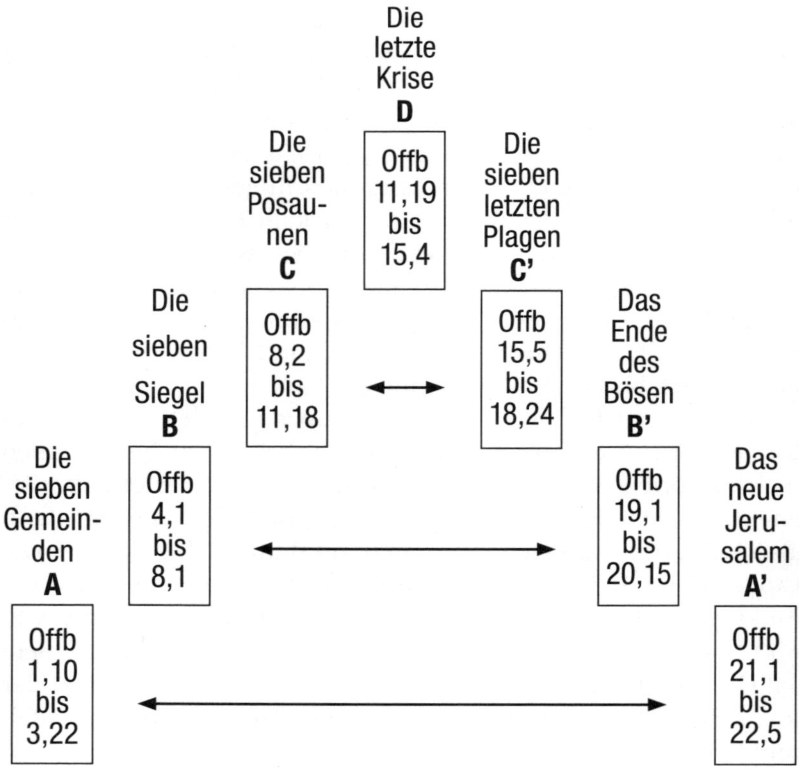

Die sieben Siegel und das Ende des Bösen

An einem Beispiel möchte ich zum Schluss unserer kurzen Betrachtung des Chiasmus verdeutlichen, wie hilfreich der von Kenneth Strand entdeckte Aufbau für das Verständnis der Offenbarung sein kann. Der Vergleich von Kapitel 4 bis 7 mit Kapitel 19 und 20, ihrem chiastischen Gegenstück, ist sehr aufschlussreich.

Die geschilderten Anbetungsszenen ähneln sich. Die Kapitel 4, 5 und 19 sind die einzigen in der Offenbarung, in denen die „24 Ältesten", vier „himmlische Gestalten", der Thron Gottes und ausführliche Lobpreis- und Anbetungsszenen vorkommen. Die Parallelen sind sehr deutlich. Wer diese Kapitel nacheinander durchliest, findet mindestens ein Dutzend Beispiele von Parallelen.

Aber es gibt auch einen interessanten Unterschied: In Kapitel 4 wird Gott angebetet, weil er der Schöpfer ist (V. 11), und in Kapitel 5 wird das Lamm angebetet, weil es sich für die Menschen geopfert hat (V. 9.12). Die Schöpfung und das Kreuz sind in diesen beiden Kapiteln der Grund der Anbetung. Aber in Kapitel 19 werden Gott und das Lamm aus einem ganz anderen Grund angebetet: weil das endzeitliche Babylon untergegangen ist (V. 1–3).

Was sagt uns das über Offenbarung 4 und 5? Es zeigt uns, dass diese Kapitel keine endzeitlichen Szenen schildern, wie viele Ausleger denken. Sie bilden vielmehr die Grundlage für das ganze Buch der Offenbarung, indem sie an die Schöpfung und Christi Kreuzigung erinnern – die Grundlagen der christlichen Theologie. Die Szenen in Offenbarung 4 und 5 spielen am Beginn des christlichen Zeitalters nach der Himmelfahrt Christi; in Kapitel 19 (also im zweiten Teil der Offenbarung) wird über den endgültigen Untergang Babylons gejubelt, der in Kapitel 18 geschildert wird.

Aufgrund dieser Erkenntnisse interpretierte Strand die erste Hälfte des Chiasmus als überwiegend historisch (es gibt auch viel Endzeitliches) und die andere Hälfte als vorrangig eschatologisch, das heißt endzeitlich. Ein sorgfältiger Vergleich von Offenbarung 6,10 mit 19,1–2 bestätigt dies. Die Seelen am Fuße des Altars rufen: „Wie lange richtest du nicht und rächst nicht unser Blut?", während in Kapitel 19 großer Jubel herrscht, weil Gott Babylon gerichtet und „das Blut seiner Knechte gerächt" hat (V. 2).

Die Beziehungen zwischen den Aussagen im ersten Teil des Chiasmus zu denen im zweiten Teil ist also ein wichtiger struktureller Aspekt der Offenbarung. Die erste Hälfte der Offenbarung gibt einen Überblick über die Geschichte des Christentums bis zur Wiederkunft von Jesus unter Betonung der Grundlagen – nämlich seiner Kreuzigung und seiner Erhebung zu seinem himmlischen Status als unser Mittler und Hoherpriester vor Gott (siehe z. B. Hbr 2,17; 4,14–16; 8,1–2; 10,19–22). Die zweite Hälfte konzentriert sich (ab Kap. 13) auf die letzten Ereignisse der Weltgeschichte vor der Wiederkunft Christi und die tausend Jahre danach (Kap. 20 und 21). Die erste Hälfte schaut voraus auf die letzten großen Taten Gottes im Verlauf der Auseinandersetzung zwischen Gut und Böse; die zweite Hälfte beschreibt, wie Gott sie ausführt. Johannes schrieb dabei in typisch alttestamentlicher prophetischer Manier von diesen Ereignissen, als hätten sie bereits stattgefunden (das sogenannte prophetische Perfekt, das sich in den Schriften der Propheten oft findet).

Das israelitische Heiligtum in der Offenbarung

Ich möchte mich nun der letzten wichtigen strukturellen Strategie der Offenbarung zuwenden, die wir in diesem Kapitel besprechen wollen. Sorgfältige Untersuchungen zeigen, dass das israelitische Heiligtum des Alten Testamentes und seine Rituale in der Strukturierung der Offenbarung eine wichtige Rolle spielen. Wer dieses Buch wirklich verstehen will, muss das alttestamentliche Heiligtum kennen – seine Einrichtung und seine verschiedenen Feste und Opfer. Die wichtigsten Einrichtungsgegenstände des israelitischen Heiligtums sind in dem Diagramm auf der gegenüberliegenden Seite dargestellt.

Der Grundriss des alttestamentlichen Heiligtums war ein Rechteck, aufgeteilt in zwei Quadrate. In dem nach Westen gelegenen Quadrat befand sich das heilige Zelt (die „Stiftshütte") bzw. ab der Zeit Salomos der Tempel in Jerusalem; der östliche Teil war der Vorhof für die Priester. (In dem Tempelkomplex, den Salomo bauen ließ, gab es noch zwei weitere Vorhöfe für die Männer und für die Frauen.) In der Mitte des Vorhofes stand der Brandopferaltar, zwischen ihm und dem Zelt stand das kupferne Waschbecken für die Priester. Im hinteren Teil der Stiftshütte stand die Bundeslade, die die beiden Gesetzestafeln mit den Zehn Geboten enthielt.

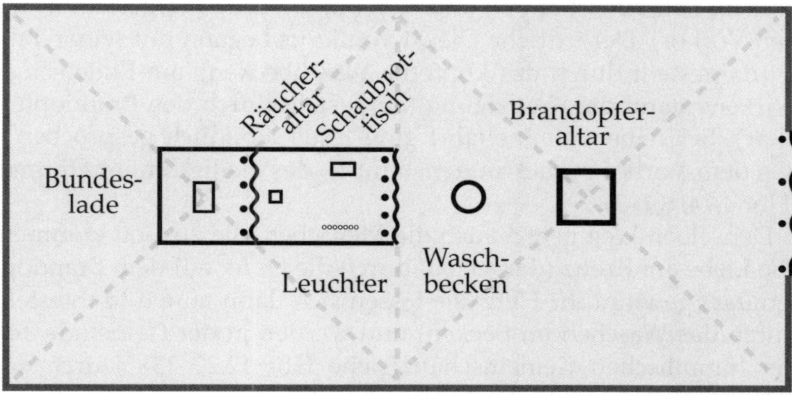

Der Grundriss des heiligen Zeltes bzw. später des Tempels war ein kleineres Rechteck innerhalb des westlichen Quadrates (im Diagramm links). Es bestand aus einem quadratischen Teil (eigentlich handelte es sich um einen Kubus, da Länge, Breite und Höhe das gleiche Maß hatten) – dem Allerheiligsten mit der Bundeslade – und einem rechteckigen Teil, der um die Hälfte größer war; er wurde das Heilige genannt. Darin befanden sich drei Einrichtungsgegenstände: der siebenarmige Leuchter an der Südseite, der Tisch mit den Schaubroten an der Nordseite und der goldene Räucheraltar (an der Westseite vor dem Allerheiligsten). In 2. Mose 25–27 findet sich eine ausführliche Beschreibung der Einrichtung des Heiligtums.

Aus neutestamentlicher Sicht ist das Heiligtum reich an christlicher Symbolik. Seine Einrichtungsgegenstände und alle dort vorgenommenen Handlungen weisen auf die Person und das erlösende Werk Christi hin (siehe Hbr 8–10). Das heilige Zelt des Heiligtums repräsentierte den himmlischen Aspekt des erlösenden Handelns

Gottes: die Fürsprache, das Gericht und die göttliche Autorität (das Gesetz); der Vorhof symbolisierte den irdischen Aspekt des Erlösungsplanes: die Taufe von Jesus und seinen Tod am Kreuz.

Bei seiner Menschwerdung verließ der Sohn Gottes den himmlischen Thron (dargestellt durch den „Gnadenstuhl" auf der Bundeslade im Zelt bzw. Tempel) und kam auf die Erde (dargestellt durch den Vorhof). Der irdische Dienst von Jesus begann mit seiner Taufe (dargestellt durch das kupferne Waschbecken); am Ende seines Wirkens stand die Kreuzigung (dargestellt durch den Brandopferaltar). Bei seiner Himmelfahrt ging Jesus – bildlich gesprochen – aus dem Vorhof zurück in den Tempel, das Heiligtum im Himmel (Hbr 4,14; 8,1–2).

Denselben Weg gehen auch die Menschen, die zu Gott kommen: Die Liebe am Kreuz (dargestellt durch die Opfer auf dem Brandopferaltar) gewinnt ihr Herz; sie lassen sich dann taufen (dargestellt durch das Waschen im Becken) und werden in der Gemeinde Teil der himmlischen Gemeinschaft (siehe Hbr 12,22–23). Durch das Gericht wird ihnen das Recht auf ewige Gemeinschaft mit Gott und Christus auf der neuen Erde gewährt (Röm 2,5–7).

Der „Tempel Gottes" wird mehrfach in der Offenbarung erwähnt (Offb 3,12; 7,15; 11,1.19; 15,8; 16,1), ebenso Gegenstände des Heiligtums: die Leuchter (Offb 1,12.20), ein Altar, vermutlich der Brandopferaltar (Offb 6,9), der Räucheraltar (Offb 8,3.5; wohl auch in Kap. 11,1; 14,18 und 16,7) und die Bundeslade (Offb 11,19).

Es finden sich also viele Aspekte des alttestamentlichen Heiligtums in der Offenbarung. Im Folgenden wollen wir uns einen Überblick verschaffen über die Rolle, die es in der Offenbarung spielt; wir beginnen mit den einleitenden Szenen zu den sieben Hauptvisionen der Offenbarung.

Die einleitenden Szenen der sieben Hauptvisionen

Die Offenbarung scheint bis zu einem gewissen Grad auf das alttestamentliche Heiligtum bezogen strukturiert zu sein – auf die darin vollzogenen Handlungen, die Einrichtungsgegenstände und die Feste am Heiligtum. Bei der Besprechung der chiastischen Struktur der Offenbarung haben wir bereits festgestellt, dass das Buch in sieben Hauptabschnitte eingeteilt ist. Am Anfang jedes Abschnittes finden wir einleitende Verse, die Hinweise auf das Heiligtum enthalten.

In der Einleitung zu den sieben Sendschreiben von Kapitel 2 und 3 in Offenbarung 1,12–18 sah Johannes Jesus mitten unter „sieben goldenen Leuchtern"; sie erinnern an den siebenarmigen Leuchter im Heiligen (im Tempel Salomos gab es auch zehn einzelne Leuchter, siehe 1 Kön 7,48–49). In der Einleitung zu den sieben Posaunen in Kapitel 8,2–5 wird der Räucheraltar aus dem Heiligen erwähnt, und in der Einleitung zu der Vision über die letzte Krise wird die Bundeslade im Allerheiligsten sichtbar (Offb 11,19).

Allen sieben Visionen geht eine Einleitung voraus, die an das alttestamentliche Heiligtum oder den Tempel erinnert. Wir wollen uns diese Einleitungen etwas näher ansehen.

Einleitungsvisionen mit Heiligtumssymbolik

Teil	**Einleitung**	**Hauptteil der Vision**
A:	Offb 1,12–20	Die sieben Gemeinden (Offb 2–3)
B:	Offb 4,1–5,14.	Die sieben Siegel (Offb 6,1–8,1)
C:	Offb 8,2–6	Die sieben Posaunen (Offb 8,7–11,18)
D:	Offb 11,19	Die letzte Krise (Offb 11,19–15,4)
C':	Offb 15,5–8	Die sieben Plagen (Offb 16,1–18,24)
B':	Offb 19,1–10	Das Ende des Bösen (Offb 19,11–20,15)
A':	Offb 21,1–8	Das neue Jerusalem (Offb 21,9–22,5)

Offenbarung 1,12–20. In der einleitenden Vision zu den Sendschreiben an die sieben Gemeinden sah Johannes Christus mitten unter den sieben Leuchtern stehen (Offb 1,12–13). Die Szene erinnert uns an den Tempel Salomos, in dem der siebenarmige und zehn goldene Leuchter standen (1 Kön 7,48.49). Johannes sah jemand, der einem Menschensohn glich, mitten unter den Leuchtern stehen. Er war angetan mit einem bis zu den Füßen reichenden Gewand und einem goldenen Gürtel um die Brust (Offb 1,13); so war auch der Hohepriester im irdischen Heiligtum gekleidet. Spielte diese Szene nun im himmlischen Heiligtum oder auf der Erde?

In dieser Vision befand sich Christus eindeutig auf der Insel Patmos und nicht im himmlischen Heiligtum. Johannes selbst berichtet, dass er zu Beginn der Vision auf Patmos war (Offb 1,9). Er hörte hinter sich eine laute Stimme, die wie eine Posaune klang, und als er sich umdrehte, um zu sehen, wer mit ihm redete, sah er Christus (V. 10–13). Diese Vision spielte also auf der Erde und nicht im Himmel. Die Leuchter, die Johannes sah, waren nicht Gegenstände des himmlischen Heiligtums, sondern repräsentierten die sieben Gemeinden auf der Erde (V. 20). Sollten wir noch Zweifel haben, werden sie zerstreut, wenn wir lesen, dass Johannes erst in Kapitel 4,1 aufgefordert wurde, in den Himmel aufzusteigen. Die Szene in Kapitel 1 ist also keine Vision über das himmlische Heiligtum; vielmehr beschreibt sie, was Jesus in seinen Gemeinden auf der Erde tat.

Aber inwiefern dürfen wir die Bildersprache des himmlischen Heiligtums auf die irdische Gemeinde übertragen? Eine Aussage von Jesus weist auf die Antwort hin:

> Denn wo zwei oder drei versammelt sind in meinem Namen,
> da bin ich mitten unter ihnen. (Mt 18,20)

Jesus spielte hier auf ein geflügeltes Wort der Rabbiner an: „Wo zwei zusammensitzen, um die Thora zu studieren, da ist die Herrlichkeit der Schechina unter ihnen." (*Mischna*, Pirke Aboth 3,2) Jesus bezog sich auf eine rabbinische Tradition des ersten Jahrhunderts, um eine machtvolle Botschaft über sich selbst zu kommunizieren. Er ersetzte die Herrlichkeit der Schechina, die über der Bundeslade sichtbar wurde, durch sich selbst. In seiner Person ist die Herrlichkeit des Heiligtums dort gegenwärtig, wo sich zwei oder drei Christen in seinem Namen versammeln. Laut Matthäus 18,20 ist Christi Herrlichkeit mitten in seiner Gemeinde gegenwärtig.

Das ist auch die Botschaft in Offenbarung 1. Dort ist das neutestamentliche irdische Heiligtum Gottes – die Gemeinde (siehe 1 Kor 3,16–17; Eph 2,19.21) – im Blick, nicht das himmlische Heiligtum. Gemeinde Christi aber ist überall da, wo zwei oder drei Gläubige in seinem Namen versammelt sind.

Offenbarung 4 und 5. Die Szene in diesen Kapiteln spielt dagegen eindeutig im himmlischen Heiligtum. Eine Stimme forderte Johannes auf, durch eine offene Tür in den Thronraum heraufzukommen (Offb 4,1). Wir finden in diesem Abschnitt eine überaus reichhaltige Heiligtumssymbolik – reichhaltiger als in der gesamten übrigen Offenbarung. Die drei Halbedelsteine zum Beispiel, die im Zusammenhang mit Gottes Thron erwähnt werden (V. 3), waren auch auf der Brusttasche des Hohenpriesters befestigt (siehe 2 Mo 28,17–21). Die „24 Ältesten" erinnern an die 24 Abteilungen der Priester im alttestamentlichen Heiligtum (1 Chr 24). Die „sieben Fackeln" (Offb 4,5) lassen an die sieben goldenen Leuchter in Offenbarung 1 denken. Die „vier himmlischen Gestalten" am Thron (V. 6–8) spielen auf die Engel im Tempel Salomos an, wo es zwei kleinere Engel direkt auf der Bundeslade gab (2 Mo 25,18–21), und zwei wesentlich größere, die ihre Flügel durch das ganze Allerheiligste ausbreiteten (siehe 1 Kön 6,23–27). In Offenbarung 5 ist außerdem von Räucherwerk und dem „geschlachteten Lamm" die Rede (V. 8–9). Wir treffen also auf Symbole aus beiden Abteilungen des Tempels und fragen uns, auf welchen Aspekt des Heiligtums die Aufmerksamkeit gelenkt werden soll.

Es gab im alttestamentlichen Tempeldienst nur zwei Gelegenheiten, bei denen das ganze Heiligtum beteiligt war: Die Einweihung, bei der die gesamte Einrichtung in allen Einzelheiten in der einen oder anderen Form eine Rolle gespielt hat (2 Mo 40; 1 Kön 8), und der große Versöhnungstag (3 Mo 16). Können wir sagen, welches der beiden Ereignisse in Offenbarung 4 und 5 gemeint ist – die Einweihung des himmlischen Heiligtums oder das Gericht?

Bei genauem Hinsehen ergeben sich Hinweise auf die Einweihung. Die Symbolik des großen Versöhnungstages ist erst in der zweiten Hälfte der Offenbarung eindeutig zu erkennen, in Kapitel 4 und 5 aber nicht. Das besondere Tieropfer am großen Versöhnungstag war ein Ziegenbock (3 Mo 16,5.15–16); in Offenbarung 5 steht aber ein Lamm im Mittelpunkt, keine Ziege. Bei der Einweihung des Tempels opferte der Priester keine Ziegen, sondern Rinder und Schafe (1 Kön 8,63). Die Tatsache, dass in der Vision in Offenbarung 4 und 5 ein Lamm in Erscheinung tritt, lässt also eher an die Einweihung des Heiligtums als an den Versöhnungstag denken. Diese Schlussfolgerung wird durch die Tatsache bestätigt, dass alles, was in Kapitel 4 und 5 geschieht, eine direkte Antwort auf das Geschehen am Kreuz ist. Es ist das Opfer Christi, das den Tempel im Himmel einweiht. Auch finden wir in dieser Vision keinen Hinweis auf das Gericht, was wir erwarten müssten, wenn der Versöhnungstag gemeint wäre. Stattdessen steht die Fürsprache im Mittelpunkt, symbolisiert durch den Rauch, der vom Räucheralter aufsteigt (Offb 5,8). In Offenbarung 4 und 5 wird also die Einweihung des himmlischen Heiligtums symbolisch dargestellt.

Offenbarung 8,3–5. Da der Abschnitt deutlich kürzer ist als der vorige, möchte ich die Verse 3 und 5 in voller Länge zitieren:

> Und ein anderer Engel kam und trat an den *Altar* und hatte ein *goldenes Räuchergefäß;* und ihm wurde viel *Räucherwerk* gegeben, dass er es darbringe mit den Gebeten aller Heiligen auf dem *goldenen Altar* vor dem Thron … Und der Engel nahm das *Räuchergefäß* und füllte es mit Feuer vom Altar und schüttete es auf die Erde. Und da geschahen Donner und Stimmen und Blitze und Erdbeben. (Offb 8,3.5)

In diesen Versen erkennen wir drei Heiligtumssymbole: den goldenen Räucheraltar, das Räuchergefäß und das Räucherwerk. Sie machen deutlich, dass im Mittelpunkt dieser Einleitungsvision die Fürsprache steht; Christus tritt im Heiligtum für sein Volk ein. Die Gebete der Heiligen und das Räucherwerk verbinden sich miteinander, damit sie vor Gott eine noch größere Wirksamkeit entfalten.

Offenbarung 11,19. Genau in der Mitte der Offenbarung und ihren einleitenden Heiligtumsvisionen steht die Aussage:

> Und der *Tempel* Gottes im Himmel wurde aufgetan, und die *Lade seines Bundes* wurde in seinem *Tempel* sichtbar; und es geschahen Blitze und Stimmen und Donner und Erdbeben und ein großer Hagel. (Offb 11,19)

Die Handlung hat sich jetzt aus dem Heiligen (wie in Offb 8,3–5) in das Allerheiligste verlagert, in dem die Bundeslade steht. Für *Tempel* steht hier im griechischen Text *naos*, ein Begriff, der speziell für das Allerheiligste im Heiligtum reserviert ist. Das war nicht nur im biblischen Sprachgebrauch der Fall, sondern galt auch für die antiken griechischen Tempel, die man noch heute in Ägypten besichtigen kann. Wenn der Fremdenführer seine Gruppe zu dem Schrein im Inneren des Tempels führt, pflegt er zu verkünden: „Dies ist der *naos*, der heiligste Ort des Tempels."

In Kapitel 11,19 stehen ohne Frage die Bundeslade und das Allerheiligste im Mittelpunkt; Vers 18 spricht zudem vom Gericht:

> Und die Völker sind zornig geworden; *und es ist gekommen* dein Zorn und *die Zeit, die Toten zu richten* und den Lohn zu geben deinen Knechten, den Propheten und den Heiligen und denen, die deinen Namen fürchten, den Kleinen und den Großen, und zu vernichten, die die Erde vernichten. (Offb 11,18)

Vers 18 ist der erste Vers in der Offenbarung, der das Gericht als aktuelle Realität beschreibt (in Offb 6,10 hat es noch nicht begonnen). Im Zusammenhang mit dem Gericht sehen wir die Bundeslade im Allerheiligsten, die nur am großen Versöhnungstag im Heiligtumsdienst eine Rolle spielte (3 Mo 16,15b). Und der große Versöhnungstag war mit einem Gerichtsvorgang verbunden (3 Mo 23,27–30). Daraus schließe ich, dass in Kapitel 11,19 auch das Gericht impliziert ist, von dem in Kapitel 14,7 die Rede ist.

Offenbarung 15,5–8. Die nächste Heiligtumsvision als Einleitung finden wir in Offenbarung 15,5–8:

> Und nach diesem sah ich: Der Tempel des Zeltes des Zeugnisses im Himmel wurde geöffnet. Und die sieben Engel, welche die sieben Plagen hatten, kamen aus dem Tempel hervor, bekleidet mit reinem, glänzendem Leinen und um die Brust gegürtet mit goldenen Gürteln. Und eines der vier lebendigen Wesen gab den sieben Engeln sieben goldene Schalen, voll

> des Grimmes Gottes, der da lebt von Ewigkeit zu Ewigkeit. Und der Tempel wurde mit Rauch gefüllt von der Herrlichkeit Gottes und von seiner Macht; und niemand konnte in den Tempel eintreten, bis die sieben Plagen der sieben Engel vollendet waren. (Offb 15,5–8 EB)

Der Abschnitt enthält zahlreiche Heiligtumssymbole. Den Begriff *naos* – das griechische Wort für das Allerheiligste des Tempels – haben wir schon behandelt. Er findet sich auch in diesen Versen und wird mit „Tempel" übersetzt. Die Engel sind angetan mit weißen Leinengewändern und tragen goldene Gürtel, was an die Kleidung der Hohenpriester erinnert (2 Mo 28,4–5). Der Ausdruck „Zelt des Zeugnisses" kommt auch in 4. Mose 17,22–23 (EB) vor und meint dort das Allerheiligste des Heiligtums.

Auch wenn die Kleidung der Engel an die des Hohenpriesters erinnert, gibt es einen bedeutenden Umstand: Der Tempel ist „mit Rauch gefüllt von der Herrlichkeit Gottes … und niemand konnte in den Tempel eintreten" (Offb 15,8 EB) – er hat also keine Funktion mehr. Die eindringliche Botschaft scheint zu lauten, dass der Tempel im Himmel verlassen ist und in ihm keine Fürbitte mehr stattfindet. In Kapitel 4 und 5 wird das Heiligtum eingeweiht; dann folgen Phasen der Fürbitte und des Gerichts; und hier in Kapitel 15 ist es verlassen – der Dienst im Heiligtum hat aufgehört.

Offenbarung 19,1–10. Die Szene in Kapitel 19,1–10 weist bemerkenswerte Parallelen zu der Vision in Kapitel 4 und 5 auf, wie wir bereits festgestellt haben; es ist unter anderem die Rede von Lobpreis und Anbetung, vom Thron, von dem Lamm und den 24 Ältesten. Die Verse stellen das chiastische Gegenstück zu der Szene in Kapitel 4 und 5 dar. Aber auch hier gibt es wieder einen sehr interessanten Unterschied: In Kapitel 19 fehlen Hinweise auf die Symbolik des Heiligtums: kein Räucherwerk, kein Altar, keine Bundeslade und auch kein anderer Einrichtungsgegenstand der alttestamentlichen Stiftshütte werden erwähnt. Es wird zwar angebetet – wie in Kapitel 5 auch – aber eine direkte Bezugnahme auf das Heiligtum und seine Einrichtungsgegenstände fehlt.

Offenbarung 21,1–8. Die letzte einleitende Vision, die auf Heiligtumssymbole zurückgreift, wird in Kapitel 21,1–8 beschrieben. Dort finden wir einige bemerkenswerte Aussagen:

> Ich sah die heilige Stadt, *das neue Jerusalem, von Gott aus dem Himmel herabkommen*, bereitet wie eine geschmückte Braut für ihren Mann. Und ich hörte eine große Stimme von dem Thron her, die sprach: Siehe da, *die Hütte Gottes bei den Menschen!* Und er wird bei ihnen wohnen, und sie werden sein Volk sein und er selbst, Gott mit ihnen, wird ihr Gott sein.
> (Offb 21,2–3)

Wo befindet sich jetzt das Heiligtum? Im Griechischen steht für „Hütte" *skēnē,* was „Zelt" bzw. „Stiftshütte" bedeutet (dasselbe Wort wie in Offb 15,5b). Gottes Stiftshütte ist also auf die Erde gekommen. Vers 2 macht deutlich, dass jetzt das neue Jerusalem – die „heilige Stadt" selbst – Gottes Stiftshütte ist. Auf der neuen Erde wird das neue Jerusalem zum Heiligtum. Daher sah Johannes keinen Tempel in der Stadt (Offb 21,22a). Tatsächlich werden in der Bibel nur das Allerheiligste und das neue Jerusalem als perfekte Würfel beschrieben (V. 16b). Als Fundament dienen die Steine, die auch an der Brusttasche des Priesters zu finden waren (vgl. V. 19–20 mit 2 Mo 28,17–21). Das neue Jerusalem ist nun das Allerheiligste. Zugleich sind Gott und das Lamm nun selbst der Tempel in der Stadt (Offb 21,22b).

Auch dieser Tempel hat einen Dienst:

> Der Thron Gottes und des Lammes wird in der Stadt sein,
> und seine Knechte werden ihm *dienen*. (Offb 22,3)

Das griechische Wort (*latreuein),* das hier mit *dienen* wiedergegeben wird, ist nicht der übliche Begriff für den Dienst von Sklaven; es hat vielmehr mit dem priesterlichen Dienst im Heiligtum zu tun (vgl. GNB: „... Gott als Priester dienen"). Die Erlösten werden Gott in der Stadt dienen, die nun zum eschatologischen Tempel geworden ist.

Wir sehen also, dass alle sieben Einleitungsvisionen auf das Heiligtum Bezug nehmen und ein Thema haben, das damit zusammenhängt. Hier die Zusammenfassung:

Die Bedeutung der Heiligtumsvisionen

Teil	Einführung	Bedeutung
A:	Offb 1,12–20	Gemeinde = Tempel
B:	Offb 4,1–5,14	Einweihung
C:	Offb 8,2–6	Fürbitte
D:	Offb 11,19	Gericht
C′:	Offb 15,5–8	Tempel außer Funktion gesetzt
B′:	Offb 19,1–10	kein Heiligtum erwähnt
A′:	Offb 21,1–8	neues Jerusalem = Tempel

Wenn wir uns diese Themen anschauen, wird deutlich, dass wir es mit einem geschlossenen Kreis zu tun haben: Vom irdischen Tempel in Teil A – den sieben Gemeinden – über das himmlische Heiligtum geht es zurück zum irdischen Tempel – dem neuen Jerusalem in Teil A′. Das folgende Diagramm verdeutlicht dieses Erde-Himmel-Erde Muster.

Das klar erkennbare Muster der Heiligtumseinleitungen

A: Offb 1,12–20	Erde
B: Offb 4 und 5 (Einweihung) C: Offb 8,2-6 (Fürbitte) D: Offb 11,19 (Gericht) C′: Offb 15,5–8 (Tempel außer Funktion) B′: Offb 19,1–10 (kein Heiligtum erwähnt)	↑ Himmel ↓
A′: Offb 21,1–8	neue Erde

Wenn das neue Jerusalem aus dem Himmel herabkommt, kehrt das Heiligtum auf die Erde zurück. Das neue Jerusalem ist das chiastische Gegenstück zu der Szene in Kapitel 1: Jesus mitten unter den sieben Leuchtern, den sieben Gemeinden. Beide Szenen spielen auf der Erde. Aber die dazwischenliegenden Szenen – vier der fünf einleitenden Heiligtumsvisionen in der Mitte der Offenbarung – spielen alle im Himmel und beziehen sich auf das Heiligtum.

Worauf ich besonders aufmerksam machen möchte, ist Folgendes: Zusammengenommen schildern die Heiligtumseinleitungen der Teile B, C und D die vollständige Geschichte des himmlischen Heiligtums während der christlichen Ära. Seine Funktion beginnt mit einer Einweihungszeremonie nach der Himmelfahrt von Jesus, die zu Pfingsten stattfand (siehe Apg 2,33–36). Es folgen die Phasen der Fürbitte und des Gerichtes. Danach kann niemand mehr das Heiligtum betreten, und schließlich wird es gar nicht mehr erwähnt, denn es hat seine Aufgabe erfüllt; im neuen Jerusalem wird es nicht mehr gebraucht. Die einführenden Heiligtumsvisionen der Offenbarung verdeutlichen sehr schön, welche Rolle das himmlische Heiligtum während der christlichen Ära spielt.

Es ist bemerkenswert, wie sehr die Offenbarung vom Heiligtum abhängt und es sogar dazu beiträgt, das ganze Buch zu strukturieren. Die Symbolik aus dem Heiligtum in der Offenbarung ist also kein Zufallsprodukt, sondern bewusst gewählt.

Schlussbemerkungen

Die Offenbarung ist eine Herausforderung und schwer zu verstehen; aber seine tiefen Gedanken fangen an, sich uns zu erschließen, wenn wir die Strategien zur Anwendung bringen, auf die uns der Autor in seiner Einleitung selbst hingewiesen hat, damit wir erfassen, was das Buch uns sagen will und warum.

Was die Struktur der Offenbarung betrifft, so hilft die sorgfältige Beachtung von Einzelheiten, den Sinn des Buches zu erfassen und Dinge zu erkennen, die wir sonst übersehen würden. Die Struktur der Offenbarung enthält viele Hinweise, durch die der Verfasser versucht hat, verständlich zu machen, was er meinte. Wenn wir uns die Besonderheiten der Offenbarung bewusstmachen, gewinnen wir ein besseres Verständnis für das, was sie uns sagen will.

Im nächsten Kapitel wenden wir uns einer weiteren Schlüsselfrage zu, deren Beantwortung uns die tiefen Gedanken Gottes in der Offenbarung zu verstehen hilft. Es ist die Frage, wie der Autor mit dem Alten Testament umgeht und dessen Begriffe verwendet. Die Kenntnis des alttestamentlichen Hintergrundes zu manchen Abschnitten der Offenbarung ermöglicht uns völlig neue Einsichten.

Kapitel 7

Die Anspielungen auf das Alte Testament

Das ominöse Jahr 1984 (laut George Orwell) verlief für mich in mehrfacher Hinsicht sehr positiv: Ich wurde an die Andrews-Universität als Professor berufen und wir bezogen als Familie ein Haus in Berrien Springs. Unvergesslich ist für mich auch eine Debatte zur Nominierung des Kandidaten der Demokratischen Partei für die Präsidentenwahl. Gary Hart führte in den Meinungsumfragen; sein Konkurrent Walter Mondale dachte verzweifelt darüber nach, wie er das Blatt noch zu seinen Gunsten wenden konnte. Niemand ahnte, dass er das mit einer einzigen Frage schaffen würde.

Im Verlauf der Debatte sprach Gary Hart über seine Vision von einem besseren Amerika. Walter Mondale bekam Gelegenheit zu einer Erwiderung. Er sagte, sein Kontrahent habe zwar viele Worte gemacht, aber die entscheidende Frage laute doch: „Wo ist das Fleisch?" Diese rhetorische Frage hatte nichts mit Fleischproduktion zu tun, sondern war eine Anspielung auf einen Werbespot.

Kurz vor dieser Debatte hatte eine große Fastfood-Kette begonnen, einen köstlichen TV-Werbespot zu senden, der sich über die Größe der Fleischportion bei seinem wichtigsten Konkurrenten lustig machte. Eine kleine alte Frau sitzt bei der Konkurrenz an einem Tisch und jemand bringt ihr einen Hamburger. Er hat eine beachtliche Größe und verspricht eine kräftige Mahlzeit, aber als die Frau die obere Hälfte abhebt, sieht man nur ein winziges Stück Fleisch – nicht viel größer als ein Geldstück. Verblüfft schaut sie auf den Teller und sagt mit zittriger Stimme: „Wo ist das Fleisch?" Die Kampagne war ein voller Erfolg. Im ganzen Land zitierten die Leute diese Worte, und die Frau wurde mit ihren 85 Jahren berühmt.

Die Botschaft dieses Werbespots lautete: Was die Konkurrenz über ihre Hamburger sagt, ist unerheblich; es zählt nur das, was man tatsächlich vorgesetzt bekommt. Der Spot forderte dazu auf, die Angebote der rivalisierenden Fastfood-Ketten miteinander zu vergleichen und sich selbst davon zu überzeugen, dass es sich lohnt, woanders essen zu gehen.

Mit dem Zitat aus diesem Werbespot stellte Mondale auf geschickte Art und Weise die Frage in den Raum, ob man sich auf Harts Versprechen tatsächlich verlassen könne oder ob alles nur leere Worte waren. Er stellte mit einer einfachen Anspielung auf den Werbespot die Glaubwürdigkeit seines Kontrahenten infrage. Plötzlich sahen die Wähler Gary Hart in einem anderen Licht, obwohl Mondale seine Unterstellung gar nicht mit Fakten untermauert hatte. Mit einer einzigen Frage war es ihm gelungen, seinen Konkurrenten im ganzen Land zu einer Lachnummer zu machen. So groß kann die Wirkung eines einfachen kurzen Satzes sein!

Was diese Geschichte mit dem Studium der Offenbarung zu tun hat, wird auf den folgenden Seiten schnell deutlich werden.

Die Offenbarung beruht auf dem Alten Testament

Wer das Alte Testament gut kennt, wird beim Lesen der Offenbarung schnell merken, welch große Bedeutung es für ihre Botschaft hat. William Milligan – vor gut hundert Jahren ein führender Kommentator der Offenbarung – war von dieser Beobachtung so beeindruckt, dass er folgende Aussage machte, die ich hier noch einmal zitieren möchte: „Die Offenbarung ist getränkt von Erinnerungen, Ereignissen, Gedanken und sprachlichen Wendungen aus der Zeit vor den christlichen Gemeinden: Der Umfang, in dem das geschieht, berechtigt zu der Annahme, dass in diesem Buch keine einzige Wendung vorkommt, die nicht dem Alten Testament entnommen ist, oder dass es einen einzigen vollständigen Satz enthält, der nicht mehr oder weniger auf alttestamentlichem Gedankengut beruht.[1] Milligan steht mit seiner Meinung nicht allein da. Heinrich Kraft – ein bekannter deutschsprachiger Kommentator aus jünge-

[1] William Milligan, *Lectures on the Apocalypse*, London 1892, S. 72.

rer Zeit – hat dazu Folgendes geschrieben: „Wir können generell sagen, dass wir die Stellen nicht ausgelegt haben, in denen es uns nicht gelungen ist, die alttestamentliche Quelle für die apokalyptische Prophezeiung nachzuweisen. Der Verfasser erfindet niemals aus Eigenem; seine Weissagungen sind dadurch gerechtfertigt, dass sie der alttestamentlichen Prophetie entstammen."[2]

Wer also die Offenbarung studiert, ohne die Anspielungen auf das Alte Testament zu beachten, dem bleibt die wahre Bedeutung dieses Buches weitgehend verborgen. Es enthält rund 2000 Hinweise verschiedener Art auf das Alte Testament. Man könnte sagen: Die Offenbarung beruht auf dem Alten Testament; es ist der Schlüssel zu dem Code, den Johannes beim Schreiben benutzt hat. Ich schätze, dass 80 bis 85 Prozent der Dutzenden Symbole, die in der Offenbarung verwandt werden, nur dann richtig verstanden werden können, wenn man das Alte Testament zu Rate zieht.

Das aber stellt uns vor ein ernstes Problem: Die meisten Bezugnahmen der Offenbarung auf das Alte Testament bestehen nur aus wenigen Worten oder einem kurzen Satzteil; oft werden die Beziehungen nur angedeutet. Diese Anspielungen lassen viele Fragen offen und öffnen Spekulationen Tor und Tür.

Ohne sorgfältiges Studium und Vergleichen missversteht man nur allzu leicht, wie der Autor der Offenbarung das Alte Testament nutzt und was er damit sagen wollte. Wir müssen also einen Weg finden, wie wir die tieferen Anliegen der Bezugnahme von Johannes auf die hebräischen heiligen Schriften verstehen können. Das ist das Thema dieses und des folgenden Kapitels.

Arten des Gebrauchs des Alten Testamentes

Neutestamentliche Autoren scheinen sich im Umgang mit dem Alten Testament im Wesentlichen folgender drei Methoden zu bedienen: Zitat (mit oder ohne Angabe der Quelle), Anspielung und Echo. Wir wollen diese Begriffe zunächst definieren und dann überlegen, wie sie sich auf die Offenbarung anwenden lassen.

[2] Heinrich Kraft, *Die Offenbarung des Johannes*, Handbuch zum Neuen Testament, Bd. 16a, J. C. B. Mohr (Paul Siebeck), Tübingen 1974, S. 16.

Zitate

Von einem Zitat spricht man, wenn ein kürzerer oder längerer Abschnitt aus einem anderen Buch, Werk oder Artikel wortwörtlich angeführt wird. In wissenschaftlicher Literatur ist das häufig der Fall; durch eine Literaturangabe (oft in einer Fußnote) wird dem Leser mitgeteilt, wo er das Zitat im Original nachlesen kann. Der Leser hat so keine Mühe zu erkennen, welche Aussagen von einem anderen Autor stammen, weil Zitate durch Anführungsstriche und die Angabe ihrer Quelle deutlich kenntlich gemacht sind.

Diese Praxis, die erst seit Anfang des vergangenen Jahrhunderts Standard ist (weshalb Ellen White oft ohne Angabe von Quellen zitiert hat), finden wir bei den biblischen Verfassern natürlich nicht. Weil die Kapiteleinteilung der Bücher der Bibel erst 1205 eingeführt wurde und die Verseinteilung erst 1551, konnten sie gar keine genaue Quellenangabe machen, sondern höchstens den Verfasser angeben (siehe z. B. Mt 3,3; 8,17; 13,14).

Häufiger wird im Neuen aus dem Alten Testament zitiert, ohne dass der alttestamentliche Verfasser angegeben wird, weil der entweder nicht von Bedeutung ist (es ist ja ein Zitat aus den heiligen Schriften) oder der neutestamentliche Autor annahm, dass das Zitat dem Leser bekannt war. Wenn jemand heutzutage sagt: „Einigkeit und Recht und Freiheit für das deutsche Vaterland …“, dann wissen die meisten Deutschen, dass diese Worte aus der deutschen Nationalhymne stammen, auch ohne dass das erwähnt wird. Bei solchen Zitaten ist es nicht schwer, zu erkennen woher sie stammen – jedenfalls nicht, wenn man mit dem Text vertraut ist. Und das waren viele Juden zur Zeit der Apostel, denn anhand der alttestamentlichen Schriften wurde Lesen und Schreiben unterrichtet, und jüdische Kinder mussten zumindest die fünf Bücher Mose auswendig lernen. Begabte Kinder, die von den Rabbinern Unterricht bekamen, kannten sogar das ganze Alte Testament auswendig.

Anspielungen

Eine zweite Methode, wie neutestamentliche Autoren vom Alten Testament Gebrauch gemacht haben, wird Anspielung genannt. Anspielungen sind rätselhafter als Zitate. Zwar wollen auch sie den

Leser auf eine allgemein bekannte Quelle hinweisen, tun dies aber nur mit einigen Worten, einem kurzen Satzteil oder einem Gedanken. Der Leser muss die Anspielung erkennen, den Rest selbst ergänzen und dann seine Schlussfolgerungen ziehen. Weil Johannes durchaus wollte, dass die Leser die Anspielungen auf das Alte Testament erkennen, sprechen manche Gelehrte lieber von „direkten Anspielungen", um diese Absicht hervorzuheben.

Anspielungen auf das Alte Testament stellen natürlich eine größere Herausforderung dar als vollständige Zitate mit oder ohne Quellenangabe. Da die frühen Christen überwiegend bekehrte Juden waren, konnten die Verfasser der neutestamentlichen Schriften die gute Kenntnis der alten heiligen Schriften weitgehend voraussetzen. Auch in den Gemeinden in der Provinz Asia, an die Johannes schrieb, gab es viele Christen jüdischer Herkunft (siehe z. B. Apg 19,8–10). Er konnte also davon ausgehen, dass sie seine Anspielungen erkannten und sie dann den nichtjüdischen Christen erklärten. Doch heutzutage kennen Christen das Alte Testament oft nur bruchstückhaft und übersehen daher die Anspielungen. Für sie ist es dann schwer nachzuvollziehen, was der Autor sagen wollte.

Echos

Eine dritte Methode, mit der neutestamentliche Autoren auf das Alte Testament Bezug nahmen, nennt man Echo. Echos haben mit Anspielungen gemeinsam, dass sie nur aus wenigen Worten (manchmal nur einem Begriff), einem Satzteil oder Gedanken aus dem Alten Testament bestehen; aber es gibt einen wichtigen Unterschied. Wie eben gesagt, sind Anspielungen ein ernst gemeinter Versuch, den Leser auf eine allgemein bekannte Quelle hinzuweisen; bei einem Echo ist das jedoch nicht der Fall. Vielmehr benutzt der Autor Sprachwendungen aus der Literatur der Vergangenheit, ohne sich dessen unbedingt bewusst zu sein; es ist nur ein Widerhall oder Anklang. Die Worte kommen ihm einfach plötzlich in den Sinn, weil er mit ihnen gut vertraut ist oder sie in seinem Umfeld oft gebraucht werden. Es wird vorausgesetzt, dass der Leser versteht, was sie bedeuten; er soll sie gar nicht mit der literarischen Quelle in Verbindung bringen, aus der sie stammen.

Anspielungen und Echos in der Offenbarung

Das Schwierige an der Offenbarung ist die Tatsache, dass Johannes das Alte Testament nie zitiert hat. An keiner Stelle werden daraus Worte so ausführlich benutzt, dass wir mit Bestimmtheit sagen können, woher genau sie aus dem Testament stammen. Offenbarung 15,4, wo „das Lied des Mose" erwähnt wird, kommt einem Zitat vielleicht noch am nächsten. Man erkennt in diesen Worten sofort einen Hinweis auf 2. Mose 15. Aber wenn man Offenbarung 15,4–5 damit vergleicht, entdeckt man, dass Johannes keineswegs aus dem Lied des Mose zitiert; diese beiden Verse sind vielmehr eine Collage aus acht oder neun verschiedenen Stellen des Alten Testamentes, von denen keine einzige aus dem zweiten Buch Mose stammt. Das „Lied des Mose" in Offenbarung 15,4–5 ist also kein Zitat aus dem Alten Testament.

Da Johannes in der Offenbarung nie das Alte Testament zitiert hat, verlangt er vom Leser, dass der seine Bezugnahmen auf das Alte Testament aufgrund der eigenen Kenntnis versteht oder aber selbst so viel Hintergrundinformationen zusammenträgt, dass er die Anspielungen erkennen kann.

Viele der damaligen Leser des Johannes haben seine Anspielungen auf das Alte Testament wahrscheinlich schnell verstanden, weil sie damit vertraut waren. Der Umgang damit ermöglichte es ihnen, seine hier und da eingestreuten Anspielungen richtig zu deuten. Aber heute übersehen wir sie leicht, was zur Folge hat, dass die Botschaft der Offenbarung nicht verstanden oder verdreht wird.

Das ist aber nicht das einzige Problem. Übereifrige Ausleger neigen dazu, Anspielungen zu entdecken, die Johannes bzw. Jesus nie beabsichtigt haben! Manchmal spielt Johannes auf das Alte Testament an in der Hoffnung, dass der Leser den Hinweis erkennt, ihn in seine Überlegungen einbezieht und deshalb auch versteht, was er sagen will; bei anderer Gelegenheit benutzt er aber nur die Sprache der hebräischen heiligen Schriften, ohne sich dabei bewusst auf die zu beziehen. Es ist dann lediglich ein Widerhall – ein Echo – alttestamentlicher Begriffe. Zwischen diesen beiden Möglichkeiten zu unterscheiden ist daher außerordentlich wichtig.

Die Funktion von Anspielungen

Anspielungen sollen den Leser auf einen bestimmten Abschnitt im Alten Testament verweisen und ihn anregen, dessen Bedeutung auf den betreffenden Abschnitt der Offenbarung anzuwenden. Johannes möchte, dass der Leser die Anspielungen erkennt und sich den Zusammenhang des Bibeltextes bewusstmacht, auf die sie anspielen. Dieser Zusammenhang wird damit zu einem erweiterten Kontext des Abschnitts in der Offenbarung. Einige wenige Worte, ein Satzteil oder ein Symbol kann auf diese Weise tausend Worte ersetzen. Wer die Offenbarung studiert, muss das im Lichte jener alttestamentlichen Texte tun, auf deren Kontext angespielt wird. Wer die direkten Anspielungen erkennt, gewinnt neue Einblicke in das, was Johannes sagen wollte; sie zu übersehen, lässt seine Absicht im Unklaren.

Die anfangs erzählte Geschichte von Walter Mondale illustriert diesen Prozess recht gut. Als Mondale die eine Frage „Wo ist das Fleisch?“ stellte, baute er darauf, dass das Publikum nicht nur die Worte verstand, sondern auch den Zusammenhang mit dem Werbespot der Fastfood-Kette herstellte. Und er hoffte auch darauf, dass sich diejenigen, die diesen Zusammenhang aus irgendeinem Grund nicht erkannten, an ihren Nachbarn wenden und fragen würden: „Worüber lachen die alle?“ Sie brauchten eine Erklärung, denn ohne die Anspielung zu verstehen und den Hintergrund zu kennen konnten sie nicht begreifen, was Mondale sagen wollte.

Die Funktion von Echos

Anders als Anspielungen beruhen Echos nicht auf einer bewussten Absicht. Johannes kann sich auch unbewusst der Sprache des Alten Testamentes bedient haben. Ein Echo ist dann ein allgemein üblicher Sprachgebrauch, den man kennt oder von den Leuten, mit denen man zusammenlebt, einfach übernimmt, ohne groß darüber nachzudenken. Wenn jemand von Jugend an eine jüdische Synagoge besucht und ständig Texte aus dem Alten Testament gehört und zitiert hatte, war es für denjenigen ganz natürlich, gelegentlich die Ausdrucksweise des Alten Testamentes zu benutzen, ohne dass es ihm bewusst wurde.

Ich möchte das Gesagte an einem Beispiel illustrieren. Jedem von uns ist eine Zitrone als eine ziemlich saure Zitrusfrucht bekannt. Aber das Wort hat in den Vereinigten Staaten noch eine andere, übertragene Bedeutung. Als Zitrone bezeichnet man nämlich auch ein neues Auto, das den Ansprüchen, die man daran stellen darf, nicht genügt. Es mag zwar brandneu sein, aber vieles funktioniert einfach nicht. Es hält nicht, was die Werbung versprochen hat, sondern bereitet dem Besitzer viel Ärger und steht oft in der Werkstatt.

Wer länger in den USA lebt, kennt diese Nebenbedeutung des Wortes Zitrone. Es gibt sie schon seit Anfang des vorigen Jahrhunderts, aber richtig populär wurde sie erst, als Ralph Nader 1970 sein Buch *What to Do With Your Bad Car* veröffentlichte. Der Einband zeigt eine Zitrone auf vier Plastikrädern. Wer den Titel des Buches las und dieses Bild sah, wusste sofort, was gemeint war. Seit der Zeit ist „Zitrone" der Begriff für ein schlechtes Auto.

Aber die meisten US-Amerikaner müssen diesen geschichtlichen Hintergrund gar nicht kennen, um verstehen zu können, was mit einer Zitrone im übertragenen Sinne gemeint ist. Sie bekommen das einfach irgendwann durch den Gebrauch mit. Und wenn ich diesen Ausdruck schriftlich oder mündlich gebrauche, wird mich jeder Nordamerikaner sofort verstehen – auch wenn er noch nie von Naders Buch gehört hat.

Aber nehmen wir einmal an, es wären 2000 Jahre vergangen, und die Menschen wüssten nichts mehr über Sprache und Kultur längst vergangener Zeiten. Und nehmen wir weiter an, dass jemand irgendwo ein Buch entdeckt, das heute (für ihn also vor 2000 Jahren) geschrieben worden ist. Er liest es und kommt an eine Stelle, an der das Wort Zitrone im übertragenen Sinne gebraucht wird. Für ihn ist eine Zitrone eine Zitrusfrucht und sonst gar nichts, sodass er den Autor des Buches missverstehen muss. Aber wenn er später auch Ralph Naders Buch in die Hand bekäme, würde das, was er in dem zuerst entdeckten Buch gelesen hat, auch für ihn auf einmal einen Sinn ergeben, denn jetzt wäre ihm klar, dass dort von einem neuen Auto mit vielen Fehlern die Rede ist und nicht von einer Zitrusfrucht.

Johannes schrieb oft in der Sprachweise des Alten Testamentes (mit griechischen Worten). Möglicherweise war es ihm zuweilen gar nicht bewusst. In solchen Fällen hatte er auch gar nicht die Absicht, den Leser auf einen bestimmten Text des Alten Testamentes hinzuweisen. Aber das von Johannes gebrauchte Wort kommt im Alten Testament tatsächlich vor, und wir müssen danach forschen, was es damals bedeutete. Dann werden wir sein „Echo“ in der Offenbarung auch verstehen. Wir dürfen aber nicht den Kontext irgendeines alttestamentlichen Abschnittes, in dem der Begriff vorkommt, auf die Offenbarung übertragen; der alttestamentliche Zusammenhang hat bei einem Echo keine Bedeutung für die Offenbarung.

Wie man die Anspielungen erkennt

Die entscheidende Frage lautet: Woran erkennen wir, dass Johannes eine beabsichtigte Anspielung auf einen Abschnitt des Alten Testamentes gemacht hat, wenn er daraus Worte in die Beschreibung einer Vision aufnahm? Wonach müssen wir suchen?

Das Aufspüren einer direkten Anspielung hat viel mit Wahrscheinlichkeiten zu tun. Absolute Sicherheit in der Frage, welchen alttestamentlichen Hintergrund Johannes an einer bestimmten Stelle im Sinn gehabt hat, könnte es nur geben, wenn wir ihn selbst danach fragen könnten. Aber diese Möglichkeit haben wir nicht; wir sind auf das angewiesen, was er geschrieben hat. Zuweilen werden wir uns unsicher bleiben, aber mit etwas Mühe können wir ein Gespür dafür bekommen, was Johannes beabsichtigte und meinte. Alles, was wir tun müssen, ist, die Hinweise im Text zu sammeln. Ich werde jetzt erläutern, wie wir dabei vorgehen sollten. Zuvor muss ich aber noch einen Vorbehalt aussprechen.

Wichtig ist, diese Technik nicht nur theoretisch kennenzulernen, sondern sie selbst auszuprobieren. Im Umgang mit meinen Studenten habe ich gelernt: Wenn ich diese Technik nur erkläre, bleibt bei ihnen nicht allzu viel hängen – jedenfalls nicht lange. Deshalb mache ich es ihnen stets zur Aufgabe, sich intensiv mit einem Abschnitt der Offenbarung zu beschäftigen und die darin vorkommenden Anspielungen aufzuspüren. Wenn sie 20 bis 40 Stunden daran gearbeitet haben, machen sie auf einmal spektakuläre Entdeckungen. Und eines Tages kommen sie mit leuchtenden Augen und einem Lächeln zum Unterricht und berichten: „Ich hab's begriffen! Es funktioniert tatsächlich! Zum ersten Mal habe ich etwas direkt aus der Bibel gelernt!" Die meisten Bibelleser – darunter viele Pastoren – lernen nämlich eher aus Büchern *über* die Bibel als durch das Bibelstudium selbst.

Die Arbeitsmethode, die ich jetzt erläutern werde, bereitet anfangs zwar einige Schwierigkeiten, verhilft aber dazu, sich direkt mit dem biblischen Text auseinanderzusetzen und zu erleben, dass sich sein Sinn auf oft überraschende Art und Weise erschließt. Mit zunehmender Übung im Aufspüren von Anspielungen lernt man zu erkennen, wie die Offenbarung das Alte Testament gebraucht. Nach allerlei Übungsstunden scheinen sich beim Studium der Offenbarung auf einmal viele Hände zu heben und zu sagen: „Mich findest du im zweiten Buch Mose!" „Mich findest du im Buch des Propheten Jeremia!" „Und mich im Buch Daniel!" Wenn das geschieht, wird die Offenbarung zu einem völlig neuen Buch, und vieles, was vorher völlig unverständlich war, macht auf einmal Sinn.

Nun aber zum praktischen Vorgehen.

Mögliche Paralleltexte zusammentragen

Der erste Schritt besteht darin, zu dem Vers in der Offenbarung, mit dem man sich auseinandersetzen will, mögliche Paralleltexte zusammenzutragen. Es gibt dazu mehrere Möglichkeiten. Viele Bibeln geben Paralleltexte unter dem Text, am Seitenrand oder in Fußnoten an. Eine andere Quelle sind Kommentare zur Offenbarung; die Autoren weisen oft darauf hin, welche alttestamentlichen Texte ihrer Meinung nach einem bestimmten Abschnitt in der Offenbarung zugrunde liegen. Auch Konkordanzen – in gedruckter oder elektronischer Form – bieten die Möglichkeit, Anspielungen auf das Alte Testament zu finden. Ebenso können Suchfunktionen von Bibelprogrammen weiterhelfen. Alle diese Angaben darf man natürlich nicht als absolute Wahrheit ansehen; man muss in jedem Vers oder Abschnitt nach Anhaltspunkten suchen, die zu erkennen helfen, ob Johannes wirklich eine Anspielung beabsichtigte.

Und wie macht man das praktisch? Es hat sich bewährt, sich Kopien oder Ausdrucke zu machen von dem Abschnitt der Offenbarung, den man studiert, und von den möglichen alttestamentlichen Paralleltexten. Das gibt uns die Möglichkeit zu unterstreichen, hervorzuheben und uns auf dem Blatt Notizen zu machen. Lege die Seite mit dem Text aus der Offenbarung und die Seiten mit den alttestamentlichen Abschnitten, auf die möglicherweise angespielt wird, nebeneinander und suche dann nach verbalen, thematischen und strukturellen Parallelen.

Verbale Parallelen aufspüren

Eine verbale Parallele liegt vor, wenn mindestens zwei wichtige Wörter in beiden Texten vorkommen. Artikel, Präpositionen, weniger wichtige Verknüpfungen und Hilfsverben bleiben dabei unbeachtet. Warum zwei? Ein einzelnes Wort reicht für eine Anspielung nicht aus. Wir können dann zwar ein Wortstudium betreiben, wie der Begriff gebraucht wird, aber eine Anspielung liegt dann sicher nicht vor (höchstens ein Echo). Diese beiden Worte mögen in einem Satzteil verbunden sein oder im Satz getrennt sein – vorausgesetzt, sie befinden sich in einer klaren Beziehung zueinander sowohl im Abschnitt der Offenbarung als auch in dem des Alten Testamentes.

Wenn du beispielsweise aufgrund eines angegebenen Paralleltextes vermutest, dass Offenbarung 9,2–3 eine Anspielung auf 1. Mose 19,28 enthalten könnte, dann lies beide Kapitel im Ausdruck oder der Kopie genau durch und markiere gemeinsame wichtige Worte. Im Bericht über Sodoms Zerstörung heißt es, dass Abraham Rauchwolken sah „wie der *Rauch* von einem *Ofen*". Zwei Worte davon findest du auch in Offenbarung 9,2: „Und er öffnete den Schlund des Abgrundes; und ein *Rauch* stieg auf aus dem Schlund wie der *Rauch* eines großen *Ofens*." (EB) Dieser Vers enthält also eine verbale Parallele zu 1. Mose 19,28, denn beide Texte haben zwei wichtige Begriffe gemeinsam: „Rauch" und „Ofen". Heißt das nun, dass Johannes in Offenbarung 9 bewusst darauf anspielen wollte? Wahrscheinlich nicht, denn es fehlen weitere verbale und thematische Parallelen; zudem sind die Worte für „Ofen" nur in der *Septuaginta* gleich (1 Mo 19,28 EB hat „Schmelzofen").

Nehmen wir ein anderes Beispiel, die zweite Engelsbotschaft:

> Und ein anderer, zweiter Engel folgte und sprach: *„Gefallen, gefallen ist* das große *Babylon,* das mit dem *Wein* seiner leidenschaftlichen Unzucht *alle Nationen getränkt* hat.“ (Offb 14,8 EB)

Bibelübersetzungen verweisen als Paralleltexte auf Jesaja 21,9, Jeremia 25,15–16 und 51,7. Schauen wir sie uns der Reihe nach an.

> Da rief der Wächter: „Den ganzen Tag bin ich auf meinem Posten, Herr, jede Nacht halte ich Wache. Achtung! Da kommen Truppen, Streitwagen mit Pferdegespannen!“ Und jemand verkündete: *„Gefallen! Babylon ist gefallen!* Alle seine Götzenbilder liegen zertrümmert am Boden!“ (Jes 21,8–9 GNB, vgl. EB)

Dies ist eine prophetische Botschaft über den künftigen Untergang Babylons. Das „gefallen“ hat nichts mit Abfall zu tun (Babylon hat ja auch nie auf der Seite des HERRN gestanden). Dass ihr Sprecher nicht identifiziert wird, lässt darauf schließen, dass die Botschaft „Gefallen! Babylon ist gefallen!“ von Gott kam. Wir haben hier eine eindeutige verbale Parallele zur zweiten Engelsbotschaft vorliegen mit zwei gemeinsamen Worten und der charakteristischen Wiederholung von *gefallen,* also eine mögliche Anspielung.

Wir sehen uns den nächsten Text aus Jeremia an:

> Denn so sprach zu mir der HERR, der Gott Israels: „Nimm diesen Becher mit dem *Wein* meines Zorns aus meiner Hand und lass daraus trinken *alle Völker,* zu denen ich dich sende, dass sie trinken, taumeln und toll werden vor dem Schwert, das ich unter sie schicken will.“ (Jer 25,15–16)

Hier haben wir auch eine verbale Parallele zur zweiten Engelsbotschaft: *Wein* und *alle Völker.* Bemerkenswert ist, dass diese Anweisung an Jeremia im Kontext des Gerichts über Babylon steht (siehe V. 12–13). Dieses Thema wird in Jeremia 50 und 51 ausführlich weiter behandelt. Sehen wir uns zunächst Jeremia 51,6–9 an:

> *Flieht aus Babel,* und rette ein jeder sein Leben, dass ihr nicht untergeht in seiner Schuld. Denn dies ist für den HERRN die Zeit der Rache, um ihm seine Taten zu vergelten. Ein goldener Kelch, der alle Welt trunken gemacht hat, war Babel in der Hand des HERRN. *Alle Völker* haben von seinem *Wein getrunken;* darum sind die *Völker* so toll geworden. Wie plötzlich *ist Babel gefallen* und zerschmettert! Heult über Babel, bringt Balsam für seine Wunden, ob es vielleicht geheilt werden könnte. Wir wollten Babel heilen; aber es wollte nicht geheilt werden. So lasst es fahren und lasst uns ein jeder in sein Land ziehen! Denn seine Strafe *reicht bis an den Himmel* und langt hinauf bis an die Wolken. (Jer 51,6–9)

Hier finden wir mehr verbale Parallelen zur zweiten Engelsbotschaft als in den vorigen Texten: *Babel/Babylon, gefallen, alle Völker, Wein, getrunken/getränkt.* Und es finden sich weitere verbale Parallelen zur Wiederholung der zweiten Engelsbotschaft mit weiteren Ausführungen und Begründungen in Offenbarung 18,2–6. Zu den bereits eben erwähnten kommen der Aufruf, aus Babylon zu *fliehen* („Geht hinaus aus ihr, mein Volk …“ V. 4) und die Begründung für seinen Untergang: „Ihre Sünden reichen bis an den Himmel“ (V. 5). Eine verbale Parallele besteht auch zu Jeremia 51,45:

> *Zieht aus ihm hinaus, mein Volk,* und rettet euch, jeder sein Leben, vor der Zornesglut des HERRN! (Jer 51,45 EB)

Es gibt noch weitere verbale Parallelen zwischen Offenbarung 17 und 18 und Jeremia 51 und vor allem auch mehrere thematische Parallelen: der Untergang Babylons, die Rettung des Volkes Gottes aus Babylon und die Rache Gottes für das, was Babylon seinem Volk angetan hat (vgl. Offb. 18,6 mit Jer 51,6b).

Das Ergebnis unserer Untersuchung ist daher: Die zweite Engelsbotschaft spielt mit Sicherheit auf Jeremia 51 an, auch wenn die verbale Parallele von „Gefallen, gefallen ist das große Babylon“ zu Jesaja 21,9 etwas stärker ist. Aber Jeremia 51 greift ja diese Botschaft aus Jesaja auf und führt sie weiter aus.

Zu bemerken ist hierbei noch, dass weder die zweite Engelsbotschaft noch Offenbarung 17 und 18 verbale oder thematische Parallelen zum Bericht über den Turmbau zu Babel in 1. Mose 11 haben. Allein die Erwähnung von Babel stellt noch keine Parallele oder Anspielung dar. Es ist daher unberechtigt, in der Auslegung der zweiten Engelsbotschaft irgendwie den Gedanken der Verwirrung (vgl. 1. Mo 11,9) einzubringen.

Verbale Parallelen sind für sich allein genommen noch *kein* Beweis für eine Anspielung, wohl aber ein wichtiger Hinweis. Je mehr gemeinsame Wörter in beiden Texten vorkommen, desto wahrscheinlicher ist es, dass der eine Autor auf den anderen Autor anspielt. Aber wenn es sich um zahlreiche Wörter handelt – zum Beispiel um mehr als zehn hintereinander – sollte man nicht mehr von einer Anspielung sprechen, sondern von einem Zitat. Das kommt in der Offenbarung jedoch – wie erwähnt – nicht vor.

Du suchst also als Erstes durch den Vergleich der Texte alle verbalen Parallelen. Unterstreiche die wichtigen Wörter oder hebe sie mit einem Textmarker hervor. Notiere dir alle verbalen Parallelen, die wahrscheinlich von Bedeutung sind, wie in dem obigen Beispiel gezeigt. Umfangreiche verbale Parallelen sind sehr wichtige Hinweise, wenn es um die Frage geht, ob Johannes auf einen bestimmten alttestamentlichen Text angespielt hat oder nicht.

Verbale Parallelen aufspüren

1. Suche nach möglichen Paralleltexten mithilfe von:
   - Parallelstellen in den Bibelübersetzungen
   - Angaben in Bibelkommentaren
   - Wortkonkordanzen
   - Computer-Bibelprogrammen.
2. Drucke den Abschnitt der Offenbarung und die möglichen AT-Paralleltexte aus oder kopiere sie aus einer Bibel.
3. Unterstreiche mit einem Farbstift oder Textmarker alle wichtigen Wörter, die sowohl im Kapitel der Offenbarung als auch in den alttestamentlichen Abschnitten vorkommen.

Thematische Parallelen suchen

Ein zweiter Hinweis auf direkte Anspielungen sind thematische Parallelen. Sie können mit verbalen Parallelen verbunden sein (durch Begriffe, die auf Themen hinweisen), müssen es aber nicht. Man sucht nach gemeinsamen Themen und Gedanken, auch unabhängig davon, ob in beiden Texten genau dieselben Worte vorkommen. Manchmal hat Johannes möglicherweise einen alttestamentlichen Abschnitt im Sinn, benutzt aber zum Teil andere griechische Worte als die *Septuaginta*. Das sollte uns nicht überraschen, denn Anspielungen sind von ihrer Natur her nicht daran gebunden, den genauen Wortlaut des Originals wiederzugeben. Wenn es jedoch lediglich eine thematische Parallele gibt, ist das ein zu schwacher Hinweis auf eine beabsichtigte Anspielung. Wenn ein Autor auf einen anderen Text anspielt, bezieht er sich nicht nur auf dessen Inhalt, sondern übernimmt auch dessen wichtige Begriffe. Für sich allein genommen haben thematische Parallelen keine Beweiskraft, aber in Verbindung mit verbalen Parallelen und eventuell gar einer strukturellen Parallele erhöhen sie die Wahrscheinlichkeit enorm, dass ein Text auf einen anderen anspielt.

Thematische Parallelen aufzuspüren, kann schwierig sein. Um sie zu erkennen, braucht der Ausleger eine gute Kenntnis sowohl der Offenbarung als auch des Alten Testamentes.

Das lässt sich am besten wieder an einem Beispiel erklären. In Offenbarung 9,3–5 lesen wir von den „Heuschrecken" unter der fünften Posaune, die alle Menschen quälen außer denen, die „das Siegel Gottes an ihren Stirnen haben" (vgl. Kap. 7,2–3). Von „einem Zeichen an der Stirn" der Gottgetreuen lesen wir auch in Hesekiel 9,4. Der Prophet sah, wie sich sechs bewaffnete Männer Jerusalem näherten; einer von ihnen hatte ein Schreibzeug. Er sollte jeden Einwohner der Stadt an der Stirn kennzeichnen, der über die „Gräuel" jammerte, die in der Stadt und im Tempel geschahen. Wer kein Zeichen an seiner Stirn erhielt, wurde von den Männern erschlagen, die dem Mann mit dem Schreibzeug folgten (V. 5–7). Das „Zeichen an der Stirn", das die treuen Gläubigen vor dem göttlichen Gericht bewahrte, ist also ein wichtiges Thema in Hesekiel 9; es ist eine thematische Parallele zu Offenbarung 9,4.

Spielte Johannes in diesem Vers also absichtlich auf Hesekiel 9 an? Wahrscheinlich nicht, denn Anspielungen beruhen nicht auf einer einzigen thematischen Parallele, sie müssen zumindest mit einer eindeutigen verbalen Parallele verbunden sein. Hesekiel und Johannes benutzten aber verschiedene Worte für das Zeichen bzw. Siegel; das einzige gemeinsame wichtige Wort ist „Stirn". Es existiert also keine verbale Parallele zwischen diesen Abschnitten.

Bei der Suche nach thematischen Parallelen geht man genauso vor wie beim Aufspüren von verbalen Übereinstimmungen. In Bibeln, Kommentaren und thematischen Konkordanzen hält man nach möglichen Parallelen Ausschau; dann vergleicht man die alttestamentlichen Texte mit dem betreffenden Abschnitt der Offenbarung und achtet sorgfältig auf gemeinsame Themen.

Da thematische Parallelen oft längere Textabschnitte betreffen, ist es hilfreich, den Kontext der Verse in der Offenbarung mit dem Kontext der alttestamentlichen Stellen zu vergleichen, um festzustellen, ob sich dort thematische Parallelen finden. Je besser man die Hauptthemen der Offenbarung und des Alten Testamentes kennt, umso leichter ist es, thematische Parallelen zu entdecken.

Strukturelle Parallelen erkennen

Einen weiteren Hinweis auf eine direkte Anspielung kann auch eine strukturelle Parallele geben. Sie liegt vor, wenn es mehrere verbale und auch thematische Parallelen gibt und sie in der Offenbarung in etwa der gleichen Anordnung wie im Alten Testament vorkommen. Eine strukturelle Parallele kann auf wenige Absätze beschränkt sein oder auch einen ganzen Teil der Offenbarung umfassen.

Ein gutes Beispiel einer strukturellen Parallele ist die zwischen der fünften Posaune (Offb 9,1–11) und Joel 2,1–11. Diese Abschnitte weisen viele verbale und thematische Parallelen auf: Posaune, Heuschrecken (Joel 1,4), Finsternis, Pferde, ein Krieg, Vegetation („Land wie der Garten Eden" in Joel 2,3; Gras, alles Grüne, Bäume in Offb 9,4), Schrecken und ein Anführer. Der Autor der Offenbarung folgt dem Text in Joel 2 in vielen Punkten.

Zu Teilen der Offenbarung gibt es zahlreiche strukturelle Parallelen zum Alten Testament. Kapitel 4 zum Beispiel weist eine sehr deutliche Parallele zu Hesekiel 1 auf. Einer Klasse von Doktoranden legte ich einmal Offenbarung 4 und Hesekiel 1 auf Griechisch vor (in der Übersetzung der *Septuaginta*). Sie stellten fest, dass fast ein Drittel des vierten Kapitels der Offenbarung dem ersten Kapitel von Hesekiel entnommen ist; das ist eine sehr überzeugende strukturelle Parallele. Offenbarung 13 weist eine strukturelle Parallele zu Daniel 7 auf, Offenbarung 18,9–19 zu Hesekiel 27 und die Schilderung des neuen Jerusalem (Offb 21,2–22,5) zu Hesekiel 40–48. Du ahnst wahrscheinlich schon, welches die umfangreichste strukturelle Parallele ist: Das Buch der Offenbarung folgt als Ganzes ziemlich dem Buch des Propheten Hesekiel.

Eine strukturelle Parallele bezieht sich nicht nur auf bestimmte Abschnitte, sondern kann sich auch auf ein übergreifendes Thema beziehen. Die Posaunen und die sieben Plagen in der Offenbarung zum Beispiel besitzen viele Anspielungen auf die Plagen über Ägypten vor dem Auszug (2 Mo 7–11): Wasser wird zu Blut; Menschen und Tiere kommen um, Hagel fällt vom Himmel, es herrscht Finsternis usw. Aber die Parallelität erstreckt sich nicht allein auf das zweite Buch Mose, denn das Thema des Auszugs findet sich auch im fünften Buch Mose, in den Psalmen und Propheten. Außerdem gibt es in den Posaunen viele Parallelen zum Schöpfungsbericht.

Der Grundgedanke der Anbetung, wie er in den ersten vier der Zehn Gebote zum Ausdruck kommt, bildet den Hintergrund für Offenbarung 13 und 14 (und diese Parallelität bezieht sich nicht nur auf 2. Mose 20). Vieles von dem, was in Offenbarung 14–18 geschildert wird, bezieht sich auf das Thema des Falls Babylons, über den – wie wir gesehen haben – in Jeremia 50–51 und Jesaja 44–47 und anderen Stellen im Alten Testament berichtet wird.

Die Offenbarung weist viele eindeutige strukturelle Parallelen zum Alten Testament auf, die einzelne Abschnitte als auch wichtige Themen und Ereignisse betreffen. Eine strukturelle Parallele in der Offenbarung ist ein sehr deutlicher Hinweis für eine direkte Anspielung auf das Alte Testament. Wenn man bei den Posaunen zudem viele verbale und thematische Parallelen zu den Plagen über Ägypten findet, ist die Wahrscheinlichkeit, dass es sich um eine direkte Anspielung handelt, viel größer als bei einzelnen Parallelen.

Die Bewertung der Hinweise auf eine Anspielung

Je größer die Anzahl verbaler, thematischer und struktureller Parallelen ist, umso größer ist die Wahrscheinlichkeit, dass der Autor der Offenbarung einen ganz bestimmten Abschnitt des Alten Testamentes im Auge hatte. Eine strukturelle Parallele ist im Allgemeinen wegen seiner Eindeutigkeit das stärkste Argument, aber verbale Parallelen sind ebenfalls von großer Bedeutung; wenn sie aus vier bis sieben gemeinsamen Worten bestehen, hat man wahrscheinlich eine direkte Anspielung vorliegen.

Wenn sich die verbalen Parallelen auf ein oder zwei Worte beschränken, handelt es sich wahrscheinlich eher um ein Echo als um eine Anspielung. Johannes hat sie unbewusst verwendet, ohne an eine bestimmte Stelle im Alten Testament zu denken. Wenn andererseits das Thema und die verbalen Parallelen auf einen einzigen alttestamentlichen Abschnitt beschränkt sind, ist die Wahrscheinlichkeit größer, dass Johannes tatsächlich darauf anspielte.

Mögliche Anspielungen auf das Alte Testament teile ich in vier Kategorien ein: sicher, wahrscheinlich, möglich oder ungewiss. Eine der Hauptaufgaben des Auslegers irgendeines Abschnittes der Offenbarung besteht darin zu bestimmen, wie groß die Wahrscheinlichkeit ist, dass der Autor dabei an eine bestimmte alttestamentliche Stelle gedacht hat. Wenn der Ausleger das für sicher oder wahrscheinlich hält, *muss dieser Abschnitt* und sein Kontext bei der Auslegung des betreffenden Abschnittes in Offenbarung *berücksichtigt werden*. Wenn es sich dagegen nur um eine mögliche Anspielung handelt, können der alttestamentliche Text und sein Kontext bei der Interpretation des Textes der Offenbarung zwar als unterstützendes Argument verwendet werden, *dürfen* aber *nicht die Grundlage der Interpretation bilden*. Wenn die potenzielle Anspielung unsicher ist oder gar keine Anspielung vorliegt, darf sie bei der Auslegung *überhaupt keine Rolle spielen*.

Wenn ich zum Beispiel bei einem Vergleich zwischen Offenbarung 4 und Hesekiel 1 viele verbale und thematische und dazu noch eine strukturelle Parallele finde, dann habe ich es mit einer sicheren oder zumindest wahrscheinlichen Anspielung zu tun. Finden sich dagegen nur wenige verbale und wenige thematische Parallelen, handelt es sich lediglich um eine mögliche Anspielung, auf die ich keine Auslegung gründen darf.

Bewertung von Hinweisen auf Anspielungen

	Definition
sichere Anspielung	starke verbale (8 bis 12 gemeinsame Worte), thematische und strukturelle Parallelen
wahrscheinliche Anspielung	eindeutige verbale (4 bis 7 gemeinsame Worte), thematische und eine strukturelle Parallele oder verbale Parallelen von 4 bis 7 Worten ohne eine strukturelle Parallele
mögliche Anspielung	wenige verbale (2 oder 3 Worte) und thematische Parallelen ohne strukturelle Parallele
unsichere Anspielung	eine schwache verbale und/oder lediglich eine thematische Parallele
keine Anspielung	kein Hinweis auf verbale oder thematische Parallelen

Bei der Auswertung von Anspielungen ist es unverzichtbar, auch den alttestamentlichen Kontext sorgfältig zu untersuchen. Wenn man dabei eindeutige Parallelen findet, ist es wahrscheinlich, dass der Autor der Offenbarung den Leser an etwas erinnern wollte, das im Kontext des alttestamentlichen Textes enthalten ist. Wenn die Anspielung dagegen nur eine Möglichkeit ist und man nicht sicher sein kann, was Johannes wirklich sagen wollte, darf man die alttestamentlichen Texte bei der Interpretation der Offenbarung zwar verwenden, aber nur als unterstützendes Argument für etwas, was ohnehin aus dem Kontext des Offenbarungstextes klar ist. Mögliche und unsichere Anspielungen dürfen nicht zur Begründung einer Auslegung der Offenbarung benutzt werden!

Worin liegt der Gewinn dieser Vorgehensweise?

Was wir in diesem Kapitel besprochen haben, scheint sehr arbeitsintensiv zu sein. Kaum jemand wird sich solcher Mühe unterziehen, es sei denn, es winkt ein echter Gewinn. Und der ist tatsächlich gegeben. Das Aufspüren von Anspielungen ist nicht nur harte Arbeit – es macht auch richtig Freude. Aber das Schönste ist: Dieses Vorgehen erweitert das Verständnis der Offenbarung, wie kein anderer Ansatz es vermag.

Das Aufspüren von Anspielungen erlernt man am besten, indem man es selbst praktiziert. Anfangs scheinen die Schwierigkeiten groß zu sein, aber wenn man 10 oder 20 Stunden daran gearbeitet hat, wird es immer leichter, und man bekommt ein Gefühl dafür, wie Johannes das Alte Testament gebraucht hat. Deshalb mache ich es Pastoren, die ich in ihrem Masterstudium in Offenbarung unterrichte, stets zur Aufgabe, sich einen Abschnitt der Offenbarung auszuwählen und das besprochene Vorgehen praktisch zu erproben. Oft murren sie zuerst und beklagen sich über die viele Arbeit; aber nach einigen Wochen kommen sie mit strahlenden Gesichtern zum Unterricht. Und manche sprechen mich an und sagen: „Es funktioniert wirklich! Es ist das erste Mal, dass ich etwas direkt aus der Bibel gelernt habe!" Der Lohn ist eindeutig größer als die investierte Mühe.

Wie wertvoll diese Methode ist, möchte ich an zwei Abschnitten der Offenbarung demonstrieren, die den meisten Adventisten, die sie studieren, sehr am Herzen liegen. Ich beginne mit der ersten Engelsbotschaft in Offenbarung 14,6–7, die ich für den Schlüsseltext des mittleren Teils der Offenbarung halte.

> Und ich sah einen andern Engel fliegen mitten durch den Himmel, der hatte ein ewiges Evangelium zu verkündigen denen, die auf Erden wohnen, allen Nationen und Stämmen und Sprachen und Völkern. Und er sprach mit großer Stimme: „Fürchtet *Gott* und gebt ihm die Ehre; denn die Stunde seines Gerichts ist gekommen! Und betet an den, der *gemacht hat Himmel und Erde und Meer* und die Wasserquellen!"

Wir vergleichen diese Verse mit 2. Mose 20,11:

> Denn in sechs Tagen *hat der HERR Himmel und Erde gemacht und das Meer* und alles, was darinnen ist, und ruhte am siebenten Tage. Darum segnete der HERR den Sabbattag und heiligte ihn.

Achte auf die zahlreichen verbalen Parallelen zwischen Offenbarung 14,7 und der Begründung des vierten Gebots: *Gott, gemacht hat, Himmel, Erde, Meer*. Da „Gott" und „der HERR" nicht identisch sind, obwohl sie dasselbe bezeichnen, können wir nur sagen, dass die beiden Verse viereinhalb Wörter gemeinsam haben. Wir haben es also mit einer so eindeutigen verbalen Parallele zu tun, dass wir eine Anspielung für möglich – wenn nicht sogar für wahrscheinlich – halten dürfen.

Suchen wir nun also nach thematischen Parallelen. In Offenbarung 14,6–7 werden das „ewige Evangelium", also die Erlösung, „die Stunde seines Gerichts" und die Schöpfung erwähnt. Das sind dieselben drei Motive, Gott anzubeten, von denen auch in den ersten vier Geboten die Rede ist. Die Zehn Gebote beginnen mit dem Thema Erlösung: „Ich bin der HERR, dein Gott, der ich dich aus Ägyptenland, aus der Knechtschaft, geführt habe." (2 Mo 20,2) Gottes erlösendes Handeln ist der vorrangige Grund, alle seine Gebote zu befolgen. Ein weiteres Motiv ist das göttliche Gericht, das im zweiten und dritten Gebot erwähnt wird: „Gott, der die Missetat … heimsucht …", und „den nicht ungestraft" lässt, „der seinen Namen missbraucht" (V. 5b.7b). Der dritte Grund ist das schöpferische Handeln Gottes; er sagt: Heilige den Sabbattag, denn ich habe alles geschaffen, auch dich (siehe V. 8.11). Diese drei Motive zur Anbetung Gottes werden auch in Offenbarung 14,6–7 angeführt.

Wir haben hier mehrere thematische Parallelen zwischen den ersten vier Geboten und der ersten Engelsbotschaft. Wir finden also eindeutige Hinweise dafür, dass der Autor der Offenbarung an das vierte Gebot gedacht haben mag, als er in Offenbarung 14,7 zur Anbetung des Schöpfers aufforderte. Wollte Johannes darauf absichtlich anspielen?

Das ist damit noch nicht klar, denn es gibt einen weiteren Abschnitt im Alten Testament, der ebenfalls viele verbale Parallelen zur ersten Engelsbotschaft aufweist, nämlich Psalm 146,6:

> Wohl dem, dessen Hilfe der Gott Jakobs ist, der seine Hoffnung setzt auf den HERRN, seinen Gott, *der Himmel und Erde gemacht hat, das Meer* und alles, was darinnen ist; der Treue hält ewiglich, der Recht schafft denen, die Gewalt leiden, der die Hungrigen speiset. Der HERR macht die Gefangenen frei. (Ps 146,5–7)

In der griechischen Übersetzung des Alten Testamentes (der *Septuaginta*) stimmt der oben kursiv gedruckte Nebensatz sogar wortwörtlich mit dem in Offenbarung 14,7b überein! Und nicht nur das; Psalm 146 enthält sogar dieselben Themen wie die erste Engelsbotschaft, nämlich Erlösung, Gericht und Schöpfung. Wollte der Autor der Offenbarung vielleicht gar nicht auf 2. Mose 20,11 anspielen, sondern vielmehr auf Psalm 146,6?

Hier kommen die strukturellen Parallelen ins Spiel, und darin unterscheiden sich 2. Mose 20 und Psalm 146. Der Kontext der ersten Engelsbotschaft enthält eine eindeutige strukturelle Parallele zu den Zehn Geboten. Die „Heiligen" sind die, „die Gottes Gebote halten" (Offb 12,17b; 14,12; vgl. 2 Mo 20,6b). Das „Tier aus dem Meer" lässt sich – im Widerspruch zum ersten Gebot – selbst anbeten (Offb 13,1.4.8; vgl. 2 Mo 20,3); und das „Tier aus der Erde" befiehlt den Menschen – im Widerspruch zum zweiten Gebot – das „Bild des Tieres" anzubeten (Offb 13,11.15; vgl. 2 Mo 20,4–5a). Diese deutliche strukturelle Parallele gibt den Ausschlag zugunsten von 2. Mose 20,11 als Hintergrund für die erste Engelsbotschaft.

Psalm 146 erfüllt dagegen nicht die Voraussetzungen für eine sichere oder wahrscheinliche Anspielung, weil ihm die strukturelle Parallele fehlt. Würde Offenbarung 14,7 wirklich auf Psalm 146 anspielen, wäre es der einzige Vers in diesem Teil der Offenbarung, der das tun würde. Außerdem ist der Gesamtinhalt dieses Psalms für das Verständnis der Offenbarung nicht wichtig.

Dies zeigt, dass Johannes mit Sicherheit auf das Sabbatgebot aufmerksam machen wollte, als der erste Engel zur Anbetung des Schöpfers aufforderte. Die ersten Leser der Offenbarung, die ja das Alte Testament kannten, haben in Kapitel 14,7 bestimmt eine Anspielung auf das Sabbatgebot in 2. Mose 20 gesehen und nicht an die sprachlichen Ähnlichkeiten mit Psalm 146,6 gedacht. Diese Einsicht hat erhebliche Auswirkungen auf die Interpretation von Offenbarung 13 und 14.

Anhand eines weiteren Beispiels möchte ich zeigen, welchen Einfluss eine direkte Anspielung auf das Verständnis der Offenbarung haben kann. Es geht dabei um Offenbarung 4 und 5, die ausführliche Anbetungsszene vor dem Thron Gottes.

Wie lautet das Schlüsselthema darin? Wer die beiden Kapitel sorgfältig durchliest, stellt fest, dass das Wort „Thron“ darin 15 Mal vorkommt; alles dreht sich um den Thron Gottes. Das beherrschende Thema muss also etwas mit Macht, Autorität und dem Recht zu herrschen zu tun haben. „Wer ist würdig“, das Buch mit den Siegeln zu öffnen und mit Gott auf dem Thron zu sitzen? Es ist „das Lamm, das geschlachtet ist“ (Offb 5,2.5.12).

Bei genauerem Hinsehen besitzt Offenbarung 4 und 5 zahlreiche strukturelle Parallelen zu Abschnitten im Alten Testament, und zwar zur Vision von Gottes Thron in Hesekiel 1, zur Vision Daniels von dem, „der uralt war“, auf dem Thron (Dan 7,9–14), und zu Jesajas Vision vom himmlischen Heiligtum (Jes 6,1–7) – drei wichtige strukturelle Parallelen zu Offenbarung 4 und 5. In diesen Visionen ist ebenfalls Gottes Thron das Zentrum des Geschehens. Das ist auch das Hauptthema in Offenbarung 4 und 5, – und damit die Frage der Macht, Autorität und dem Recht zu herrschen. Sie wird dahingehend beantwortet, dass das „geschlachtete Lamm“ anbetungswürdig ist und das Recht besitzt, mit dem Vater auf seinem Thron zu sitzen und zu herrschen (vgl. Apg 2,34–36; Phil 2,8–11).

Auch das Erkennen von Echos kann ein großer Gewinn sein. Ein Echo des Alten Testamentes in der Offenbarung ist zum Beispiel der Begriff „Posaune“. Im Alten Testament wird 134 Mal vom Blasen von Posaunen berichtet: bei der Anbetung am Heiligtum, in Schlachten, bei Krönungen usw. Überraschenderweise wurden

Posaunen nicht hauptsächlich in Kriegszügen, sondern bei Festen und Gottesdiensten des Volkes benutzt (siehe z. B. 2 Mo 19,16–19; 3 Mo 23,24; 25,9; 4 Mo 10,8–10; 29,1; 2 Sam 6,15). Wer die Posaunen in der Offenbarung verstehen will, muss unbedingt wissen, welche Rolle sie in alttestamentlicher Zeit gespielt haben. So schrecklich die Szenen in der Offenbarung auch sein mögen, bei denen Posaunen eine Rolle spielen – Anbetung ist immer ein integraler Bestandteil dieser Visionen (siehe Offb 8,2–6; 11,15–18).

Im nächsten Kapitel wenden wir uns einem Thema zu, das vielleicht der wichtigste Schlüssel zur Interpretation der Offenbarung ist. Den alttestamentlichen Hintergrund zu beachten, auf den Johannes angespielt hat, ist ohne Frage hilfreich, aber das allein beantwortet nicht die Frage, *wie* Johannes das alttestamentliche Material in der Offenbarung verwendet hat. Er war ein christlicher Autor, und das bedeutet, dass er Jesus Christus, den Sohn Gottes, auch im Zentrum des Alten Testamentes sah, der dem Ganzen erst den Sinn gab. Wer Jesus Christus vor Augen hat, liest die Offenbarung mit ganz anderen Augen.

Im nächsten Kapitel werden wir daher darüber sprechen, wie wir Christus in den Anspielungen der Offenbarung auf alttestamentliche Ereignisse erkennen und wie wir sie entsprechend deuten müssen, um zu erkennen, was Johannes mit seinen Anspielungen darauf gemeint hat.

Kapitel 8

Christus in den Anspielungen auf alttestamentliche Ereignisse erkennen

Vor einigen Jahren fuhr ich durch das fruchtbare Ackerland im US-Bundesstaat Illinois. Dort gibt es kaum eine Abwechslung; deshalb war ich überrascht, in der Ferne so etwas wie ein riesiges graues Kreuz zu sehen, das vor dem Hintergrund des grauen Himmels kaum zu erkennen war. Zuerst dachte ich, es müsste sich um ein industrielles Bauwerk handeln, das zufällig wie ein Kreuz aussieht. Aber als ich mit dem Auto näher herankam, stellte sich heraus, dass es tatsächlich eine Darstellung des Kreuzes Christi war – gefertigt aus Metallstreben und etwa 25 Meter hoch. Es gab kein Hinweisschild oder irgendeine Erklärung, warum dieses Kreuz dort in der Nähe der Straße steht.

Während der weiteren Fahrt fragte ich mich, ob das Monument vielleicht von jemandem errichtet worden war, der ein besonderes Eingreifen Gottes erlebt hat. Vielleicht war die Person in Lebensgefahr geraten und hatte gelobt: „Herr, wenn du mich rettest, werde ich hier dir zu Ehren das größte Monument im Staat Illinois errichten!" Wie dem auch sei: Dieses Kreuz ist ohne Frage die Hauptattraktion in jenem Teil von Illinois.

Ähnlich verhält es sich mit der Offenbarung. Wenn man nicht aufpasst, könnte man meinen, es gehe in diesem Buch vor allem um schreckliche Tiere, die Hure Babylon und furchtbare Ereignisse. Aber diese Dinge sind nur der Rahmen für das eigentlich Wesentliche, so wie das weite Ackerland von Illinois nur der Rahmen für das riesige Kreuz ist.

Im Mittelpunkt der Offenbarung stehen nicht Katastrophen, auch nicht der Kampf um das Öl im Nahen Osten oder die Vorherrschaft auf der Welt, sondern Jesus Christus, der Gekreuzigte. Auf jeder Seite des Buches ist seine Gegenwart zu spüren – auch wenn sein Name nicht immer ausdrücklich genannt wird. Wer die Offenbarung liest, ohne dabei ein klareres Bild von Jesus und seinem Handeln zu bekommen, hat nicht begriffen, worum es in diesem Buch geht.

In der Offenbarung bekommen die alttestamentlichen Symbole und Ereignisse, auf die der Autor anspielt, durch das Opfer von Christus eine neue Bedeutung. Wie wir gesehen haben, hat Johannes sich in der Offenbarung auf herausragende Taten Gottes in alttestamentlicher Zeit bezogen. Aber weil der Sohn Gottes Mensch geworden ist, sich für uns geopfert hat und wieder in den Himmel aufgefahren ist, um dort nun seinen Dienst im himmlischen Heiligtum zu verrichten, haben die alttestamentlichen Themen eine neue, kreative Bedeutung bekommen. Da die Offenbarung ein neutestamentliches Buch ist, betrachtet es das Alte Testament im Lichte des Christusereignisses.

Es handelt sich bei diesem biblischen Buch um „die Offenbarung Jesu Christi" – nicht um die Offenbarung von Mose oder Daniel. Wer sie liest, begegnet Christus auf jeder Seite; nahezu jedes Kapitel nimmt in irgendeiner Weise auf ihn Bezug. Manchmal wird sein Name genannt und manchmal ist von ihm als dem Menschensohn (Offb 1,13; 14,14), dem Lamm (Offb 5–7; 14,4; 17,14; 21,22–23) oder dem Kind der Frau die Rede (Offb 12,1–2.5). Auch finden wir Hinweise auf Gemeinden und auf das Kreuz (Offb 1,5–6.11; 5,6; 12,11). All das macht deutlich, dass die Offenbarung ein christliches Buch ist, das uns etwas über Jesus Christus, die Bedeutung seiner Kreuzigung und über seine Gemeinde lehren soll.

Die klare Aussage in den ersten Versen des Buches (Kap. 1,5.6) bestätigt das. Johannes wandte sich hier ohne Symbolik an seine Leser – in einer Sprache, die nicht missverstanden werden kann –, so als wollte er von Anfang an klarstellen, worum es in seinem Buch geht: um Jesus Christus, den „treuen Zeugen" (*martys*, auf das Kreuz hinweisend [Märtyrer]), den „Erstgeborenen von den Toten" (Auferstehung), den „Herrn über die Könige auf Erden" (seinen Dienst im Himmel), „der uns liebt" (Präsens) „und uns erlöst hat von unseren Sünden mit seinem Blut" (Perfekt) „und uns zu Königen und Priestern gemacht hat" (Perfekt). Weil Jesus gelebt hat, gestorben und auferstanden ist, wissen wir uns geliebt, sind aus der Sklaverei der Sünde befreit und haben in Christus den höchst möglichen Status vor Gott verliehen bekommen.

Ganz gleich also, wie seltsam uns die Sprache der Offenbarung anmutet – ihre grundlegende Botschaft stimmt mit den Themen und Aussagen des Neuen Testamentes überein. Wir dürfen die Offenbarung nie auf Weltgeschichte, Politik oder die Zukunft reduzieren; noch dürfen wir sie als ein Buch auffassen, das nur weltliche Entwicklungen vorhersagt. Denn als ein zutiefst geistliches Buch stellt die Offenbarung Jesus Christus in den Vordergrund und enthält eindrucksvolle Lieder der Anbetung und des Lobpreises. Wenn wir in irgendeinem Abschnitt der Offenbarung keine Botschaft über Christus bemerkt haben, dann haben wir das Gelesene wahrscheinlich nicht recht verstanden.

Für die Interpretation der Offenbarung ist also ein vierter Schritt unverzichtbar: Wir dürfen nicht bei der grundlegenden Exegese, dem Studium der Struktur und der Beziehungen zum Alten Testament stehenbleiben – wir müssen die Offenbarung auch im neutestamentlichen Kontext lesen. Der aufrichtige Leser des Buches *muss* herausfinden, in welcher Beziehung Christus zu allen Abschnitten der Offenbarung steht – auch die, in denen es um die Siegel, die Posaunen und die Plagen geht. Und wir müssen herausfinden, auf welche Weise das Christusgeschehen den alttestamentlichen Ereignissen, auf die die Offenbarung anspielt, eine neue Bedeutung gibt. Ellen White erklärte: „In der Offenbarung treffen sich alle Bücher der Bibel und enden."[1]

Wir müssen uns immer wieder vor Augen halten, dass das Neue Testament Jesus als den darstellt, der die Erfahrungen seines Volkes Israel wiederholt hat. Das Leben, der Tod und die Auferstehung Jesu Christi spiegeln die Erfahrungen des Volkes Israel wider. Der Autor der Offenbarung wies zwar ständig auf Jesus Christus hin, tat das aber mit Begriffen des Alten Testamentes. Gemäß dem, was

[1] *Das Wirken der Apostel*, S. 581 (rev.).

wir bisher gelernt haben, müssen wir das auch erwarten, denn *Gott begegnet den Menschen da, wo sie sind.* Beim Schreiben der Offenbarung sah Johannes Christus auch in den alttestamentlichen Ereignissen, auf die er anspielte. Das führt den Ausleger, der den alttestamentlichen Parallelen auf den Grund geht, zu einer erstaunlichen Tiefe der Gedanken. Ein Beispiel dafür folgt.

Christus als der „Ursprung" der Schöpfung Gottes

> Und dem Engel der Gemeinde in Laodizea schreibe: Das sagt, der Amen heißt, der treue und wahrhaftige Zeuge, der Anfang der Schöpfung Gottes. (Offb 3,14)

In manchen Bibeln steht „Ursprung" statt „Anfang der Schöpfung Gottes" (Hfa, Schlachter). Die Übersetzer sind sich nicht einig, weil das zugrunde liegende griechische Wort *archē* verschiedene Bedeutungen haben kann: Es kann „Anfang", „Beginn" oder „Ursprung" bedeuten (*Archä*ologie bedeutet die Kunde der Anfänge); mit *archē* kann aber auch der Erste in einem Königreich gemeint sein, in dessen Händen die Macht liegt (Patri*archat* ist die „Herrschaft des Vaters" und Mon*archie* die „Herrschaft eines Einzelnen").

Wer Griechisch kann und in der *Septuaginta* nachschlägt, macht eine interessante Beobachtung: *Archē* ist das erste bedeutsame Wort der Bibel. „*Im Anfang* schuf Gott …" (1 Mo 1,1) Und auch das Johannesevangelium fängt so an:

> *Im Anfang* war das Wort, und das Wort war bei Gott, und Gott war das Wort. Dasselbe war im Anfang bei Gott. Alle Dinge sind durch dasselbe gemacht, und ohne dasselbe ist nichts gemacht, was gemacht ist. In ihm war das Leben … (Joh 1,1–4)

Mit dem „Wort" ist der Sohn Gottes gemeint, denn „er, der das Wort ist, wurde Mensch und lebte unter uns" (V. 14 NLB). Dies ist der beherrschende Gedanke im gesamten Johannesevangelium: die schier unfassbare Erkenntnis, dass Jesus, ein Mensch wie wir, der den Menschen diente und Wunder vollbrachte, der gestorben und wieder auferstanden ist, derselbe ist, der die Erde geschaffen hat und aus der Erde Adam formte und ihm das Leben gab.

Von daher ist die Übersetzung von Offenbarung 3,14, dass Jesus der „Ursprung" der Schöpfung Gottes ist, die zutreffendere. Er ist nicht der Beginn der Schöpfung und erst recht nicht das erste Geschöpf Gottes, denn er ist nach der Aussage von Johannes in seinem Evangelium ewig und ungeschaffen.

Jesus als Adam, so wie er gemeint war

Durch den Heiligen Geist wurde der Sohn Gottes in Maria zu einem Menschen (Lk 1,35). Es kann daher nicht überraschen, dass im Neuen Testament Jesus als der zweite bzw. „letzte Adam" bezeichnet wird:

> Der erste Mensch, Adam, wurde zu einer „lebendigen Seele" [1 Mo 2,7b EB], der letzte Adam zu einem lebendig machenden Geist. (1 Kor 15,45 EB)

Paulus gebrauchte in Bezug auf Adam einen wichtigen Begriff:

> Dennoch herrschte der Tod von Adam an bis Mose auch über die, die nicht gesündigt hatten durch die gleiche Übertretung wie Adam, welcher ist ein Bild [*typos*] dessen, der kommen sollte [Jesus]. (Röm 5,14)

Adam war ein Bild, ein *Typus* auf Jesus Christus, dem sogenannten Antitypus. Damit kommen wir auf die typologische Beziehung zwischen dem Alten und dem Neuen Testament zu sprechen, die im Mittelpunkt dieses Kapitels steht und für die Auslegung der Offenbarung von besonderer Bedeutung ist.

Zunächst eine Definition. Hans LaRondelle, ein adventistischer Professor und Experte auf dem Gebiet der Typologie (er ist vor Kurzem verstorben), erklärt: „„Ein *Typus* ist eine von Gott bestimmte Institution, ein historisches Ereignis oder eine geschichtliche Person, die eine Wahrheit, die mit dem Christentum verbunden ist, wirksam vorwegnimmt.' (C. T. Fritsch) Diese theologische Definition zieht eine klare Grenzlinie zwischen Typologie und Allegorie dahingehend, dass biblische Typen nicht erfunden sind, sondern in Israels Heilsgeschichte wirklich und bedeutungsvoll sind."[2]

Ein uns vertrautes Beispiel dafür ist das alttestamentliche Heiligtum mit seinen Opfer- und Priesterdiensten, die auf das Opfer und den Hohepriesterdienst von Jesus hinwiesen (siehe Hbr 8,1–6; 9,10–15). Aber auch Gottes Eingriffe in die Geschichte Israels, die auf seine Gerichte in der Endzeit hinweisen (z. B. die Plagen über Ägypten und der Fall Babylons) oder eine geschichtliche Person wie Adam, Mose oder David dienen dem Neuen Testament als Typus.

Hans LaRondelle erklärt weiter: „Eine alttestamentliche Institution, Person oder ein Ereignis wird nur im Lichte Christi und seines Bundesvolkes als Antitypus zu einem klaren und verständlichen Typus … Es ist die Autorität des Neuen Testamentes, die die göttlich vorherbestimmte Verbindung zwischen Typus und Antitypus herstellt und den vorhersagenden Charakter des Typus enthüllt."[3] Darin unterscheidet sich ein Typus von einem Symbol, das keinerlei vorhersagenden Inhalt besitzt.

Die Erfüllung eines Typus im neuen Bund ist stets umfassender und herrlicher als das Vorbild im Alten Testament (siehe Mt 12,5–6.40–42). Um die typologische Beziehung herzustellen, werden im Neuen Testament dieselben Ausdrücke wie im Alten benutzt, aber sie besitzen eine veränderte geistliche Bedeutung.

Jesus ist das Gegenstück zum ersten Adam und zur ursprünglichen Schöpfung. Deshalb kann die Bibel ihn auch als das „Ebenbild Gottes" bezeichnen (2 Kor 4,4; Kol 1,15; vgl. Hbr 1,3). In der ursprünglichen Schöpfung war Adam „nach dem Bild Gottes" geschaffen (1 Mo 1,27 EB). In der neuen Schöpfung trat Jesus an die Stelle Adams und wurde zu dem Adam, den Gott bei der ersten Schöpfung vor Augen hatte. Aber die Erfüllung dieses Typus ist

[2] Hans LaRondelle, *The Israel of God in Prophecy – Principles of Prophetic Interpretation,* Andrews University Press, Berrien Springs (Michigan) 1983, S. 36f.

[3] Ebenda S. 37.

weit umfassender und herrlicher, denn Adam wurde vom Sohn Gottes zu einer „lebendigen Seele“ geschaffen, aber der „letzte Adam“ ist selbst der Lebensspender, wie Paulus betonte (siehe weiter oben 1 Kor 15,45 EB).

Im neutestamentlichen Denken hat diese Beziehung zwischen dem ersten und dem letzten Adam eine tiefe Bedeutung. Lesen wir den Abschnitt des biblischen Schöpfungsberichtes, der über die Erschaffung des Menschen spricht:

> Gott sprach: *„Lasset uns Menschen machen, ein Bild, das uns gleich sei,* die da herrschen über die Fische im Meer und über die Vögel unter dem Himmel und über das Vieh und über alle Tiere des Feldes und über alles Gewürm, das auf Erden kriecht.“ Und Gott schuf den Menschen zu seinem Bilde, zum Bilde Gottes schuf er ihn; *und schuf sie als Mann und Frau.* Und Gott segnete sie und sprach zu ihnen: „Seid fruchtbar und mehret euch und füllet die Erde und machet sie euch untertan und *herrschet über die Fische im Meer und über die Vögel unter dem Himmel und über das Vieh und über alles Getier, das auf Erden kriecht.*“ (1 Mo 1,26–28)

In der Schöpfungsgeschichte im ersten Buch Mose zeigt sich das Bild Gottes im Menschen an drei grundlegenden Beziehungen:

1. Die Beziehung Adams zu Gott: Zum Bild Gottes geschaffen besaß Adam zwar eine hohe Würde, aber er war Gott eindeutig untergeordnet. Er war von Gott abhängig und brauchte ihn als seinen Mentor und Lehrer. Gott war der Schöpfer und Adam das Geschöpf. Seine Beziehung zu Gott war die eines Untergebenen zu seinem Vorgesetzten.

2. Das Bild Gottes im Menschen umfasste Mann und Frau. Nach dem Plan des Schöpfers sollten Adam und Eva in Beziehung zueinander treten; Adam sollte nicht allein durchs Leben gehen. Gott schuf die Menschen zur Beziehung zwischen Gleichen, unabhängig von Geschlecht und Volkszugehörigkeit. (Alle ethnischen Gruppen stammen von Adam und Eva bzw. Noah und seiner Frau ab und haben Teil am Bild Gottes.) Über die Beziehung zwischen Adam und Eva schrieb Ellen White im Buch *Patriarchen und Propheten*:

Eva wurde aus einer Rippe aus Adams Seite geschaffen. Das bedeutet: Sie sollte ihn nicht als Haupt beherrschen, aber auch nicht unterdrückt werden; sie sollte ihm vielmehr ebenbürtig zur Seite stehen, und er sollte sie lieben und beschützen. Als Teil des Mannes, Bein von seinem Bein und Fleisch von seinem Fleisch [1 Mo 2,23], war sie sein anderes Ich. In inniger Verbindung sollten sie einander liebevoll zugetan sein.[4]

3. Das Bild Gottes bezog sich auch auf die Herrschaft über die Erde und die Tiere. Adam und Eva sollten die Tiere, die Pflanzen und die ganze Umwelt betreuen.

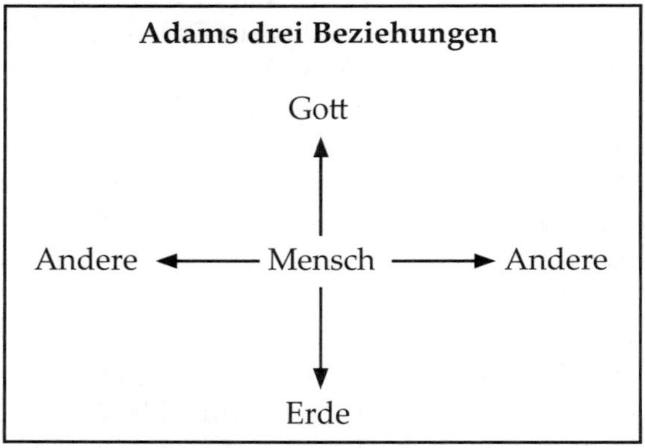

Adams drei Beziehungen

Das Neue Testament beschreibt Jesus als den zweiten Adam; er war so, wie der erste Adam hätte sein sollen. Die Bibel schildert das Leben von Jesus auf der Erde aus der Perspektive des ersten Adam.

1. *Die Beziehung zu Gott.* Nach dem Sündenfall waren alle Beziehungen zerbrochen. Zuerst brach die Verbindung mit Gott ab (1 Mo 3,1–12). Aber Jesus kam, um Adams zerbrochene Beziehungen wiederherzustellen; er kam, um so zu leben, wie schon der erste Adam hatte leben sollen. Seine Beziehung zu Gott war vollkommen. Er sagte: „Der Vater ist größer als ich" (Joh 14,28). Manche verstehen diesen Text so, als ob Jesus von Natur aus Gott untergeordnet war; aber das ist ein Missverständnis. Nicht seine göttliche

[4] *Patriarchen und Propheten,* S. 22 (rev.); vgl. *Der Auftakt,* S. 21.

Natur war dem Vater unterlegen; vielmehr ordnete sich Jesus als zweiter Adam freiwillig dessen Wünschen und Geboten unter. Seine Beziehung zu Gott war so, wie schon die zwischen Adam und Gott hatte sein sollen. Erst der zweite Adam konnte sagen:

> Dann werdet ihr auch erkennen, dass ich nichts von mir aus tue, sondern nur das sage, was der Vater mich gelehrt hat. (Joh 8,28 GNB)

> … wie ich meines Vaters Gebote halte und bleibe in seiner Liebe. (Joh 15,10b)

2. *Die Beziehung zu Anderen.* Adam gab sofort seiner Frau die Schuld, als sie gesündigt hatten (1 Mo 3,12). Die Beziehung von Jesus zu anderen Menschen war dagegen vollkommen; sein liebevoller Dienst an ihnen war das Beispiel einer vollkommenen zwischenmenschlichen Beziehung. Und seine Bereitschaft zu dienen schloss auch den Opfertod mit ein, wie die folgenden beiden Texte deutlich zum Ausdruck bringen:

> Auch der Menschensohn ist nicht gekommen, um sich bedienen zu lassen, sondern um zu dienen und sein Leben als Lösegeld für alle Menschen hinzugeben. (Mk 10,45)

> Er war in allem Gott gleich, und doch hielt er nicht gierig daran fest, so wie Gott zu sein. Er gab alle seine Vorrechte auf und wurde einem Sklaven gleich. Er wurde ein Mensch in dieser Welt und teilte das Leben der Menschen. (Phil 2,6–7 GNB)

Durch seinen Dienst an Anderen demonstrierte Jesus, wie eine vollkommene zwischenmenschliche Beziehung aussieht. Wenn alle Menschen genauso willig wären zu dienen, wie Jesus es war, gäbe es keinen Streit, keine Kriege, und auch nicht die meisten anderen Probleme unserer Zeit. Während Jesus auf Erden lebte, war seine Beziehung zu anderen Menschen so, wie sie schon der erste Adam nach der Erschaffung der Erde hatte verwirklichen sollen.

Die Fußwaschung demonstriert sehr schön die ideale zwischenmenschliche Beziehung. Jesus war sich bewusst, wer er war: dass er vom Himmel gekommen und dort von Ewigkeit her Gott gewesen war und wieder zu Gott gehen würde (Joh 13,3). Dennoch übernahm er die Rolle eines Sklaven: Er bückte sich, um seinen Jüngern die Füße zu waschen. Eine solche innere Einstellung sorgt für Frieden und Harmonie in zwischenmenschlichen Beziehungen. Kein Wunder, dass Paulus sagte: „Geht so miteinander um, wie Christus es euch vorgelebt hat." (Phil 2,5 NLB)

3. *Die Beziehung zur Erde.* Jesus hatte nicht nur eine vollkommene Beziehung zu Gott und den Menschen, sondern zur gesamten Schöpfung. Auch in dieser Beziehung war er wie Adam, wie Gott ihn gemeint hatte. Er herrschte über die Tiere und über den Wind, wie einige Geschichten eindrucksvoll zeigen.

Eines Tages war Jesus mit seinen Jüngern in einem Boot auf dem See Genezareth unterwegs, als ein Sturm ausbrach. Während die Wellen ins Boot schlugen, schlief Jesus. Die Jünger befürchteten, dass das Boot sinken würde; sie weckten ihn daher und baten ihn einzugreifen. Da stand er auf, hob seine Hände und bedrohte den Wind; da wurde er ganz still (Mt 8,26–27). Jesus war Herrscher über die Erde, wie es schon der erste Adam hatte sein sollen.

Der erste Adam sollte auch über die Fische im Meer herrschen (1 Mo 1,28). Eine meiner Lieblingsgeschichten in den Evangelien erzählt, wie die Jünger ohne Jesus auf den See hinausfuhren, um zu fischen. Die ganze Nacht über warfen sie die Netze aus, aber sie fingen nichts. Der Morgen nahte, und die Sonne ging über den Hügeln von Galiläa auf. Eine letzte Chance hatten sie noch: Wenn sie das Netz auf der Schattenseite des Bootes auswarfen, sodass die Fische aus dem hellen Sonnenlicht in den Bootsschatten hinein schwammen, könnten sie vielleicht noch welche fangen.

Plötzlich sahen die Jünger einen Mann am Strand stehen. Der Mann war vielleicht ein guter Prediger, aber vom Fischfang verstand er offenbar nicht viel, denn er rief den Jüngern zu: „Werft eure Netze auf der anderen Seite des Bootes aus!" Aber das war doch die Sonnenseite. Doch die Jünger taten, was Jesus gesagt hatte, und aus allen Richtungen kamen Fische geschwommen – viele große Fische (Joh 21,2–11). Jesus brauchte kein Fischer zu sein, um zu wissen, wie man Fische fängt – er war ja der Herr der Fische, weil er so war, wie der erste Adam hatte sein sollen.

Bei einer anderen Gelegenheit machte Petrus Jesus darauf aufmerksam, dass sie Steuern zahlen müssten. Da ließ Jesus einen Fisch nicht nur die richtige Münze verschlucken, sondern sorgte auch dafür, dass er nach dem Köder am Angelhaken von Petrus schnappte, sodass der die Münze aus dem Maul des Fisches nehmen konnte (Mt 17,24–27). Christus war Herr über alles, was lebt. Jesus war Adam, so wie schon der erste Adam gemeint war.

Erinnerst du dich an den Einzug Jesu in Jerusalem, als er auf einem jungen Esel über den Ölberg nach Jerusalem ritt? Wer versucht, einen jungen Esel zu reiten, auf dem noch kein Mensch gesessen hat, wird eigentlich sofort abgeworfen; aber der junge Esel gehorchte Jesus wie ein gezähmtes Tier. Er erkannte seinen Herrn, obwohl er ihm noch nie begegnet war.

Das Diagramm zeigt die drei Beziehungen des zweiten Adam:

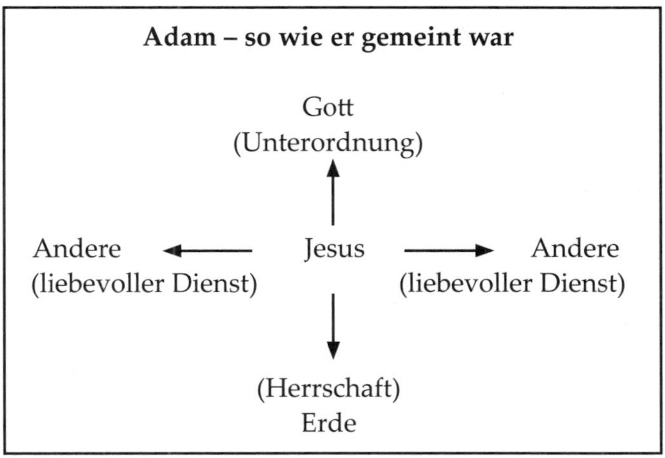

Als zweiter Adam erlebte Jesus Ähnliches wie der erste Adam. Wie der wurde auch Jesus in eine Art Schlaf versetzt (den Todesschlaf), und seine Seite wurde geöffnet; aus dem Wasser und Blut, das aus dieser Wunde floss (Joh 19,33–34), schuf Gott seine Gemeinde (siehe 1 Joh 5,6). Paulus beschrieb Jesus als den zweiten Adam und die Gemeinde als die zweite Eva – die Braut Jesu Christi (siehe 1 Kor 11,2–3; Eph 5,25). So wie Adam und Eva im Garten Eden ein Paar waren, so wurde Jesus der „Ehemann" seiner Gemeinde. Im Leben von Jesus erkannten die Verfasser des Neuen Testamentes den ersten Adam wieder: Adam, wie Gott ihn gemeint hatte.

Aber Jesus erfüllte nicht nur die Aufgabe eines nicht gefallenen Adams; er bestand auch die Prüfung, in der jener versagte. Jesus erlebte wie Adam Versuchungen (die erste betraf ebenfalls das Verlangen nach Nahrung), aber er gab ihnen nicht nach. Er ging denselben Weg, den Adam gegangen war, und überwand Satan an den Stellen, an denen Adam versagt hatte. Jesus durchlebte Adams Erfahrungen noch einmal und machte dessen Versagen wieder gut.

Das ist eine der eindrucksvollsten Erlösungsbotschaften des Neuen Testamentes: Als zweiter Adam machte Jesus dieselben Erfahrungen wie wir. Unsere Lebensgeschichte ist ebenso wie Adams gekennzeichnet von Versagen, Fehlern und Schande. Das Leben des zweiten Adams zeigt mir, dass Jesus denselben Weg gegangen ist, auf dem ich zu Fall gekommen bin. Er hat meine Lebensgeschichte neu geschrieben und es möglich gemacht, dass mir gelingt, was mein Vorfahre Adam nicht geschafft hat. Das vollkommene Leben von Jesus tritt an die Stelle meiner eigenen mit Makeln behafteten Lebensgeschichte. Das gibt mir die Hoffnung, dass ich dem zweiten Adam ähnlicher sein kann als dem ersten.

Aber das ist noch nicht alles. Jesus ersetzte nicht nur Adams Versagen durch sein eigenes vollkommenes Leben, sondern er trug auch die Folgen dieses Versagens: Dornen, Schweiß, Nacktheit und den Tod (1 Mo 3,10.18–19). Jesus, der zweite Adam, erfuhr das alles: Er trug eine Dornenkrone (Mt 27,29), schwitzte in Gethsemane Blut (Lk 22,44) und hing nackt am Kreuz (Joh 19,23–24), und die Kreuzigung hatte natürlich den Tod zur Folge (Joh 19,30; vgl. 1 Mo 2,17), genaugenommen den „zweiten" Tod (Offb 20,6; 21,8; vgl. Gal. 3,13).

Der zweite Adam schrieb also nicht nur die Lebensgeschichte des ersten Adams (und dadurch auch unsere) noch einmal, sondern trug auch die Konsequenzen, die sich aus Adams Versagen ergaben, sodass wir in Christus ein neues Leben führen können (siehe Röm 6,3–6). Das Neue Testament verbindet das ganze Leben von Jesus mit Adam. Wenn die neutestamentlichen Verfasser über die Erlösung schrieben, taten sie es oft in der Sprache und der Geschichte des Alten Testamentes.

Es war nicht nötig, dass Johannes in der Offenbarung all das wiederholte, was ich eben beschrieben habe. Wenn Jesus sich den „Ursprung" der Schöpfung Gottes nannte (Offb 3,14 Hfa), spielte er damit auf ein Gedankengut an, das die Christen des ersten Jahrhunderts ohne weiteres wiedererkannten. Wenn Jesus sich der Gemeinde in Laodizea so vorstellte, lenkte er die Aufmerksamkeit auf alles, was mit dem zweiten Adam zu tun hatte. Und als der zweite Adam ist er sehr wohl in der Lage, seine Gemeinde aus ihrer Lauheit zu befreien.

Wenn uns nicht klar wird, dass die Offenbarung die gesamte Bibel ins Blickfeld rückt, entgeht uns sehr viel. In der Offenbarung bekommt alles erst seinen Sinn im Licht von Jesus Christus und wie er die wesentlichen Stationen der Geschichte des alttestamentlichen Volkes Gottes erfüllte. Je besser wir dieses Prinzip verstehen, umso besser verstehen wir „die Offenbarung Jesu Christi" und fangen an, sie in einer Tiefe zu erkennen, die wir uns nicht haben träumen lassen. Das werden wir jetzt näher beleuchten.

Die Gemeinde – das neue Israel

Im Neuen Testament ist Jesus mehr als der zweite Adam; die Verfasser sahen in ihm auch einen neuen Mose, einen neuen Josua, einen neuen David, ein neues Israel, einen neuen Salomo, einen neuen Elisa und sogar einen neuen König Kyrus – kurz: Sie sahen in Jesus die vollständige Erfüllung des Alten Testamentes. Aus Platzmangel kann ich nicht auf Einzelheiten dieses Themas eingehen;[5] einen Aspekt muss ich aber näher erläutern, weil er von entscheidender Bedeutung für das Verständnis der Offenbarung ist. Jesus ist die

[5] Man kann sie in meinem Buch *Meet God Again for the First Time* nachlesen (Review and Harald, Hagerstown 2003, leider vergriffen).

endzeitliche Erfüllung Israels und deshalb können die Erfahrungen des alttestamentlichen Volkes Gottes auch auf seine neutestamentliche Gemeinde angewandt werden. Davon ist in einem der wichtigsten Abschnitte der Offenbarung die Rede:

> Und sie sangen ein neues Lied mit folgenden Worten: „Du bist würdig, die Schriftrolle zu nehmen und ihre Siegel zu öffnen. Denn du wurdest als Opfer geschlachtet, und dein Blut hat Menschen für Gott freigekauft, Menschen aus jedem Stamm und jeder Sprache und jedem Volk und jeder Nation. *Du hast sie für Gott zu einem Königreich und zu seinen Priestern gemacht.* Und sie werden auf der Erde regieren." (Offb 5,9–10 NLB)

Die Ausdrucksweise dieses Textes ist zum großen Teil die des Alten Testamentes. Der Satz „sie werden auf der Erde regieren" ist eine weitere Anspielung auf Adams Herrschaft über die Erde; aber das ist nicht der Grund, warum ich diesen Abschnitt hier zitiere. Es geht mir vielmehr um den Satz: „Du hast sie für Gott zu einem Königreich und zu seinen Priestern gemacht", auf den ich hinweisen möchte, denn er erinnert an die Verheißung des HERRN, die er dem Volk Israel am Berg Sinai gegeben hat:

> Werdet ihr nun meiner Stimme gehorchen und meinen Bund halten, so sollt ihr mein Eigentum sein vor allen Völkern; denn die ganze Erde ist mein. Und *ihr sollt mir ein Königreich von Priestern* und ein heiliges Volk *sein.* (2 Mo 19,5–6)

Mit diesen Worten machte Gott Israel zu seinem Volk, das „ein Königreich von Priestern" sein sollte. Israel sollte ihn vor der ganzen Welt repräsentieren; als Priester sollten sie zwischen ihm und den anderen Völkern vermitteln und ihnen helfen, ihn kennenzulernen und zu verstehen. In der Offenbarung wird dieser Auftrag mit denselben Worten wiederholt; dort bezieht er sich aber auf Gottes neutestamentliches Volk, nämlich auf alle, die das „geschlachtete Lamm" mit seinem Blut aus allen Stämmen und Völkern erkauft hat.

Im Neuen Testament ist Jesus also nicht nur der zweite Adam; er ist auch das neue Israel. Die Verfasser des Neuen Testamentes bezogen alles, was das Volk Israel vom Auszug aus Ägypten bis zum babylonischen Exil erlebt hat, auf Jesus; er durchlebte es alles noch einmal. Er blieb zwar siegreich da, wo die Israeliten versagt hatten, nahm aber dennoch die Konsequenzen ihres Versagens auf sich. Diesem Gedanken begegnet man im Neuen Testament an vielen Stellen.

> Und siehe, zwei Männer redeten mit ihm, es waren Mose und Elia. Diese erschienen in Herrlichkeit und besprachen seinen *Ausgang*, den er in Jerusalem erfüllen sollte. (Lk 9,30–31)

Lukas beschrieb damit die Verklärung von Jesus. Mose und Elia sprachen mit ihm über seinen „Ausgang" (andere Übersetzungen sagen „sein Ende"). Das zugrunde liegende griechische Wort ist *exodus*; es weist eindeutig auf seine Kreuzigung hin. So wie das alttestamentliche Israel dem Tod auf dem Grund des Roten Meeres entgegensah, dann aber am anderen Ufer ein neues Leben geschenkt bekam, so wurde für das neutestamentliche Israel der Tod Jesu zu einem neuen Exodus. Jesus ist für das neue Israel also auch ein neuer Mose (siehe Apg 3,21–23; vgl. 5 Mo 18,15).

Die Verfasser des Neuen Testamentes sahen in Mose, im Auszug aus Ägypten und in anderen Erfahrungen des Volkes Israel Sinnbilder für das, was Jesus erlebte. Hier einige Beispiele.

Als Mose geboren wurde, wollte ein feindseliger König alle Säuglinge der Israeliten töten; das gelang ihm auch – nur Mose überlebte, und zwar in der Familie des Pharao (2 Mo 1,15–16.22; 2,1–10). Jesus erging es wie Mose: Als er geboren war, trachtete ihm ein feindseliger König nach dem Leben; um sicherzugehen, dass er sein Ziel erreichte, ließ er alle Säuglinge in Bethlehem töten. Doch Jesus überlebte, und zwar in Ägypten (Mt 2,13–18).

Mose ist der einzige Mensch im Alten Testament, der Gott zu sehen bekam (2 Mo 33,20–23). Das vierte Evangelium erinnert daran; in Johannes 1,17 vergleicht es Jesus mit Mose. Mose fastete 40 Tage lang auf einem Berg, bevor er dem Volk das von Gott empfangene Gesetz verkündete (2 Mo 24,18; 34,28). Auch Jesus fastete 40 Tage in der Wüste (Mt 4,2; der Tradition zufolge geschah es auf einem Berg in der Wüste Judäas) und verkündete dann das Gesetz seines Reiches in der Bergpredigt (Mt 5–7). Mose setzte 70 Älteste ein (4 Mo 11,16–17.24–25); Jesus sandte 70 Jünger aus (Lk 10,1). Sowohl Mose als auch Jesus wurden auf einem Berg von Gott verherrlicht (2 Mo 34,29–35; Mt 17,1–8). Man könnte noch andere Parallelen zwischen Mose und Jesus anführen; die genannten Beispiele genügen aber, um deutlich zu machen, was gemeint ist. Die neutestamentlichen Schreiber verstanden Jesus als den neuen Mose – den neuen Gesetzgeber und Lehrer für sein neues Israel.

Für Matthäus verkörpert Jesus auch ein neues Israel. Er berichtete, dass Jesus nach Ägypten gehen und von dort wieder zurückkehren musste, wie auch Israel aus Ägypten gerufen wurde (siehe Mt 2,13–15; Hos 11,1). Nach seiner Rückkehr aus Ägypten ließ Jesus sich (zu Beginn seines Dienstes) im Wasser des Jordan taufen (Mt 3,13–16), so wie Israel durch das Rote Meer gegangen war (2 Mo 14; vgl. 1 Kor 10,1–2). Danach verbrachte er 40 Tage in der Wüste (Mt 4,1–11), ähnlich wie Israel nach dem Durchzug durch das Rote Meer 40 Jahre in der Wüste lebte (4 Mo 14,33–34). Diese Beispiele zeigen, dass die Verfasser des Neuen Testamentes das Leben von Jesus als eine Wiederholung der Erfahrungen sahen, die Mose und Israel gemacht hatten.

Ich erinnere an den Grundsatz, den wir schon an früherer Stelle dieses Buches besprochen haben: *Weil Gott den Menschen da begegnet, wo sie sind, benutzt er die Ausdrucksweise der Vergangenheit, um zu beschreiben, was er in der Gegenwart tut und was er in der Zukunft tun wird.* Wenn wir verstehen wollen, was Gott uns sagen will, müssen wir uns zuerst darüber klarwerden, was seine Worte für diejenigen bedeuteten, an die sie ursprünglich gerichtet waren; denn das Vokabular stammt aus der Vergangenheit jenes Propheten. Die Ausdrucksweise des Neuen Testamentes ist der des Alten Testamentes deshalb so ähnlich, weil Gott den damaligen Adressaten dort begegnete, wo sie waren.

Im Neuen Testament verkörpert Jesus also das neue Israel. Er machte nicht nur ähnliche Erfahrungen wie das alte Israel, sondern gehorchte Gott in allen Situationen, in denen das Volk versagte. Er nahm sogar die Konsequenzen von Israels Versagen auf sich und trug die Folgen der Sünde Adams. Auf ihm lastete der Fluch, der auf Israel ruhte (siehe Gal 3,13), weil es den Bund gebrochen hatte. In 5. Mose 28 finden wir zahlreiche Beispiele für die Parallelen zwischen dem Leben Jesu und den Folgen des Ungehorsams des Volkes Israel. In dem Kapitel wird vorausgesagt, dass ein abtrünniges Volk Israel alles verlieren wird und in Armut leben muss (5 Mo 28,15–20). Jesus sagte, dass er nichts hätte, wo er sein Haupt hinlegen konnte (Mt 8,20). Nach 5. Mose 28,5 sollten die Verfluchten „vor ihren Feinden“ geschlagen werden, und genau das geschah auch am Kreuz. Die Flüche in Kapitel 28 sprechen auch von Hunger, Durst, Nacktheit, Spott und Finsternis; all das fand auch in den Leiden von Jesus am Kreuz seine Erfüllung (siehe Mt 4,2; Joh 19,28; Mt 27,35.41.45).

Die Flüche in 5. Mose 28 erreichen ihren Höhepunkt in den Versen 65–67: Israel würde mit Angst und Verzagtheit geschlagen werden. Und auch das erlebte Jesus im Garten Gethsemane (Mt 26,36–39). Es gibt also deutliche Parallelen zwischen den Fluchworten des alten Bundes und dem, was Jesus durchlitten hat. Er erlebte nicht nur die Geschichte Israels noch einmal und erlöste es, sondern nahm auch die über das abgefallene Israel ausgesprochenen Flüche auf sich und durchlebte sie. Jesus war in allen Dingen das historische Gegenstück zu Israel. Er tilgte ihr Versagen und machte die über das alte Bundesvolk ausgesprochenen Flüche unwirksam.

All das ist wichtig, um Offenbarung 5,9–10 verstehen zu können. Wenn Jesus das neue Israel ist, kann man verstehen, dass diese Verse von der neutestamentlichen Gemeinde in der Sprache des Alten Testamentes reden. Wer war das alte Israel? Das erste Israel war Jakob; er bekam den geistlichen Namen Israel, als er mit Gott seinen Bund erneuerte (1 Mo 32,24–30). Jakob hatte zwölf Söhne, deren Nachkommen die zwölf Stämme Israels bildeten. Das ursprüngliche Israel begann also als Familie. Auch das neue Israel – Jesus – scharte eine Familie um sich, nämlich zwölf Jünger. Zweifellos wählte er *zwölf* Jünger aus, weil er wusste, dass sein Leben das alttestamentliche Israel widerspiegeln sollte.

Israel, Jesus und die Gemeinde

Ebenso wie sich die Geschichte Israels im Leben von Jesus wiederholte, so spiegelt sie sich auch in den Erfahrungen der neutestamentlichen Gemeinde wider. Wenn das Neue Testament von ihr spricht, tut sie das daher oft in der Ausdrucksweise des Alten Testamentes. Wenn die Offenbarung zum Beispiel die „144 000" erwähnt – 12 000 von jedem der zwölf Stämme Israels (Offb 7,4–8) – meint sie wahrscheinlich zwölf geistliche Gruppierungen, die aus dem Zeugnis der zwölf Apostel hervorgegangen sind (vgl. Mt 19,28; 28,19). In der Offenbarung und im gesamten Neuen Testament wird die neutestamentliche Gemeinde mit dem alttestamentlichen Israel verglichen.

Die Gemeinde hat also in Wahrheit zwei Vorbilder. Einerseits ist sie ein Antitypus des alttestamentlichen Volkes Gottes. In der Offenbarung muss die Gemeinde mit Ägypten und Babylon kämpfen wie es das Volk Israel tun musste. Um die Geschichte der Gemeinde zu beschreiben, bediente Johannes sich des Vokabulars der Vergangenheit, der Sprache des Alten Testamentes. Andererseits wiederholte sich – wie wir gesehen haben – die Geschichte Israels im Leben von Jesus. Auch er ist also ein Vorbild der Gemeinde. „Kein Diener ist größer als sein Herr. Wie sie mich verfolgt haben, werden sie auch euch verfolgen", sagte Jesus (Joh 15,20 GNB).

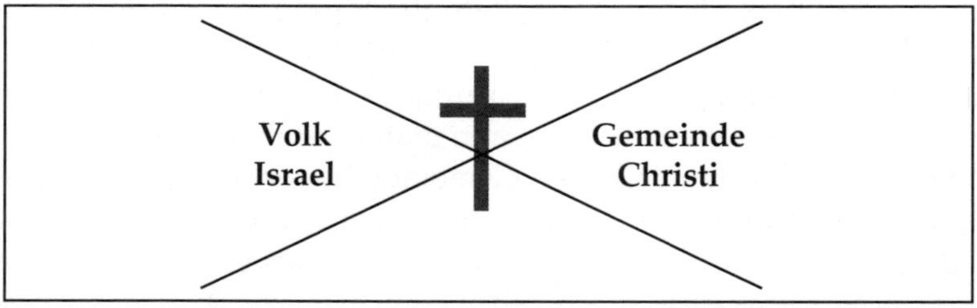

Das Leben, Sterben und die Auferstehung von Jesus dienen als Vorbild für das Ergehen der Gemeinde. Davon spricht die Offenbarung an vielen Stellen: Die Gemeinde wird verfolgt und flieht in die Wüste (Offb 12,6.14), die Gemeinde „weissagt 1260 Tage lang, angetan mit Trauerkleidern" (Kap. 11,3; vgl. 12,6b.14b; der Dienst von Jesus dauerte dreieinhalb Jahre, das sind 1260 Tage); sie leidet (Offb 12,14–15; 13,9–10), viele Gläubige werden getötet (Kap. 6,9–10); aber sie wird auch wieder zum Leben erweckt und in das neue Jerusalem aufgenommen. Wenn die Offenbarung von der Gemeinde spricht, nimmt sie also sowohl auf Jesus als auch auf Israel Bezug.

Aber inwiefern können wir die Gemeinde von Christus das neue Israel nennen? Aus ethnischen bzw. geographischen Gründen oder weil sie in geistlicher Beziehung zueinander stehen?

Das ethnische Verständnis. Ethnisch gesehen begann das Volk Israel als natürliche Familie: Jakob war der leibliche Vater von zwölf Söhnen. Aus ihnen ging ein Volk hervor, das zu einer Nation wurde. Ist die Gemeinde das Israel im ethnischen Sinne? Nein, denn in Offenbarung 5,9–10 lesen wir, dass Jesus am Kreuz Menschen „aus jedem Stamm und jeder Sprache und jedem Volk und jeder Nation" erkauft und „sie unserem Gott zu einem Königtum und zu Priestern gemacht" hat (EB). Die Offenbarung wendet also die Ausdrucksweise aus 2. Mose 19,5–6 beim Auszug auf alle Menschen an, die auf Erden leben. Alle, die eine persönliche Beziehung zu Jesus haben, gehören zu „Abrahams Kindern" und damit zu Gottes Volk (Gal 3,29); sie verkörpern gemeinsam das neue Israel.

Offenbarung 7,4–8 erweckt zwar dem Wortlaut nach den Eindruck, dass die 144 000 nur aus den Stämmen Israels bestehen, aber durch Christus hat der Begriff Israel eine umfassendere Bedeutung bekommen. Dies wird auch in Offenbarung 7 deutlich, denn als Johannes die 144 000 *sah* (und nicht nur die Zahl *hörte*), sah er „eine große Schar, die niemand zählen konnte, aus allen Nationen und Stämmen und Völkern und Sprachen" (V. 9; die Identität der beiden Gruppen wird durch den Vergleich von Offb 7,14–17 mit Offb 14,1–6 und 16,8 deutlich). Auch wenn Johannes etwas von den zwölf Stämmen Israels hörte, verstand er die Begriffe nicht ethnisch, sondern im Sinne des geistlichen und weltweiten neuen Israel. Wenn die Offenbarung über das Volk Israel spricht, dürfen wir das also nicht in ethnischen Kategorien deuten. Es zählt nicht mehr, von wem wir abstammen, sondern zu wem wir eine innere Beziehung haben.

Das geographische Verständnis. Die Familie Jakobs und später das Volk lebten in einer bestimmten Region. Das alttestamentliche Israel lebte in Palästina; das Land, das sie besiedelten, hatte Grenzen, die sich zwar manchmal etwas verschoben, aber im Ganzen gesehen feststanden. Wenn ein Israelit sein Land verließ, nutzte er jede sich bietende Gelegenheit, um seine Heimat – insbesondere Jerusalem – wiederzusehen.

Aber die neutestamentliche Gemeinde – das neue Israel – ist an keine bestimmte geographische Region gebunden. Die Apostel sollten in aller Welt das Evangelium verkünden (Mk 16,15), das gilt auch für die erste Engelsbotschaft (Offb 14,6). Und Jesus, der Herr der Gemeinde und die Verkörperung des neuen Israel, lebt im Himmel (Offb 5,6–14); kein Ort auf dieser Erde ist ihm daher näher als ein anderer. Überall auf der Welt haben Menschen durch den Heiligen Geist den gleichen Zugang zu ihm.

Die Offenbarung benutzt zwar alttestamentliche Begriffe, die mit dem Volk Israel und seinen Nachbarn zusammenhängen, versteht sie aber weder im ethnischen noch im geographischen Sinne. Wir dürfen also Begriffe wie Babylon, Euphrat, Ägypten und Sodom nicht ethnisch oder geographisch verstehen; vielmehr haben sie mit der neutestamentlichen Gemeinde und ihren Feinden zu tun und mit den Herausforderungen, mit denen sich die Gemeinde im Laufe ihrer Geschichte konfrontiert sah und noch sehen wird.

Das geistliche und weltweite Verständnis. Die Offenbarung gebraucht zwar die Begriffe des Alten Testamentes, gibt ihnen aber eine erweiterte Bedeutung. Johannes deutet die Erfahrungen Israels und seiner Nachbarn geistlich und bezieht sie auf die ganze Welt. Das neue Israel lebt nicht an einem bestimmten Ort und besteht nicht aus einem bestimmten Volk. Jeder Mensch, der eine Beziehung zu Jesus Christus hat, gehört zum neuen Israel.

Das hat entscheidende Auswirkungen auf die Interpretation der Offenbarung. Wer diese Zusammenhänge übersieht, dem fällt es ebenso schwer, die Offenbarung zu verstehen, wie dem, der die Anspielungen auf das Alte Testament übersieht. Wir müssen ehrlicherweise feststellen, dass viele aufrichtige Christen die Offenbarung nicht in rechter Weise lesen und verstehen. Sie verstehen die alttestamentlichen Begriffe darin wortwörtlich und glauben daher, dass sich weite Teile der Offenbarung nicht auf die Gemeinde beziehen, sondern auf die Juden in der Endzeit. Ich respektiere durchaus andersdenkende aufrichtige Christen; aber was ich gesagt habe, lässt sich unschwer belegen, wie die obigen Beispiele aus Offenbarung 5,9–10 und 7,4–8 zeigen.

Der alttestamentliche Typus geht quasi durch das Kreuz und dadurch verändert er seine Bedeutung im Antitypus:

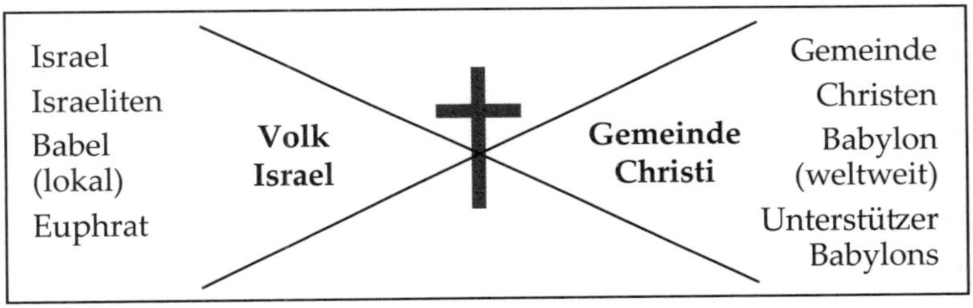

Der Euphrat und sein Austrocknen

Wir wollen die Gültigkeit der Prinzipen der typologischen Beziehung zum Alten Testament an einem weiteren Beispiel überprüfen und uns dazu einen eindeutig geographischen Begriff in Offenbarung 16,12 bei der sechsten der sieben letzten Plagen näher ansehen.

> Und der sechste Engel goss aus seine Schale auf den großen Strom Euphrat; und sein Wasser trocknete aus, damit der Weg bereitet würde den Königen vom Aufgang der Sonne.

Wenn wir diesen Text wörtlich verstehen, dann ist mit dem Euphrat ein bestimmter Fluss im Nahen Osten (im heutigen Irak) gemeint. Aber spricht die Offenbarung tatsächlich von diesem Fluss? Wenn wir wählen müssten, ob wir der Antwort eines Auslegers Glauben schenken oder dem, was der Autor selbst dazu sagte, wie würden wir entscheiden? Natürlich sollte der Autor Gelegenheit bekommen, uns zu erklären, was er mit den von ihm gebrauchten Begriffen meint. Und genau das tat Johannes in diesem Fall auch. In Kapitel 17,1 lesen wir:

> Und es kam einer von den sieben Engeln, *die die sieben Schalen hatten*, redete mit mir und sprach: Komm, ich will dir zeigen das Gericht über die große Hure, die an *vielen Wassern* sitzt.

Auf zwei Dinge sollten wir in diesem Text achten. Erstens: Einer von den Engeln, die laut Kapitel 16,1 die „Schalen des Zornes Gottes“ ausgossen, die die sieben letzten Plagen verursachen, kam und erklärte Johannes etwas. Zweitens: Was er erklärte, hatte etwas mit „vielen Wassern“ zu tun. Welche von den sieben Schalen hatten etwas mit Wasser zu tun? Die zweite (Offb 16,3: das Meer), die dritte (V.4: die Wasserströme und Quellen) und die sechste (V. 12: der Euphrat). Es könnte sich also auf die zweite, dritte oder sechste Plage beziehen. Wir müssen noch genauer hinschauen.

Der Engel brachte Johannes in die Wüste, wo er eine Frau sah:

> Sie hatte an ihrer Stirn einen Namen geschrieben, ein Geheimnis: „Babylon, die große, die Mutter der Huren und der Gräuel der Erde.“ (Offb 17,5 EB)

Babylon war eine Stadt des Altertums, die am Euphrat lag. Wenn also der Engel von einer Frau sprach, die „an vielen Wassern sitzt“ (V. 1) und Babylon heißt, dann ist eindeutig, was mit den Wassern gemeint ist – nämlich der Euphrat (vgl. die „großen Wasser“ in der Vorhersage des Untergangs Babylons in Jeremia 51,13). Der Engel, der zu Johannes kam, wollte ihm etwas über den Euphrat mitteilen – nämlich das, was wir in Vers 15 lesen:

> Und er sprach zu mir: „Die Wasser, die du gesehen hast, an denen die Hure sitzt, *sind Völker und Scharen und Nationen und Sprachen*.“ (Offb 17,15)

Die „vielen Wasser“ des Euphrat symbolisieren also die Menschen und Nationen der Welt, die Babylon unterstützen, politische, säkulare und wirtschaftliche Mächte. Im Alten Testament war der Euphrat ein Fluss im Vorderen Orient, aber in der Offenbarung ist er ein Symbol für ein weltumspannendes Gebilde.

Das Vertrocknen des Euphrat (Offb 16,12) war – wie in Kapitel 2 bereits erwähnt – die Vorbereitung für die Eroberung Babylons durch König Kyrus (der „Fall" Babylons, der Johannes in Kap. 18 näher gezeigt wurde). Damit ist klar, dass die „Könige vom Aufgang der Sonne" (Offb 16,12b) keine irdischen Herrscher aus dem Osten (China?) sind, sondern Christus, der „König der Könige" mit seinem Gefolge (Offb 17,14). Kyrus ist ein Typus auf den Messias Christus (siehe Jes 44,24–45,4), der sein Volk aus dem geistlichen Babylon befreien wird.[6]

Das Prinzip des geistlichen und weltweiten Verständnisses der Anspielungen auf das Alte Testament findet man in der gesamten Offenbarung. Laut Sacharja 12,10 werden die „Bürger Jerusalems" den ansehen und um den klagen, den „sie durchbohrt haben"; aber laut Offenbarung 1,7 „werden ihn sehen alle Augen" und in die Klage einstimmen, von der Sacharja sprach. Bei Sacharja ging es nur um die Bewohner Jerusalems, in der Offenbarung aber um alle Menschen auf der Erde. Jesaja 34,9–10 sagt voraus, wie das kleine alttestamentliche Land Edom mit einem Feuer brennen wird, „das weder Tag noch Nacht verlöschen wird, sondern immer wird Rauch von ihm aufgehen". Die dritte Engelsbotschaft spielt darauf an, aber laut ihr wird es *allen* Menschen weltweit so ergehen, die das Zeichen des Tieres annehmen (Offb 14,10–11; vgl. Kap. 13,16–17). Laut Joel 4,12 soll die letzte Schlacht zwischen Jerusalem und seinen Feinden in dem kleinen „Tal Joschafat", dem „Tal der Entscheidung" (V. 14) außerhalb Jerusalems stattfinden; aber in Offenbarung 14,15–20, das viele Anspielungen auf Joel 4,12–14 besitzt, ist mit „draußen vor der Stadt" (Jerusalem) ohne Frage die ganze „Erde" gemeint (sie wird sechs Mal erwähnt).

Die Offenbarung verwendet also die geographischen Begriffe, die mit Israel und seinen Nachbarn zusammenhängen, und sogar

[6] Ausführlich dazu siehe Jon Paulien, *Das Ende der Welt*, Advent-Verlag, Lüneburg 2006, Kap. 12, und Hans LaRondelle, *Harmagedon – Ende und neuer Anfang*, Advent-Verlag, Lüneburg 1991, S. 81ff.

Babylon und den Euphrat in einem geistlichen, weltweiten Sinn. Der Schlüssel zum Verständnis dieser Ausdrücke der Offenbarung ist die Beziehung zu Jesus Christus. Alle, die auf der Seite des Lammes stehen, werden dem neuen Israel zugerechnet; und alle, die sich in der allerletzten Zeit Gott widersetzten, sind Babylon und der Euphrat, Ägypten oder Edom. So wie wir beim Lesen der Offenbarung den Begriff Israel und seine Stämme geistlich und weltumspannend verstehen müssen, so ist auch der Begriff Euphrat geistlich und weltumspannend gemeint.

Buchstäblich und örtlich (AT)	**Geistlich und weltweit (Offb)**
Die „vielen Wasser" des „großen Stroms Euphrat" (Offb 16,12; 17,1; Jer 51,13)	„… sind Völker und Scharen, Nationen und Sprachen" (Offb 17,15)
die Bewohner Jerusalems sehen den Durchbohrten und klagen um ihn (Sach 12,10)	„… es werden ihn sehen alle Augen … und es werden wehklagen um [ihn] alle Geschlechter" (Offb 1,7)
Edom verbrennt in unauslöschlichem Feuer (Jes 34,8–10)	alle, die das Zeichen des Tieres haben, verbrennen (Offb 14,9–10)
das Volk Israel am Berg Sinai (2 Mo 19,5–6)	„Menschen … aus allen … Nationen" (Offb 5,9–10; vgl. 1,5–6)
Gericht Gottes über die Heiden im Tal Joschafat (Joel 3,12)	Gericht Gottes über die ganze Erde (Offb 14,14–20)

Dieses Prinzip der typologischen Auslegung der Anspielungen auf das Alte Testament ist für die Exegese der Offenbarung von ganz entscheidender Bedeutung. Wer ihre alttestamentliche Sprache und Begrifflichkeit wörtlich nimmt, wird den Sinn und Zweck des Buches missverstehen. Es wird ihm schwerfallen, Jesus Christus in der Offenbarung zu finden; aber gerade er steht im Mittelpunkt des ganzen Buches. Die Offenbarung ist nicht eine Offenbarung des heutigen Israel, sondern die „Offenbarung Jesu Christi" (Offb 1,1) und seiner Gemeinde (Offb 1,11; 22,16a) – sie handelt von Jesus und dem geistlichen Volk, das eine enge Beziehung zu ihm hat.

Eine Auslegungsmethode, die nicht Jesus in den Mittelpunkt stellt, hilft uns nicht, die Offenbarung zu verstehen. Alle Bücher der Bibel treffen in der Offenbarung zusammen und finden in ihr ihr Ende. Die Offenbarung erweckt das Alte Testament zum Leben, indem sie es ganz und gar auf Jesus bezieht und auf die Menschen, die in den letzten Tagen der Weltgeschichte leben. Sie macht das Alte Testament für das heute lebende Volk Gottes relevant.

Die Beziehungen auf Christus in der Offenbarung erkennen

1. Bestimme die sicheren und wahrscheinlichen Anspielungen auf das Alte Testament.
2. Suche für die gemeinsamen Zentralbegriffe, die sich auf Israel bzw. Ereignisse der israelitischen Geschichte beziehen, die entsprechende geistliche und weltweite Bedeutung.
3. Suche in einer Konkordanz nach ähnlichen neutestamentlichen Aussagen mit diesen Begriffen.
4. Erweitere ständig dein Wissen über die wichtigen neutestamentlichen Themen durch breit gefächertes Lesen.
5. Beachte stets, wie die Botschaft des Neuen Testamentes über Jesus die Aussagen in der Offenbarung beeinflusst.

Jesus in der Plage der fünften Posaune

Machen wir nun noch einen Test: Können wir in den schrecklichen Ereignissen der Posaunen auch Jesus finden? Wir wollen uns daher am Ende dieses Buches den schrecklichsten, verwirrendsten und schwierigsten Abschnitt der gesamten Offenbarung anschauen, die fünfte Posaune (siehe Offb 9,1–11). Wenn wir Jesus in diesen Versen finden können, können wir ihn überall erkennen.

> Da stieß der fünfte Engel in seine Posaune. Ich sah einen Stern, der vom Himmel auf die Erde gefallen war. Diesem Stern wurde der Schlüssel zum Abgrund der Hölle gegeben. Er öffnete den

> Abgrund, und heraus quollen Rauch und beißender Qualm wie aus einem riesigen Schmelzofen. Die Luft war vom Rauch so verpestet, dass man die Sonne nicht mehr sehen konnte. Aus dem Rauch quollen Heuschrecken und überfielen die Erde. Ihre Stiche waren giftig wie die von Skorpionen. Doch sie durften weder dem Gras noch den Bäumen oder irgendeiner Pflanze auf der Erde Schaden zufügen. Sie sollten nur die Menschen quälen, die nicht das Siegel Gottes auf ihrer Stirn trugen. Aber sie durften die Menschen nicht töten, sondern sie mussten ihnen fünf Monate lang qualvolle Schmerzen zufügen, wie sie der Stich eines Skorpions hervorruft. In dieser Zeit werden sich die Menschen verzweifelt den Tod wünschen, aber er wird sie nicht erlösen. Sie wollen nur noch sterben, aber der Tod wird vor ihnen fliehen. (Offb 9,1–6 Hfa)

Erinnert dich irgendetwas in diesen Versen an das Evangelium? Wo ist Jesus Christus in der fünften Posaune zu finden? Wir wollen die in diesem Buch beschriebenen Methoden der Auslegung anwenden und sehen, was wir dabei entdecken.

Offenbarung 9,1–6 enthält Anspielungen auf Joel 2 – wie wir festgestellt haben –, aber sie helfen uns bei den Fragen nicht weiter. Wir wollen daher nach Paralleltexten im Neuen Testament suchen und sie damit vergleichen und uns fragen, was wichtige Begriffe der fünften Posaune im Licht des Evangeliums bedeuten.

In Offenbarung 9,1 ist von einem „Abgrund" die Rede und einem vom Himmel „gefallenen Stern", dem ein „Schlüssel" gegeben wird, mit dem er den Abgrund öffnen sollte. In Lukas 8 erfahren wir etwas über diesen Abgrund. Jesus begegnete einem Mann, in dem böse Geister wohnten, und fragte ihn:

> „Wie heißt du?" Er antwortete: „Legion". Denn es waren viele böse Geister in ihn gefahren. Und sie baten ihn, dass er ihnen nicht gebiete, in den *Abgrund* zu fahren. (Lk 8,30–31)

Was auch immer wir uns unter dem „Abgrund" vorstellen – es ist ein Ort, vor dem Dämonen zurückschrecken, ein Ort, an dem sie gewissermaßen Gefangene sind und nicht mehr tun können, was sie wollen. Das Öffnen des Abgrunds unter der fünften Posaune macht also den Weg frei für eine Attacke der Dämonen auf die Bewohner der Erde, die nicht das Siegel Gottes haben. Dem gefallenen Stern (Satan, Lk 10,18) „*wurde* der Schlüssel zum Abgrund gegeben"; dieses Passiv legt nahe, dass dies von Gott geschieht; dann würde dieser Angriff der Dämonen im Plan Gottes liegen.

Im zweiten Vers geht es vor allem um die Finsternis. Aus dem Abgrund quillt Rauch und beißender Qualm wie aus einem riesigen Schmelzofen (vgl. 1 Mo 19,28), sodass man die Sonne nicht mehr sehen kann und es überall dunkel wird. Jesus ist „das Licht der Welt" (Joh 8,12; 9,5), und die Reaktion der Menschen auf dieses Licht entscheidet über ihre Beziehung zu Jesus und ihr endgültiges Schicksal. Finsternis dagegen bedeutet die Abwesenheit Gottes und des Evangeliums. Die dämonische Plage der fünften Posaune verdunkelt das Bild von Jesus und das Wissen um das Evangelium im Verstand der Menschen. Was immer die fünfte Posaune sonst noch mit sich bringt: Sie hat in jedem Fall zur Folge, dass Jesus im Denken der Menschen keine Rolle mehr spielt und die Wahrheit über den Erlöser verlorengeht.

Enthält dieser Abschnitt der Offenbarung auch irgendeine gute Nachricht? Ja, das tut er. Laut Vers 3 und 4 kommen nun auch noch Heuschrecken aus dem Rauch, deren Stiche so giftig sind wie die von Skorpionen. Das Unheil scheint also noch größer zu werden, gleichzeitig finden wir aber auch den ersten Hinweis auf eine gute Nachricht: Die Heuschrecken wie Skorpione haben keine unbeschränkte Macht; denn sie dürfen …

> … weder dem Gras noch den Bäumen oder irgendeiner Pflanze auf der Erde Schaden zufügen. Sie sollten *nur die* Menschen quälen, die *nicht das Siegel Gottes auf ihrer Stirn trugen.* (V. 4)

Merkwürdige Heuschrecken! Diese Insekten ernähren sich normalerweise doch von Pflanzen und lassen Menschen in Ruhe. In der fünften Plage symbolisieren die Heuschrecken ein Gericht Gottes an den Menschen, das aber nur diejenigen trifft, die unmittelbar vor der Wiederkunft von Jesus (in der siebten Posaune, Offb 11,15) nicht auf Gottes Seite stehen. Diese dämonische Plage kann also niemandem schaden, der versiegelt wurde (Offb 7,1–3).

Es gibt im Neuen Testament eine Stelle, die so deutlich wie kein anderer Abschnitt Begriffe aus Offenbarung 9,1–6 enthält; es ist Lukas 10,17–20. Die Begriffe und Themen, die sowohl bei Lukas als auch in der fünften Posaune vorkommen, sind kursiv gedruckt.

> Als die siebzig Jünger zurückgekehrt waren, berichteten sie voller Freude: „Herr, sogar die Dämonen mussten uns gehorchen, wenn wir deinen Namen nannten!" Jesus antwortete: „Ich sah den *Satan* wie einen Blitz *vom Himmel fallen*. Ich habe euch die *Macht gegeben*, auf Schlangen und *Skorpione* zu treten und *die Gewalt des Feindes* zu brechen. Nichts wird euch *schaden*. Doch freut euch nicht so sehr, dass euch die *Dämonen* gehorchen müssen; freut euch vielmehr darüber, dass eure Namen im Himmel aufgeschrieben sind!" (Lk 10,17–20 Hfa)

Die Texte enthalten mehrere gemeinsame oder synonyme Begriffe. Wir wissen zwar nicht genau, ob Johannes das Lukasevangelium kannte (es wurde etwa 30 Jahre vorher geschrieben), dürfen aber annehmen, dass er zumindest mit dem, was Christus damals sagte, vertraut war. Die Macht über die Dämonen hatten die Jünger samt Johannes von Jesus erhalten (Mt 10,1). Ausgestattet mit dieser Gabe erlebten sie, dass ihnen „die Gewalt des Feindes" nicht schaden konnte. Lukas 10 bestätigt, dass „Skorpione" ein Symbol für satanische Mächte auf dieser Erde sind. Denen, die in einer Beziehung zu Jesus leben, wird in der letzten Auseinandersetzung der dämonische „Stich der Skorpione" keinen Schaden zufügen.

Das Lukasevangelium hilft uns also, in Offenbarung 9 Jesus zu entdecken. Irgendwann in der Zukunft wird Gott zulassen, dass der „Abgrund" aufgetan wird. Die Folge wird ein massiver dämonischer Angriff auf unsere Welt sein. Er wird sich gegen das Wissen der Menschen über Gott richten und will die Kenntnis der guten Nachricht von der Erlösung auf der Erde verdunkeln. Wenn dieser Sturm losbricht, wird Jesus Schutz und Trost für sein Volk sein. Die

Dämonen werden keine Macht über sein Volk haben; Satan wird nur denen schaden können, die ihm die Kontrolle über ihr Leben überlassen haben. Die Dämonen können versuchen, den treuen Christen das Leben schwerzumachen, aber ihre Macht, schweren Schaden zuzufügen und zu töten, unterliegt der Autorität Jesu. Die versiegelten Christen brauchen sich dann nicht zu fürchten.

Die Botschaft der fünften Posaune ist etwa die gleiche wie die in Römer 8,38–39: Nichts, „weder Engel noch Dämonen, weder Gegenwärtiges noch Zukünftiges, noch irgendwelche Gewalten … oder sonst irgendetwas können uns von der Liebe Gottes trennen, die er uns in Jesus Christus, unserem Herrn, schenkt" (Hfa).

Schlussbemerkungen

Man kann sich kaum etwas Schrecklicheres vorstellen als die in der Offenbarung geschilderten Szenen; in manchen Visionen folgt ein grauenhaftes Bild dem anderen. Aber die Offenbarung will Christen keine Angst machen; die Furcht erregenden Szenarien sollen vielmehr die Gnade Gottes in Jesus Christus hervorheben. Ganz gleich, wie negativ sich die Dinge entwickeln – das Evangelium lautet: Christus bleibt immer Sieger. Auch wenn alles außer Kontrolle geraten zu scheint, hat Gott noch die Kontrolle. Unsere Augen mögen uns sagen, dass alles zerbricht und es nirgendwo mehr Sicherheit gibt; aber die Offenbarung lenkt unsere Aufmerksamkeit auf das, was wir nicht sehen können: Sie lenkt unseren Blick auf Gott, der seinen Sohn gesandt hat, der für uns starb, damit wir Leben haben – die Fülle des Lebens. Und das Lamm, das geschlachtet wurde (Offb 5,6), lebt wieder – für immer (Offb 1,18). Alle, die mit ihm verbunden sind, können „durch das Blut des Lammes und durch ihr standhaftes Bekenntnis" Satan überwinden (Offb 12,11 GNB). Und schließlich wird alles Böse – Misshandlungen jeder Art, Hass, Gewalt, Terrorismus und Kriege – aufhören; und Gott wird alle Tränen abwischen von unseren Augen, und wir werden das Angesicht von Jesus sehen (Offb 21,4; 22,4).

Halleluja – gelobt sei Gott!